Les Chemins de la Richesse

Édition du 21e siècle

POUR AVOIR NÉGLIGÉ D'ÉLARGIR LEUR HORIZON

IL Y A DES GENS

QUI SE SONT CONDAMNÉS À NE FAIRE

QU'UNE SEULE CHOSE DANS TOUTES LEUR VIE

NAPOLEON HILL

NAPOLEON HILL était né pauvre dans une cabane d'une pièce du sud-ouest de la Virginie. Comme la plupart de ceux qui parviennent à des situations de pouvoir et d'influence, son ascension vers la réussite a tenu à de nombreux facteurs. Cependant, à la différence de beaucoup, Napoleon Hill analysait chaque événement clef. Il savait en tirer la leçon et en dégager quelques principes de base. Ces principes, il les organisa en une philosophie de la réussite personnelle à la portée de tout un chacun, qui avait ainsi la possibilité de devenir l'artisan de sa propre réussite.

C'est après la mort de sa mère, alors qu'il n'avait que huit ans, que Hill subit une première influence qui devait le marquer. Le jeune Nap était rapidement en train de devenir un petit vaurien déchaîné, qui aimait jouer du pistolet, lorsque, par le remariage de son père, sa belle-mère entra dans sa vie. Martha Ramey Banner était une femme qui savait si précisément ce qu'elle voulait et avait dans la vie une attitude si positive que le destin de toute la famille Hill s'en trouva changé. L'influence qu'elle exerça sur Napoleon se fit sentir tout au long de la vie de celui-ci.

À l'âge de quinze ans, l'ancien vaurien collaborait aux journaux locaux. À dix-neuf ans, il était devenu le plus jeune directeur d'une mine de charbon, fonction qu'il abandonna pour faire son droit, puis il entra comme associé dans une entreprise de bois de construction, fut éliminé par le marché, se lança dans le commerce d'automobiles, et prit un nouveau départ en devenant journaliste d'information du monde des affaires – tout cela alors qu'il n'avait pas encore vingt-cinq ans.

La seconde influence qui marqua Napoleon Hill – et qui fut à l'origine de sa philosophie – date de l'époque où il fut chargé de brosser le portrait du célèbre magnat de l'acier, Andrew Carnegie. Leur entrevue de trois heures se transforma en un marathon de trois jours, au terme duquel

Carnegie proposa à Hill de le présenter aux hommes les plus puissants d'Amérique pour qu'il apprenne d'eux les secrets de la réussite. Mais il ne le ferait que si Hill acceptait d'utiliser ces secrets pour rédiger un traité de la réussite destiné au commun des mortels et facile à comprendre.

Napoleon Hill accepta cette proposition sur le champ et il eut ainsi le rare privilège de pouvoir se livrer à une étude de première main sur les plus grands dirigeants du monde des affaires, dont Henri Ford, Thomas Edison, Harvey Firestone, Alexander Graham Bell, John D. Rockefeller Jr., les frères Wright, F. W. Woolworth, Luther Burbank, Marshall Field, et des centaines d'autres.

Andrew Carnegie lui ménagea également une rencontre avec le président Theodore Roosevelt et le président Woodrow Wilson. L'un et l'autre lui demandèrent de faire partie de leurs équipes quand ils furent à la Maison Blanche. Le Mahatma Gandhi chercha à le rencontrer, tout comme d'autres dirigeants et d'autres chefs d'État du monde entier.

Pendant près de trente ans, Napoleon Hill consacra son temps à interviewer plus de cinq cents dirigeants parmi les plus célèbres et ceux qui avaient le mieux réussi dans tous les domaines d'activités. Il fit de même auprès de milliers de chefs d'entreprise, qu'ils aient connu la réussite ou l'échec. Le résultat de toutes ces années d'étude exhaustive fut que Hill compta parmi les auteurs les plus vendus de l'histoire et devint l'une des voix les plus influentes d'Amérique.

En 1962, Napoleon Hill et sa femme, Annie Lou Hill, créèrent la Fondation Napoleon Hill dont l'objectif était « de rendre le monde plus vivable ». Cette théorie de la réussite personnelle élaborée par Napoleon Hill, la Fondation continue de la diffuser auprès des agences d'aide sociale, des éducateurs, des minorités, des détenus, des entreprises et des particuliers. C'est avec la coopération de la Fondation Napoleon Hill que Highroads Media, Inc. publie *Les Chemins de la Richesse (Think and Grow Rich)* : Édition du 21e siècle.

NAPOLEON HILL

LES CHEMINS DE LA RICHESSE

Édition du 21e siècle

ECONOMICA
49, rue Héricart, 75015 Paris

Cet ouvrage est une traduction du livre publié par Napoleon Hill Foundation, sous le titre, *Think and Grow Rich-The 21st Century.*

Traduit de l'anglais (américain) par Arnold Grémy

TABLE DES MATIÈRES

CHAPITRE

1

LE SECRET DE LA RÉUSSITE

Dans chacun des chapitres de ce livre, il est question du secret qui a permis aux hommes excessivement riches dont j'ai longuement analysé le parcours de vie de faire fortune.

C'est Andrew Carnegie qui, le premier, attira mon attention sur ce secret. Mine de rien, ce vieil Ecossais sympathique et malin planta dans l'esprit du gamin que j'étais alors le germe de cette idée. Puis il se cala sur sa chaise, l'œil pétillant de plaisir, et m'observa attentivement pour voir si j'étais assez intelligent pour comprendre toute la signification de ce qu'il m'avait dit.

Quand il vit que j'avais saisi, il me demanda si j'étais prêt à passer vingt ans ou plus de ma vie à me préparer à transmettre ce secret au monde, à des hommes et à des femmes qui, faute de le détenir, risquaient de rater leur vie. Je répondis que oui et, avec l'aide de M. Carnegie, j'ai tenu promesse.

COMMENTAIRE

En 1908, à une période où l'économie américaine était en plein marasme, alors qu'il était sans argent et sans travail, Napoleon Hill entra comme rédacteur au Bob Taylor's Magazine. *Il avait été recruté pour décrire le parcours de réussite d'hommes célèbres. Bien que ce travail ne lui rapportât pas beaucoup, il donna à Hill l'occasion de rencontrer les géants de l'industrie et des affaires et d'en brosser le portrait. Le premier qu'il rencontra fut le créateur de la sidérurgie, le multimillionnaire Andrew Carnegie, qui devait devenir son mentor.*

Carnegie fut si impressionné par la vivacité d'esprit de Hill qu'à la suite de leur entretien de trois heures, il l'invita à passer le week-end dans sa propriété pour qu'ils puissent continuer à parler. Pendant les deux jours suivants, Carnegie expliqua à Hill qu'il était convaincu que n'importe qui pouvait atteindre à la notoriété à condition d'avoir assimilé la philosophie de la réussite et compris tout ce qu'il fallait faire pour y parvenir. « Il est dommage, dit-il, que chaque nouvelle génération doive trouver les chemins de la réussite par tâtonnements alors que les principes en sont bien définis. »

Carnegie expliqua ensuite sa théorie selon laquelle il était possible d'acquérir ces connaissances en interviewant ceux qui étaient parvenus à la notoriété, puis d'organiser les informations recueillies et les conclusions de cette recherche en un ensemble complet de principes. Il pensait que cela demanderait au moins vingt ans et que le résultat constituerait « la première philosophie au monde de la réussite personnelle. » Il proposa ce défi à Hill et, comme unique compensation, il ferait toutes les présentations nécessaires et couvrirait les frais de voyages.

Hill mit trente-neuf secondes à accepter la proposition de Carnegie. Celui-ci lui déclara ensuite que s'il avait mis plus de soixante secondes pour se décider, il aurait retiré son offre car « on ne peut pas être sûr qu'un homme réalisera ce qu'il a décidé s'il est incapable de prendre une décision rapidement une fois qu'il est en possession de tous les éléments ».

Si ce livre a finalement été écrit, c'est parce que Hill s'est donné à cette tâche sans jamais fléchir.

Pour avoir des détails sur la vie de Hill, lisez ou écoutez le livre-cassette A Lifetime of Riches : The Biography of Napoleon Hill (Une vie de Richesse : Biographie de Napoleon Hill) de Michael J.Ritt et de Kirk Landers. Michael Ritt fut l'assistant de Hill pendant dix ans et le premier employé de la Fondation Napoleon Hill dont il fut le directeur exécutif, le secrétaire et le trésorier. La connaissance personnelle qu'il avait de Hill et l'autobiographie non publiée de celui-ci lui ont fourni la matière de son livre.

Ce livre, *Les Chemins de la Richesse*, contient le secret de Carnegie, secret dont l'efficacité a été vérifiée par des milliers de gens de presque tous les milieux. C'est Carnegie qui eut l'idée qu'il fallait mettre la formule magique, qui lui avait permis d'acquérir une fortune fantastique, à la portée de ceux qui n'ont pas le temps d'étudier la façon dont les autres ont gagné leur argent. Ce qu'il espérait, c'est que je pourrais peut-être, en me fondant sur l'expérience d'hommes et de femmes de tous les métiers, tester la formule et en démontrer la justesse. Il pensait qu'il faudrait l'enseigner dans tous les établissements scolaires et universitaires. Il disait, que si elle était bien enseignée, elle révolutionnerait tout le système éducatif et que le temps de la scolarité pourrait être réduit de plus de moitié.

Au chapitre 4, qui aborde la question de la foi, vous lirez cette histoire incroyable de la création de la société géante qu'était United States Steel Corporation. Elle fut conçue et conduite par l'un de ces jeunes hommes qui permirent à Carnegie de prouver que sa formule était efficace dans tous les cas où les gens étaient prêts à l'expérimenter. Il suffit à Charles M. Schwab d'appliquer la formule pour gagner une immense fortune et s'ouvrir de grandes possibilités. En gros, cette seule application de la formule rapporta 600 millions de dollars.

Ces faits vous indiquent assez bien ce que la lecture de ce livre vous apportera à condition que vous sachiez ce que vous voulez.

COMMENTAIRE

Selon un certain mode de calcul, il vous aurait fallu, en raison de la seule inflation, approximativement vingt dollars pour acheter en 2001 ce que vous auriez pu avoir avec un dollar en 1901. Cependant, pour trouver la valeur équivalente aujourd'hui de 600 millions de dollars, il ne suffit pas de multiplier cette somme par le coefficient d'augmentation du coût de la vie. Bien que d'autres facteurs et d'autres variables entrent dans le calcul du pouvoir d'achat, ces 600 millions représenteraient au bas mot 12 milliards de dollars au début du vingt et unième siècle.

Ce secret fut transmis à des milliers d'hommes et de femmes, qui en ont tiré un profit personnel. Certains s'en sont servi pour faire fortune. D'autres l'ont utilisé pour créer l'harmonie dans leur foyer. Un ecclésiastique sut si bien le mettre à profit qu'il lui rapporta un revenu de plus de 75 000 dollars par an (*approximativement 1,5 million de dollars d'aujourd'hui*).

Arthur Nash, un tailleur de Cincinnati, se servit de son affaire, qui était au bord de la faillite, comme cobaye pour tester la formule. L'affaire reprit vie et rapporta une fortune aux propriétaires. Ce fut un événement tellement exceptionnel que les journaux et les magazines dépensèrent des millions de dollars pour faire connaître cette réussite.

Le secret fut transmis à Stuart Austin Wier de Dallas. Il était tout disposé à l'expérimenter — au point qu'il abandonna sa profession pour étudier le droit. Son entreprise fut-elle couronnée de succès ? Vous trouverez la réponse au chapitre 6, qui aborde la question de la spécialisation des connaissances.

Alors que j'étais directeur de la publicité à l'université d'éducation permanente de LaSalle, j'eus le privilège de voir que J.G. Chapline, président de cette université, appliquait la formule avec tant de bonheur qu'il fit de LaSalle l'un des plus grands établissements d'éducation permanente du pays.

Ce secret, il en est fait état pas moins d'une centaine de fois tout au long de ce livre. Il n'est pas expressément défini car il semble qu'il soit d'une plus grande efficacité s'il ne fait que rester à porter de vue de ceux qui sont prêts à en être dépositaires et qui, le recherchant, le trouvent. C'est la raison pour laquelle Andrew Carnegie me le transmit sans me dire exactement ce qu'il était.

Si vous êtes prêt à le mettre à profit, vous reconnaîtrez ce secret au moins une fois dans chacun des chapitres, mais on ne vous expliquera pas comment vous pouvez savoir si vous êtes prêt. Cela vous priverait d'une grande partie du bénéfice que vous en retirerez quand vous le découvrirez par vous-même.

S'il vous est jamais arrivé d'être découragé, si vous avez rencontré des difficultés qui vous ont déprimé, si vous avez essayé et échoué, si vous avez jamais été handicapé par la maladie ou une infirmité, alors le récit de la façon dont mon propre fils a découvert la formule Carnegie et l'a appliquée pourrait bien être l'oasis que vous cherchiez dans le Désert de l'Espoir Perdu.

Ce secret fut abondamment utilisé par le président Woodrow Wilson pendant la première guerre mondiale *[et par le Pésident Roosevelt pendant la seconde]*. Il fut transmis à tous les soldats à l'instruction avant leur départ pour le front. Le Président Wilson me dit que ce fut un élément déterminant pour la collecte des fonds nécessaires à la guerre.

Ce qu'il y a d'étrange dans ce secret, c'est que ceux qui en sont dépositaires et qui le mettent à profit sont littéralement emportés par une vague qui les mène à la réussite. Cependant, comme il est indiqué à plusieurs reprises dans ce livre, on n'a jamais rien pour rien. Il y a obligatoirement un prix à payer pour obtenir ce secret, mais ce prix est nettement inférieur à la valeur du secret.

Une autre caractéristique de ce secret est qu'il ne peut ni être donné en cadeau ni acheté. Si on n'est pas vraiment décidé à le chercher, on ne peut l'obtenir à aucun prix. C'est la raison pour laquelle il est présenté en deux parties et qu'on ne peut se l'approprier que si on a préalablement maîtrisé la première partie.

Le secret se révèlera efficace pour quiconque est en état de le recevoir. Les études n'y sont pour rien. Longtemps avant ma naissance, le secret était parvenu à Thomas A. Edison, et il le mit à profit avec tant d'intelligence qu'il devint le plus grand inventeur au monde alors qu'il n'avait fréquenté l'école que trois mois.

Le secret fut transmis à Edwin C. Barnes, associé d'Edison. Il sut si bien le mettre à profit qu'il accumula une grande fortune et se retira des affaires alors qu'il était encore jeune. Sa vie vous est contée au début du chapitre suivant. Cela devrait vous convaincre que la richesse n'est pas hors de votre portée et que, quelle que soit votre situation sociale, vous pouvez toujours devenir ce que vous voulez être. Argent, célébrité, reconnaissance et bonheur sont des bonnes choses à votre portée pourvu que vous soyez prêt et bien décidé à les obtenir.

Comment est-ce que je sais tout cela ? La réponse, vous devriez la connaître avant la fin de ce livre. Vous la trouverez peut-être dès le premier chapitre ou à la dernière page.

Pour faire les recherches que j'avais entreprises à la demande d'Andrew Carnegie, j'ai analysé le parcours de vie de centaines d'hommes célèbres. Nombre d'entre eux estimaient que leur immense richesse, ils la devaient au secret Carnegie. Ce sont notamment :

Henri Ford *[fondateur de la société de construction automobile Ford, débuta sans argent et sans beaucoup d'instruction, et pourtant cet homme d'affaires, ce self-made man, connut l'une des réussites les plus éclatantes de l'histoire américaine.]*

William Wrigley Jr. *[ce voyageur de commerce s'aperçut que ses clients préféraient le chewing- gum qu'il offrait en prime aux marchandises qu'il vendait. Il fonda alors sa propre société.]*

John Wanamaker *[surnommé le Prince du Commerce (*The Merchant Prince*), créa le premier grand magasin au monde, fut salué comme innovateur dans les domaines du marketing, des services à la clientèle et des avantages au personnel.]*

James J. Hill *[surnommé le Bâtisseur d'Empire, construisit le chemin de fer transcontinental, Great Northern Railway, encouragea l'implantation des fermiers dans l'Ouest, puis fut à l'origine des routes maritimes reliant l'Amérique à l'Asie.]*

George S. Parker *[enseignant qui, fatigué de réparer les stylos de ses élèves, créa un nouveau modèle, fonda la société de stylos Parker et, à partir d'une idée toute simple, fit fortune.]*

E. M. Statler *[fils d'un pauvre pasteur, débuta dans la vie comme groom et, à force de travail, réussit à fonder sa propre chaîne d'hôtels, les Hôtels Statler, célèbres pour leur luxe et pour « le service avec le sourire ».]*

Henri L. Doherty *[débuta dans la vie comme garçon de bureau à la société Columbia Gas, puis acquit 53 compagnies de services publics et fit breveter 140 innovations en matière de production de gaz naturel et de pétrole.]*

Cyrus H. K. Curtis *[dirigea, à ses débuts, un petit hebdomadaire agricole qu'il transforma en* Ladies' Home Journal, *créa le* Saturday

Evening Post, *puis constitua l'un des plus grands empires de la presse écrite.]*

George Eastman *[inventeur et fondateur de la Eastman Kodak Company, fut à l'origine de nombreuses innovations qui popularisèrent la photographie et transformèrent l'industrie du cinéma.]*

Charles M. Schwab *[bras droit de Andrew Carnegie, présida la Carnegie Steel Company, négocia la fondation de U.S. Steel, puis fonda la Bethlehem Steel.]*

Theodore Roosevelt *[26e président de États-Unis, 1901-1909.]*

John W. Davis *[avocat et dirigeant politique, représentant du gouvernement auprès de la Cour Suprême sous la présidence de Woodrow Wilson, et, plus tard, ambassadeur en Grande-Bretagne.]*

Elbert Hubbard *[philosophe, éditeur du magazine* Fra, *fondateur de la colonie des artistes Roycrofters, et également auteur de nombreux ouvrages à succès, dont* A message to Garcia.]

Wilbur Wright *[propriétaire d'un magasin de vélos, il devint, avec son frère Orville, le premier homme à piloter un avion à moteur plus lourd que l'air ; ils furent tous deux des pionniers de l'industrie aéronautique.]*

William Jennings Brian *[patron de presse, candidat désigné à la présidence, secrétaire d'État sous la présidence de William McKinley, mais peut-être plus connu comme l'avocat qui défendit le créationnisme au procès de Scopes Monkey (Le Singe).]*

Dr David Starr Jordan *[enseignant, scientifique et auteur de plus de 50 livres, président de l'université de l'Indiana, il fut le plus jeune président d'université de la nation, et il devint le premier président de l'université Stanford.]*

J. Ogden Armour *[hérita de l'entreprise familiale de conditionnement de la viande, la transforma en un conglomérat commercialisant plus de 3 000 produits, devint le propriétaire du Chicago Cubs, puis le directeur de la National City Bank.]*

Arthur Brisbane *[journaliste engagé, chroniqueur dans plusieurs journaux, très recherché par tous les grands organes de presse, il était l'éditorialiste le plus lu et le mieux payé de son temps.]*

Dr Frank Gunsaulus *[prédicateur de Chicago qui prononça un sermon si puissant que Philip D. Armour lui donna un million de dollars pour qu'il puisse créer l'Institut de Technologie Armour, dont il devint le président.]*

Daniel Willard *[président de la B&O Railroad (chemin de fer Baltimore & Ohio) pendant plus de trente ans. La ville de Willard, Ohio, fut ainsi nommée en son honneur.]*

King Gillette *[voyageur de commerce et bricoleur né, il essayait de se raser dans un train en marche quand il eut l'idée du rasoir mécanique, ce qui fut à l'origine d'une société géante.]*

Ralph A. Weeks *[président des Établissements d'Enseignement par Correspondance, aida à financer le Intra-Wall Institute de Napoleon Hill, destiné à assurer l'instruction et la réinsertion des détenus.]*

Le Juge Daniel T.Wright *[assistant à la faculté de droit de Georgetown où Napoleon Hill était étudiant quand le* Magazine de Bob Taylor *le chargea de brosser le portrait de Andrew Carnegie.]*

John D. Rockefeller *[avec ses mille dollars d'économie et les mille dollars qu'il emprunta à son père, créa une société spécialisée dans le pétrole lampant qu'il développa et qui devint la Standard Oil. Lui-même devint l'un des hommes les plus riches du monde.]*

Thomas A. Edison *[inventeur et créateur d'entreprise, il mit au point l'ampoule électrique, le phonographe, la caméra et obtint les droits de plus de 1 000 brevets.]*

Frank A. Vanderlip *[enfant pauvre, devint journaliste, puis réformateur social, fit fortune sans l'aide de qui que ce soit, fut président de la National City Bank, qui est maintenant la City Bank, avant de devenir secrétaire adjoint au Trésor.]*

F.W. Woolworth *[employé dans une épicerie-bazar, lança l'idée de vente à prix fixe et de libre-service. Sa chaîne de magasins Woolworth à 5 et 10 cents changea définitivement la vente au détail.]*

Col. Robert A. Dollar *[commença avec une petite goélette qu'il avait achetée pour transporter du bois de construction le long de la côte ouest, créa la compagnie maritime Dollar, la plus grosse flotte de paquebots de luxe battant pavillon américain.]*

Edward A. Filene *[fondateur des magasins dont la maison mère était à Boston, conçut des méthodes révolutionnaires de distribution et de marchandisage et devint célèbre pour avoir été à l'origine du concept de « coin des affaires ».]*

Edwin C. Barnes *[le seul homme que Thomas Edison eut jamais comme associé, prit la machine à dicter d'Edison qui ne se vendait pas, la vendit et ce fut un tel succès qu'on la trouva dans tous les bureaux, ce qui fit de lui un multimillionnaire.]*

Arthur Nash *[Ce fabricant de vêtements de Cincinnati utilisa son entreprise en faillite comme cobaye pour essayer le secret Carnegie. Ce fut un tel succès que la presse le baptisa « Nash Règle d'Or », ce qui le rendit célèbre.]*

Clarence Darrow *[célèbre comme avocat, orateur, et défenseur des opprimés, surtout connu pour avoir été l'avocat qui, au Procès de Scopes* Monkey *(le* Singe*), a plaidé pour que soit enseignée la théorie de l'évolution.]*

Woodrow Wilson *[28e président des États-Unis d'Amérique, 1913-1921.]*

William Howard Taft *[27e président des États-Unis d'Amérique, 1909-1913.]*

Luther Burbank *[horticulteur célèbre dans le monde entier qui, en cherchant à améliorer la qualité des plantes pour accroître les ressources alimentaires du monde, en introduisit plus de 800 variétés nouvelles.]*

Edward W. Bok *[bien qu'il n'eût fréquenté l'école que pendant six ans, il était, à l'âge de vingt ans, rédacteur en chef du* Ladies' Home Journal *qu'il contribua à transformer en un magazine ayant le plus gros tirage du monde.]*

Frank A. Munsey *abandonna son emploi de standardiste pour lancer le magazine* Argosy, *puis engagea sa fortune dans la constitution d'un empire de presse qui comprenait le* Washington Times *et le* New York Herald.*]*

Elbert H. Gary *[président de U.S. Steel, à l'époque la plus grosse société du monde, il se lança dans le premier projet de grande ampleur de* *celle-ci, la construction de l'aciérie Gary Works et la fondation de la ville de Gary, Indiana.]*

Dr Alexander Graham Bell *[surtout connu comme l'inventeur du téléphone, mit au point des appareils d'enregistrement, fit progresser l'aéronautique et fut le cofondateur de la National Geographic Society.]*

John H. Patterson *[président de la National Cash Register, considéré comme visionnaire en matière de publicité, il avait le génie de motiver sa force de vente, ce qui fit de la NCR le numéro un dans son domaine.]*

Julius Rosenwald *[petit fabricant qui sut prévoir le développement de la vente par correspondance, racheta 25% de Sears, Roebuck & Cie et, avec Richard Sears, fit de cette entreprise l'icône du monde des affaires en Amérique.]*

Stuart Austin Wier *[ingénieur du bâtiment que Hill rencontra sur les champs pétrolifères du Texas et qui, inspiré par le secret Carnegie, entreprit des études de droit après quarante ans et collabora également à la publication du* Napoleon Hill's Magazine.*]*

Dr. Frank Crane *[éminent psychologue, essayiste, et auteur d'un livre* Four Minute Essays, *qui aborde divers sujets, notamment le Prix de la Liberté, le Pragmatisme, le Devoir des Riches, et Comment Garder ses Amis.]*

J.G. Chapline *[président de l'université d'éducation permanente à l'époque où Hill y était employé au département de la publicité et des ventes. C'est là que celui-ci prit conscience pour la première fois de son talent pour motiver les gens.]*

Jennings Randolph *[cadre d'une compagnie aérienne, membre de la Chambre des représentants, puis sénateur de Virginie occidentale, voua toute sa vie une véritable admiration à Napoleon Hill, et ce fut lui qui encouragea ce dernier à accepter d'être conseiller auprès du Président Franklin Delano Roosevelt.]*

Ces noms ne représentent qu'une petite fraction des Américains célèbres dont la réussite financière, et dans d'autres domaines, prouve que ceux qui comprennent et appliquent le secret Carnegie parviennent à des situations importantes dans la vie.

COMMENTAIRE

Comme le dit Napoleon Hill, la liste précédente ne comprend que quelques-uns des multimillionnaires et des personnalités ayant connu une réussite extraordinaire parmi les cinq cents et plus qu'il a interviewés avant d'écrire Les Chemins de la Richesse. *Elle ne comprend pas non plus la liste tout aussi impressionnante de ceux avec qui il est entré en contact après la publication de cet ouvrage, pas plus qu'elle ne comporte les noms de ceux qui n'ont pas eu l'occasion de rencontrer Napoleon Hill en personne, mais qui attribuent leur réussite à la lecture de son livre.*

On dit que Napoleon Hill et Les Chemins de la richesse *ont fait plus de millionnaires que n'importe qui d'autre dans l'histoire de l'humanité. On pourrait fort bien dire également que Napoleon Hill, plus que tout autre, fut une source d'inspiration pour les spécialistes des questions de motivation.*

Dans ce domaine, il est pratiquement impossible de trouver un conférencier qui ne prenne pas appui sur l'œuvre de Hill. Son influence est perceptible dans les écrits de ses premiers collègues, Dale Carnegie et Norman Vincent Peele. Plus tard, des auteurs et des conférenciers à succès tels que W. Clement Stone, Og Mandino et Earl Nightingale travaillèrent en liaison directe soit avec Napoleon Hill soit avec sa Fondation. On trouve également des échos de ses préceptes chez des auteurs aussi divers que Wally Amos, dit « Le Célèbre Amos », Mary Kay Ash, Ken Blanchard, Adelaide Bry, les auteurs de Chicken Soup for the Soul (Potage de Poulet pour l'Âme) *Jack Canfield et Mark Victor Hansen, Debbie Fields, Shakti Gawain, John Gray, Susan Jeffers, Bruce Jenner, Charlie Tremendous Jones (Charlie Jones le Formidable), Tommy Lasorda, Art Linkletter, Joan Lunden, Dr. Maxwell Maltz, James Redfield, Dr. Bernie Siegel, Jose Silva, Brian Tracey, Lillian Vernon et Dennis Waitley. Steven Covey, l'auteur de* The Seven Habits of Highly Effective People (Les Sept Habitudes des Personnes d'une Grande Efficacité) *a souvent fait état de l'influence de Napoleon Hill. Anthony Robbins, qui, dans le domaine de la motivation, fut probablement l'auteur et le conférencier le plus apprécié du début du vingt et unième siècle, reconnaissait que Napoleon Hill était son héros.*

Je n'ai jamais rencontré quelqu'un qui, s'étant laissé guider par les préceptes du secret Carnegie, n'ait pas connu une réussite remarquable. Par ailleurs, je n'ai jamais rencontré quelqu'un qui se soit distingué, ou qui ait amassé de substantielles richesses, sans avoir suivi ces préceptes. De ces deux éléments, je tire la conclusion que ce secret est plus important pour l'autonomie de chacun que tout ce que peut vous apporter ce qu'on appelle communément « l'éducation ».

À un moment ou à un autre, au fur et à mesure de votre lecture, ce secret jaillira d'une page et s'imposera à vous, à condition que vous soyez en état de le recevoir. Lorsqu'il vous apparaîtra, vous le reconnaîtrez. Que ceci se produise au premier chapitre, ou au dernier, arrêtez-vous un instant, quand ce signe se manifestera, et notez le moment et l'endroit. Vous voudrez vous en souvenir parce que ce sera le tournant le plus important de votre vie.

Souvenez-vous également, à mesure que vous avancerez dans la lecture du livre, qu'il s'agit de faits, et non de fiction, et que l'objectif en est de transmettre une grande vérité universelle qui vous permettra, si vous êtes prêt à la recevoir, d'apprendre ce qu'il faut faire et comment. Cela vous donnera également l'impulsion nécessaire pour démarrer.

Un dernier mot pour vous préparer. Puis-je faire la brève suggestion suivante, qui pourrait vous fournir un indice vous permettant de reconnaître le secret Carnegie ? Au départ de la réussite et de toute fortune acquise, il y a une idée. Si vous êtes prêt à recevoir le secret, vous en possédez déjà la moitié. C'est pourquoi vous le reconnaîtrez dès qu'il vous frappera l'esprit.

COMMENTAIRE

À la différence de nombreux ouvrages existants qui portent sur le monde des affaires ou sur les questions de motivation, Les Chemins de la Richesse *n'est pas conçu pour que les lecteurs sautent d'un chapitre à l'autre, glanant ici un concept, là une idée, pour résoudre le problème du moment. C'est un tout soigneusement intégré, destiné à être lu dans son intégralité du début à la fin. Les concepts introduits dans un chapitre donné se retrouvent dans d'autres chapitres où leur signification et leur portée supposent que le lecteur a déjà assimilé les notions qui précèdent. Les chapitres sont organisés en une construction progressive de telle sorte que chaque mot doit être lu, chaque idée prise en considération et chaque concept compris et assimilé.*

On dit souvent que Les Chemins de la Richesse *est un livre qui présente la première Philosophie de la Réussite Personnelle. Or, une philosophie n'est pas simplement un recueil de solutions à des problèmes liés à la vie des affaires. Une philosophie est un système de principes de nature à guider vos pensées et vos actions et à vous fournir un code de morale et une échelle des valeurs. Ce livre ne changera pas seulement vos pensées, il changera littéralement votre façon de penser.*

Au cours de la préparation de cette nouvelle édition actualisée, chacun des aspects des Chemins de la Richesse *a été analysé pour s'assurer qu'il était bien en rapport avec le climat actuel des affaires. Lorsque le contenu pouvait apparaître comme dépassé ou n'étant plus en phase avec les pratiques modernes, le texte original a été actualisé ou enrichi d'éléments nouveaux pertinents.*

L'une des caractéristiques de l'édition originale des Chemins de la Richesse *est que, dans chaque chapitre, Napoleon Hill cite des exemples pris dans la vie réelle, puisés dans la connaissance de première main qu'il avait des multimillionnaires américains qui s'étaient faits eux-mêmes et dont la réussite était des plus éclatantes. Cette édition a conservé chacun des récits de Hill, et ceux qui l'ont revue ont ajouté des exemples contemporains et des cas de figure similaires qui démontrent à l'évidence que les préceptes de Hill sont encore valables aujourd'hui et qu'ils continuent à guider ceux qui réussissent.*

Outre les exemples contemporains que nous, responsables de cette révision, avons estimé intéressants pour le lecteur, nous avons inclus des notes marginales qui apportent des informations pertinentes sur les dernières évolutions. Lorsqu'ils nous paraissaient en rapport, nous avons suggéré des ouvrages et d'autres documents qui complètent divers aspects de la philosophie de Napoleon Hill.

Techniquement, nous avons abordé la question de l'écriture de cet ouvrage comme nous l'aurions fait si l'auteur était vivant. Lorsque nous avons rencontré ce que les grammairiens modernes considéreraient comme paragraphes sans alinéa, une ponctuation désuète, ou d'autres problèmes de forme, nous avons opté pour l'usage moderne.

Les lecteurs qui connaissent bien les éditions précédentes noteront que les numéros des chapitres ont été changés. Dans l'édition originale, Les Chemins de la Richesse *s'ouvrait sur un chapitre non numéroté,* Mot de l'Auteur. *Dans la présente édition, ce texte constitue le chapitre 1 rebaptisé Le Secret de la Réussite. Les chapitres suivants ont été renumérotés selon leur ordre d'origine. Le chapitre qui était auparavant intitulé Le Mystère de la Transmutation Sexuelle a maintenant pour titre Sexualité : Charisme et Créativité, et le texte a été refondu et annoté pour prendre en compte le rôle des femmes dans la société contemporaine.*

Une police de caractères et un style différents de ceux du texte original font clairement ressortir les commentaires de l'édition révisée.

PAUVRETÉ ET RICHESSE
SONT FILLES
DE LA PENSÉE

CHAPITRE

2

LES PENSÉES SONT DES ACTES

L'HOMME QUI, « PAR LA FORCE LA PENSÉE », A RÉUSSI À DEVENIR L'ASSOCIÉ DE THOMAS EDISON

Oui, les pensées sont des réalités et des actes, et fort puissants, à condition d'être associés à la détermination, à la persévérance et à un brûlant désir de les transformer en richesse ou autres biens matériels.

Il y a quelques années, Edwin C. Barnes a découvert à quel point on peut, à juste titre, soutenir que *la pensée est le chemin de la richesse*. Cette découverte, il ne l'a pas faite d'un seul coup, elle s'est révélée à lui petit à petit, prenant, au début, la forme d'un brûlant désir de s'associer en affaires au grand Thomas Edison.

L'une des principales caractéristiques du désir qu'éprouva Barnes fut sa précision. Il voulait travailler *avec* Edison et non *pour* lui. Faites bien attention à la façon dont il a transformé son désir en réalité et vous comprendrez mieux les principes qui ouvrent les voies de la richesse.

Quand ce désir, c'est-à-dire cette pensée, lui traversa l'esprit, il n'était pas en mesure d'y donner suite. Il était face à deux difficultés. Il ne connaissait pas Edison et il n'avait pas assez d'argent pour prendre un billet pour West Orange, New Jersey, où se trouvait le célèbre laboratoire d'Edison.

Ces difficultés auraient dissuadé la majorité des gens de tenter de réaliser leur désir, mais le désir qui habitait Barnes n'était pas ordinaire.

L'INVENTEUR ET LE VAGABOND

Edwin C. Barnes se présenta au laboratoire d'Edison et annonça qu'il était venu pour entrer en affaires avec l'inventeur.

Voici ce que, des années après, déclarait Edison à propos de cette première rencontre :

> Il se tenait là, devant moi, l'air d'un vagabond comme on en voit tous les jours, mais il y avait dans l'expression de son visage quelque chose qui donnait l'impression qu'il était résolu à obtenir ce qu'il voulait. La fréquentation des humains m'a appris depuis longtemps que, lorsqu'un homme désire une chose si profondément que, pour obtenir ce qu'il veut, il est prêt à jouer tout son avenir sur un coup de dé, alors il est sûr de réussir. Je lui fournis l'occasion qu'il recherchait parce que je voyais bien qu'il avait décidé de ne pas bouger tant qu'il n'aurait pas eu gain de cause. Les événements ont prouvé par la suite que ce ne fut pas une erreur.

Ce n'était certainement pas son apparence qui valut à ce jeune homme de pouvoir débuter chez Edison. Il ne fait aucun doute qu'elle jouait contre lui. Ce qui comptait, c'est ce qu'il pensait.

Son association avec Edison ne se concrétisa pas après cette première interview. Ce qu'il obtint, en revanche, c'est la possibilité de travailler dans les bureaux d'Edison moyennant un salaire symbolique.

Les mois passaient sans que rien ne le rapprochât du but principal qu'il s'était fermement fixé. Mais quelque chose d'important se produisait dans l'esprit de Barnes. Le désir qu'il avait de devenir l'associé en affaires d'Edison ne cessait de s'affermir.

Les psychologues disent fort justement : « Quand on est vraiment prêt pour une chose, elle se présente. » Barnes était prêt à devenir l'associé d'Edison. Et il était résolu à le demeurer jusqu'à ce qu'il obtienne ce qu'il recherchait.

Il ne se disait pas : « Bah ! à quoi bon ? Je crois que je vais changer mon fusil d'épaule et essayer de trouver un emploi de V.R.P. Il se disait au contraire : « Je suis venu ici pour m'associer avec Edison et j'atteindrai mon but même si je dois y passer le reste de mes jours. » Il le pensait sérieusement. Si les gens voulaient bien se fixer un objectif précis et ne pas s'en détourner tant que celui-ci n'avait pas eu le temps de devenir une obsession de tous les instants, ils tiendraient certainement un discours bien différent.

Le jeune Barnes n'en était probablement pas conscient à l'époque, mais son opiniâtreté et sa persévérance à se concentrer sur un seul et unique désir devaient éliminer tous les obstacles et lui fournir l'opportunité qu'il recherchait.

Lorsqu'elle se présenta, elle avait pris une forme et emprunté une voie différentes de ce qu'il attendait. Les occasions favorables ont plus d'un tour dans leur sac. Elles ont l'habitude, les rusées, d'entrer par la petite porte, et souvent sous le déguisement de la malchance ou de l'échec provisoire. C'est peut-être la raison pour laquelle tant de gens ne les reconnaissent pas.

Edison venait de mettre au point un nouvel appareil que l'on appelait à l'époque la Machine à Dicter d'Edison. Cette machine n'enthousiasmait guère les vendeurs. Ils pensaient qu'ils auraient beaucoup de mal à la vendre. Barnes comprit que c'était là l'occasion favorable qu'il attendait. Elle était arrivée sans bruit, dissimulée dans une machine d'aspect bizarre qui n'intéressait personne sauf Barnes et l'inventeur.

Barnes savait qu'il pouvait vendre cette machine et il le dit à Edison. Celui-ci décida de lui donner sa chance. En fait, il réussit tellement bien à la vendre qu'Edison lui confia le contrat de distribution et la commercialisation sur l'ensemble du pays. Cette association permit à Barnes de gagner beaucoup d'argent, mais elle lui apporta bien plus. Elle était vraiment la preuve que *la pensée est l'un des chemins de la richesse*.

Je ne saurais dire combien d'argent ce désir initial rapporta à Barnes. Peut-être deux ou trois millions de dollars *[trois millions de dollars dans les premières années du vingtième siècle correspondraient à plus de cinquante millions en termes de pouvoir d'achat en ce début du vingt et unième siècle]*. Mais c'est une somme insignifiante comparée à la valeur du capital qu'il avait ainsi acquis : la certitude qu'en appliquant des préceptes reconnus, on peut transmuer en gains matériels une impulsion immatérielle de la pensée.

C'était bel et bien *par la force de sa pensée* que Barnes avait réussi à s'associer au grand Edison, et c'est également ainsi qu'il avait fait fortune. Il ne possédait rien au départ, il savait seulement ce qu'il voulait et il était résolu à ne pas s'écarter de cette volonté tant qu'elle ne serait pas réalisée.

À DEUX PAS DE LA FORTUNE

L'une des causes les plus fréquentes de l'échec est l'habitude qu'ont certains de renoncer dès qu'ils subissent un revers provisoire. Tout le monde commet cette erreur à un moment ou à un autre.

À l'époque de la ruée vers l'or, un oncle de mon ami R. U. Darby, saisi par la « fièvre de l'or », s'en alla dans l'ouest, au Colorado, pour chercher de l'or et devenir riche. Il n'avait jamais entendu dire qu'on avait extrait davantage d'or de la pensée des hommes que des entrailles de la terre. Il jalonna une concession et se mit à piocher et à pelleter.

Il fut récompensé de semaines de travail par la vue de l'éclat du minerai. Il lui fallait du matériel pour remonter le minerai à la surface. Discrètement, il camoufla la mine et retourna chez lui à Williamsburg, au Maryland. Il parla de sa découverte à sa famille et à quelques voisins. Ils rassemblèrent l'argent pour l'achat du matériel et ils l'expédièrent. R.U. Darby décida de se joindre à son oncle, et ils retournèrent exploiter la mine.

Ils expédièrent le premier wagon de minerai à l'usine de fusion. Ce que cela leur rapporta prouvait qu'ils avaient trouvé l'une des mines les plus riches du Colorado. Encore quelques wagons de ce minerai, et ils seraient libérés de leurs dettes. Ils allaient ensuite ramasser le gros paquet.

Et les foreuses de creuser, et les espoirs de Darby et de son oncle de grimper ! Puis il se produisit quelque chose. La veine du minerai d'or disparut. Évanoui le rêve, évanouie la cagnotte ! Ils continuèrent à forer, cherchant désespérément à retrouver la veine – sans le moindre résultat.

Finalement, ils décidèrent de renoncer. Ils vendirent le matériel à un ferrailleur pour quelques centaines de dollars et rentrèrent par le train. Le ferrailleur fit venir un ingénieur des mines pour qu'il examine la mine et fasse des calculs. Celui-ci déclara que le projet avait échoué parce que les propriétaires ne connaissaient pas les « lignes de faille ». D'après ses calculs, la veine se trouvait tout juste à deux pas de l'endroit où les Darby avaient cessé de forer, ce qui se révéla tout à fait exact.

Le minerai d'or de la mine rapporta des millions de dollars au ferrailleur parce qu'il avait eu la bonne idée de consulter un expert avant de renoncer.

Longtemps après, Darby compensa largement ses pertes quand il découvrit que le désir peut se transmuer en or. Cette découverte, il la fit après s'être lancé dans le placement d'assurances-vie.

N'oubliant jamais qu'il avait perdu une énorme fortune parce qu'il s'était arrêté à deux pas du trésor, Darby mit à profit cette expérience dans son nouveau domaine d'activité, se disant tout simplement : « Je me suis arrêté à deux pas du trésor, mais je ne m'arrêterai plus jamais parce qu'on me dit non lorsque je veux placer une assurance. »

Darby fit partie d'un petit groupe d'hommes qui plaçaient plus d'un million de dollars d'assurances-vie par an. Ce refus du renoncement, c'est la leçon qu'il avait tirée de son abandon dans l'épisode de la mine d'or.

Avant de connaître la réussite dans sa vie, il est fatal qu'un homme éprouve un revers momentané, parfois plusieurs, il peut même échouer. Quand ce coup du sort vous frappe, la réaction la plus facile et la plus logique est de renoncer. C'est exactement ce que font la majorité des gens.

Parmi ceux qui ont connu la réussite la plus éclatante dans ce pays, il y en plus de cinq cents à m'avoir dit avoir remporté leur plus grand succès alors qu'ils venaient tout juste d'éprouver un revers. L'échec est un filou rusé qui manie l'ironie avec subtilité. Il prend grand plaisir à vous faire trébucher au moment précis où la réussite est presque à votre portée.

COMMENTAIRE

Le credo de Napoleon Hill, « Tout échec porte en germe une réussite de même ampleur», a inspiré Wayne Allyn Root, entrepreneur et spécialiste des questions de motivation, lorsqu'il a écrit son livre The Joy of Failure (La Joie de l'Échec). *Paru à la fin des années 1990, ce livre raconte non seulement l'histoire personnelle de Wayne, qui s'est servi de ses échecs comme tremplins pour réussir, mais il retrace également d'autres parcours de réussite qui prouvent que ceux qui sont parvenus à la richesse et à la célébrité le doivent uniquement aux leçons qu'ils ont su tirer de leurs échecs. Ce fut le cas de Jack Welch, PDG de General Electric, dont la réussite fut éclatante, mais qui, au début de sa carrière, subit un échec retentissant lorsque la fabrique de plastiques, dont il était responsable, explosa. Quant au milliardaire Charles Schwab, il fut en situation d'échec à l'école et à l'université, collé à deux reprises à l'épreuve d'anglais de base en raison de difficultés d'apprentissage, puis il connut plus d'un échec à Wall Street avant que ne s'impose à lui l'idée qui devait vraiment lui assurer une solide richesse. Sylvester Stallone, Bruce Willis, Oprah Winfrey, Bill Clinton, Steven Jobs, Donald Trump, et une foule d'autres personnalités célèbres pour leur réussite, durent tous essuyer des échecs afin d'en tirer les leçons qui, au bout du compte, leur assurèrent la réussite. Chacun d'entre eux échoua, aucun ne s'avoua vaincu.*

Charles F. Kettering, qui a à son actif plus de deux cents brevets d'inventions, dont le système d'allumage et la bougie pour les autos, les climatiseurs Freon et la transmission automatique, déclarait : « Depuis l'âge de six ans jusqu'à sa sortie de l'université, une personne doit passer trois ou quatre examens par an. Si elle en rate un, c'est fini. Mais un inventeur est presque toujours en situation d'échec. Il essaie, il échoue mille fois. S'il réussit une fois, alors il est sauvé. Ce sont là deux situations diamétralement opposées. On dit souvent que ce qu'il y a de plus important, c'est d'apprendre à un employé nouvellement recruté à échouer intelligemment. Il faut l'entraîner à recommencer ses expériences sans arrêt et à continuer d'essayer et d'échouer jusqu'à ce qu'il sache ce qui marche. Les échecs ne sont que des coups d'essai.

UNE LEÇON DE PERSÉVÉRANCE À CINQUANTE CENTS

Peu après qu'il eut été diplômé de « l'Université des Coups Durs », Darby fut témoin de quelque chose qui lui prouva qu'un premier « non » n'est pas forcément définitif.

Un après-midi, il était venu aider son oncle à moudre du blé dans un vieux moulin. L'oncle exploitait une grande ferme où vivaient nombre de métayers. La porte s'ouvrit sans bruit et un enfant, fille d'un des métayers, entra et se plaça près de la porte.

L'oncle leva les yeux, vit l'enfant et lui cria brutalement, « Qu'est-ce que tu veux ? »

D'une voix toute douce, l'enfant répondit : « Ma maman dit qu'il lui faut cinquante cents.

Pas question, répliqua l'oncle. Maintenant tu rentres chez toi, et vite. »

Mais l'enfant ne bougea pas.

L'oncle reprit son travail, sans s'apercevoir que l'enfant n'avait pas bougé. Quand il leva les yeux à nouveau, il vit qu'elle était toujours là et lui dit : « Je t'avais dit de rentrer chez toi. Alors maintenant tu y vas, ou c'est la baguette. »

Mais elle ne bougea pas.

L'oncle laissa tomber un sac de grain qu'il s'apprêtait à verser dans la trémie, et se dirigea vers l'enfant.

Darby retint son souffle. Il savait son oncle violent.

Lorsque celui-ci parvint à l'endroit où se tenait l'enfant, elle fit un pas en avant, le regarda droit dans les yeux et hurla à pleine voix : « Ma maman dit qu'il lui faut cinquante cents. »

L'oncle s'arrêta, regarda l'enfant un moment, mit une main dans sa poche, en sortit un demi-dollar et le donna à la fillette.

Elle prit l'argent, recula lentement jusqu'à la porte sans jamais quitter des yeux l'homme à qui elle venait d'infliger une défaite. Quand elle fut partie, l'oncle s'assit sur une boîte et, pendant plus de dix minutes, regarda par la fenêtre, l'œil perdu dans le vague. Il réfléchissait, stupéfait, à la correction qu'il venait de recevoir.

Darby, lui aussi, réfléchissait. C'était la première fois de sa vie qu'il voyait un enfant imposer délibérément sa loi à un adulte. Comment avait-elle fait ? Qu'est-ce qui s'était produit dans la tête de son oncle pour que sa fureur tombe et qu'il devienne docile comme un agneau ? Quel était cet étrange pouvoir qui avait permis à l'enfant d'être maîtresse de la situation ? Ces questions traversèrent l'esprit de Darby, mais la réponse, il ne la trouva que des années plus tard, lorsqu'il me décrivit la scène.

Curieusement, cette étrange histoire me fut contée dans le vieux moulin, à l'endroit même où l'oncle avait reçu la correction.

Nous étions donc dans ce vieux moulin qui sentait le renfermé, et Darby, après avoir repris l'histoire, posa cette question : « Comment expliquez-vous ça ? Quel était cet étrange pouvoir qui avait permis à l'enfant de mater ainsi mon oncle ? »

La réponse à cette question se trouve dans les préceptes décrits dans ce livre. C'est une réponse absolument complète. Elle est suffisamment détaillée et précise pour que vous compreniez la nature de la force que cette fillette s'était découverte par hasard et que vous puissiez vous en servir comme elle.

Ayez constamment l'esprit en éveil, et vous saurez très exactement quel étrange pouvoir est venu au secours de l'enfant. Ce pouvoir, il se peut que vous en ayez un aperçu dans ce chapitre, ou c'est peut-être ultérieurement, dans un autre chapitre, que vous en saisirez brusquement la nature. Si vous êtes à l'affût de cette occasion, vous trouverez, à un moment ou à un autre, l'idée qui stimulera votre réceptivité et vous mettra en possession de ce même pouvoir irrésistible. Cela peut prendre la forme d'une seule idée, ou d'un plan complet, ou d'un objectif. Il se peut que cela vous contraigne à revenir sur des revers ou des échecs de votre passé. Et peut-être qu'ainsi se dégagera une leçon qui vous permettra de retrouver tout ce que l'échec vous avait fait perdre.

Après que j'eus expliqué à Darby la nature du pouvoir dont la fillette s'était servi en toute innocence, il revécut par la pensée ses trente années de courtier en assurance. C'est alors qu'il lui apparut clairement que sa réussite, il la devait, et pas qu'un peu, à la leçon qu'il avait tirée de l'épisode de la fillette.

Et c'est ce qu'il déclara : « Chaque fois qu'un client potentiel essayait de m'éconduire sans avoir souscrit un contrat, je voyais cette enfant debout là-bas dans le vieux moulin, ses grands yeux lançant un terrible regard de défi, et je me disais : " Il faut que je place ce contrat. " La plus grande partie des affaires que j'ai réalisées furent conclues après que les gens eurent dit non. »

Il se souvint également de l'erreur qu'il avait commise en s'arrêtant à deux pas du filon d'or. « Mais, ajouta-t-il, cette expérience a finalement été une bonne chose. Elle m'a appris qu'il faut absolument persévérer, quelles que puissent être les difficultés – leçon que j'avais besoin d'apprendre pour pouvoir réussir quoi que ce soit. »

Les événements qu'avait vécus Darby n'avaient, somme toute, rien d'extraordinaire et pourtant ils recélaient la clef de sa vie. En fait, pour lui, ces événements avaient l'importance de la vie même. Et s'il a pu tirer profit de ces deux expériences importantes, c'est parce qu'il les avait analysées et en avait tiré la leçon.

Et si vous ne voyez pas que les événements de votre vie sont des expériences qui ont ce sens profond ? Et que dire de la jeune personne qui n'a encore jamais eu de petits échecs à analyser ? Où et comment ces gens vont-ils apprendre l'art de se servir de leurs défaites pour rebondir et saisir l'occasion favorable ?

C'est exactement pour ces raisons que ce livre a été écrit – pour répondre à ces questions.

Pour faire connaître mes réponses, j'ai élaboré treize préceptes. Ces principes sont des catalyseurs qui peuvent agir séparément ou ensemble. La réponse particulière que vous cherchez est peut-être déjà dans votre tête. La lecture de ces préceptes sera peut-être le catalyseur qui fera surgir votre réponse sous la forme d'une idée, d'un plan ou d'un objectif.

Ce qu'il vous faut pour parvenir à la réussite, c'est une seule idée, mais solide. Ces treize préceptes vous indiqueront les voies et les moyens de créer des idées.

L'OBSESSION DE LA RÉUSSITE

Avant d'aller plus avant dans la description de ces principes, je veux que vous sachiez ceci : quand la richesse commencera à vous venir, elle arrivera si rapidement et avec une telle profusion que vous vous demanderez où elle pouvait bien se cacher pendant toutes ces années de vaches maigres.

Pareille déclaration a de quoi surprendre, notamment si l'on pense à cette croyance fort répandue selon laquelle la richesse ne vient qu'à ceux qui travaillent dur et longtemps.

Quand vous commencerez à penser selon les principes des *Chemins de la Richesse*, vous remarquerez que cette richesse, c'est d'abord un état d'esprit, une résolution bien arrêtée. Quant au travail, il n'est guère nécessaire, ou même pas du tout. Ce qu'il faut apprendre, c'est comment se forger cet état d'esprit qui attirera la richesse. J'ai passé vingt-cinq ans de ma vie à rechercher la réponse à cette question parce que, moi aussi, je voulais savoir « comment les hommes riches le deviennent ».

Vous remarquerez que, dès que vous aurez assimilé les préceptes de cette philosophie, et que vous commencerez à les appliquer, l'état de vos finances commencera à s'améliorer. Tout ce que vous toucherez se transmuera en autant d'atouts dont vous pourrez tirer profit. Impossible ? Certainement pas !

L'une des principales faiblesses dont souffre l'homme de la rue, c'est qu'il est beaucoup trop habitué au mot *impossible*. Nous savons tous ce qui ne marche pas. Nous savons tous ce qui ne peut pas se réaliser. Ce livre a été écrit pour ceux qui cherchent à savoir par quels moyens les autres ont réussi et sont prêts à tout miser sur ces moyens.

La réussite vient à ceux qui sont habités par l'obsession de la réussite.

L'échec vient à ceux qui se laissent gagner par la hantise de l'échec.

L'objet de ce livre est de vous aider à appendre l'art de transformer la hantise de l'échec en obsession de la réussite.

Un autre point faible est l'habitude que vous avez d'évaluer tout et chacun à l'aune de vos impressions et de vos croyances personnelles. En lisant cela, certains d'entre vous auront du mal à croire *que la pensée peut ouvrir les voies de la richesse* parce que vos habitudes de pensée sont tout imprégnées de pauvreté, de misère, d'échec et de défaite.

Cette façon de penser me rappelle l'histoire de cet homme venu de Chine pour étudier à l'Université de Chicago. Un jour, le président Harper rencontre ce jeune homme sur le campus et s'arrête pour bavarder avec lui quelques instants. Il lui demande quelle est, à son avis, la caractéristique la plus frappante du peuple américain.

« Eh bien !, s'exclame l'étudiant, c'est la forme inhabituelle de vos yeux. »

C'est uniquement une question de perspective et d'habitude.

Il en va de même de ce que vous croyez qu'une personne peut réaliser. Si vous avez pris l'habitude de regarder la vie selon votre propre perspective, vous ferez peut-être l'erreur de croire que *vos* limites sont l'exacte mesure des limites de tout le monde.

L'« IMPOSSIBLE » MOTEUR FORD V8

Lorsque Henry Ford décida de produire son fameux V8, il opta pour un moteur compact de huit cylindres coulés en un seul bloc. Il commanda à ses ingénieurs un plan du moteur. Le plan fut conçu sur le papier, mais les ingénieurs furent unanimes à déclarer qu'il était absolument impossible de couler en un seul bloc un moteur de huit cylindres.

Ford leur dit : « Fabriquez-le quand même.

– Mais, répondirent-ils, c'est impossible.

– Ne vous arrêtez pas, ordonna-t-il, et continuez jusqu'à ce que vous réussissiez. Peu importe le temps qu'il vous faudra. »

Les ingénieurs s'attelèrent alors à la tâche. Six mois passèrent et rien ne se produisait. Six mois de plus et toujours rien. Les ingénieurs essayaient tous les plans imaginables pour exécuter les ordres, mais il n'y avait rien à faire. « Impossible ! »

À la fin de l'année, Ford fit de nouveau le point avec ses ingénieurs. Et, de nouveau, ils lui dirent qu'ils ne trouvaient pas le moyen d'exécuter ses ordres.

« Continuez, disait Ford, je veux ce moteur et je l'aurai. » Ils persévérèrent et alors, comme par un coup de baguette magique, ils découvrirent le secret.

La résolution de Ford l'avait une fois de plus emporté.

Henry Ford avait réussi parce qu'il avait compris et appliqué *les principes* de la réussite. L'un de ces principes est le désir : savoir nettement ce qu'on veut.

Gardez en tête cet épisode au fur et à mesure que vous avancerez dans la lecture de ce livre.

Repérez les passages qui décrivent les secrets de cette incroyable réussite. Si vous le faites, si vous pouvez mettre le doigt sur ces principes particuliers qui ont apporté la richesse à Henry Ford, alors vous pourrez probablement connaître les mêmes réussites, quel que soit le domaine d'activité pour lequel vous êtes fait.

COMMENTAIRE

Aux lecteurs qui pourraient estimer que le comportement de Ford était simplement de l'obstination, les auteurs de ce commentaire tiennent à faire observer qu'il utilisait une technique qui fait maintenant couramment partie de l'arsenal stratégique dans de nombreux secteurs, notamment en aérospatiale, en informatique, en médecine et dans l'armée.

Lorsqu'ils lancent de vastes projets complexes à long terme, les responsables savent souvent qu'ils auront besoin, en chemin, d'éléments qui n'existent pas encore. Le fait qu'au départ ils ne voient pas comment aller de A à B ne les décourage pas. Il y a de nombreux aspects du projet qu'ils peuvent lancer d'entrée de jeu, et ils présument que lorsqu'ils parviendront à une phase qui demandera l'apport d'une technologie ou d'un dispositif particulier, ils auront trouvé la solution, et cela s'est avéré juste à maintes reprises.

Pour dire les choses simplement, cette technique se résume à ceci : savoir clairement ce que vous voulez accomplir, avoir confiance dans votre capacité à le faire et persévérer jusqu'à ce que vous ayez atteint votre but.

POURQUOI VOUS ÊTES « MAÎTRE DE VOTRE DESTIN »

Lorsque le célèbre poète anglais William Henley écrivit ces vers prophétiques « Je suis le maître de mon destin, je suis le capitaine de mon âme », il aurait dû nous préciser que, si nous sommes les maîtres de notre destin, les capitaines de notre âme, c'est parce que nous avons le pouvoir de maîtriser nos pensées.

Il aurait dû nous dire que c'est parce que, d'une certaine façon, notre cerveau est « magnétisé » par les pensées qui gouvernent notre esprit. Et c'est comme si notre esprit magnétisé attirait à nous les forces, les gens, les circonstances de la vie qui sont en phase avec ces pensées qui nous imposent leur loi.

Il aurait dû nous dire qu'avant de pouvoir amasser une grande quantité de richesse, il faut que l'intense désir de devenir riche magnétise notre esprit. Il faut que nous devenions « obsédés par l'argent » jusqu'à ce que ce désir d'argent nous pousse à élaborer des plans pour l'acquérir.

Mais Henley, parce qu'il était poète, se contenta d'énoncer, sous une forme poétique, une grande vérité, laissant à ceux qui étaient acquis à ces idées le soin d'interpréter le sens philosophique de ses vers.

Cette vérité, elle s'est dévoilée petit à petit jusqu'à ce que j'acquière la certitude que ce livre renferme le secret de la maîtrise de notre destin économique.

LES PRINCIPES QUI PEUVENT CHANGER VOTRE DESTIN

Nous sommes maintenant prêts à examiner le premier de ces principes et, pendant cette découverte, je vous demande de vous libérer de tout préjugé. N'oubliez pas, en lisant ces pages, que ces principes, ce n'est pas moi qui les ai inventés. Ils n'ont d'ailleurs pas été inventés par une personne unique. Ils ont bel et bien été appliqués par des millions de gens. Vous aussi, vous pouvez les mettre en œuvre pour votre propre compte et pour le profit permanent que vous en tirerez. Vous verrez que ce n'est pas difficile, que c'est même facile.

Il y a quelques années, j'ai prononcé le discours de remise des diplômes à l'université de Salem, en Virginie occidentale. Je soulignai avec une telle force la nécessité d'être porté par un désir brûlant que l'un des nouveaux diplômés fut à ce point convaincu qu'il en fit la pierre angulaire de sa philosophie personnelle. Ce jeune homme entra au Congrès et occupa un poste important dans l'administration du Président Franklin D. Roosevelt. Il m'écrivit une lettre dans laquelle il exprimait si nettement son opinion sur le principe de désir, qui sera abordé dans le chapitre suivant, que j'ai décidé de la publier en introduction à ce chapitre. Elle vous donnera une idée des avantages que vous pouvez espérer si vous appliquez ce principe.

Mon cher Napoleon,

Mes fonctions comme membre du Congrès m'ayant permis de mieux connaître les problèmes des hommes et des femmes, je vous écris pour vous faire une suggestion qui peut rendre service à des milliers de gens estimables.

En 1922, vous avez prononcé le discours de remise de diplômes à l'université de Salem. J'étais l'un des nouveaux diplômés. Au cours de cette allocution, vous avez semé dans mon esprit le germe d'une idée grâce à laquelle j'ai maintenant la chance de servir la population de mon état, et c'est à cette même idée que, dans une très large mesure, je devrai les réussites que je connaîtrai peut-être à l'avenir.

Je me souviens, comme si c'était hier, de la façon extraordinaire dont vous avez décrit la méthode qui permit à Henry Ford de s'élever aussi haut alors qu'il avait peu fréquenté l'école, qu'il n'avait pas un dollar et aucun ami influent. Je décidai alors, avant même que vous ayez terminé votre discours, de me faire une place dans la vie, quelles que soient les difficultés que j'aurais à surmonter.

Des milliers de jeunes gens vont quitter le système scolaire cette année et dans les prochaines années. Chacun d'entre eux sera à la recherche d'un message d'encouragement et de conseils pratiques tels que ceux que j'ai reçus de vous. Ils voudront savoir comment s'orienter, que faire, pour débuter dans la vie. Vous qui avez aidé tant de gens à résoudre ces problèmes, vous pouvez le leur dire.

Il y a aujourd'hui en Amérique des milliers de gens qui aimeraient savoir comment convertir leurs idées en argent, des gens qui sont obligés de repartir de zéro, sans moyens financiers, et qui voudraient récupérer ce qu'ils ont perdu. Si quelqu'un peut les aider, c'est vous.

Si vous publiez ce livre, j'aimerais recevoir le premier exemplaire dédicacé de votre main dès qu'il sortira des presses.

Avec mes meilleures pensées,

Cordialement

Jennings Randolph

Depuis cette époque, en 1922, j'ai observé l'ascension de Jennings Randolph, qui est devenu administrateur d'une compagnie aérienne, orateur inspiré et sénateur de Virginie occidentale.

Trente-cinq ans après ce discours, j'eus le plaisir de retourner à l'université de Salem pour y prononcer le discours de remise des diplômes. À cette occasion, on me décerna le titre de Docteur ès lettres de cette université.

COMMENTAIRE

Au moment où vous allez aborder le chapitre suivant, les auteurs de ce commentaire aimeraient souligner ce qui a été dit précédemment, à savoir que ce que vous lisez n'est pas simplement une collection de théories dans laquelle vous pouvez cueillir ce qui vous plaît.

La véracité de ces treize principes est attestée par le fait qu'ils découlent du parcours de réussite de la longue liste des personnages célèbres cités ci-dessus par Napoleon Hill. Les techniques qu'il décrit ont reçu l'aval d'experts contemporains qui les ont pratiquées ainsi que des auteurs que nous avons mentionnés à la suite de la liste de Hill. Plus de 60 millions de gens ont acheté le livre que vous avez en main.

Puisque ce livre a connu un tel succès, vous vous devez de tout faire pour qu'il vous apporte, à vous aussi, la réussite. Lisez-le. Ne mettez pas en doute ce que vous y trouvez. Faites ce que nous vous disons. Si vous ne le faites pas, si vous vous estimez plus avisé que Napoleon Hill, si vous décidez de faire le tri et de choisir ce qui vous paraît crédible ou mériter d'être appliqué, et si alors vous ne réussissez pas, vous ne saurez jamais si la cause de votre échec est dans le livre ou en vous-même.

TOUT CE QUE

L'HOMME CONÇOIT ET CROIT

IL PEUT LE RÉALISER

CHAPITRE

3

LE DÉSIR

POINT DE DÉPART DE TOUTE RÉUSSITE

Première étape sur le chemin de la richesse

Lorsque Edwin C. Barnes descendit du train du wagon de marchandises à West Orange, New Jersey, il avait peut-être l'allure d'un vagabond mais il avait les pensées d'un roi.

Tandis qu'il se rendait de la voie ferrée au bureau de Thomas A. Edison, il avait l'esprit en effervescence. Il se voyait devant Edison. Il s'entendait lui demander de lui permettre de réaliser l'obsession qui le consumait – le désir brûlant de devenir l'associé du grand inventeur.

Le désir qu'éprouvait Barnes n'était pas un espoir. Ce n'était pas un souhait. C'était une pulsion qui transcendait absolument tout.

Quelques années plus tard, Edwin C. Barnes se retrouva devant Edison, dans le bureau où avait eu lieu leur première rencontre. Mais cette fois, le désir était devenu réalité. Il était associé aux affaires d'Edison. Le rêve qui avait dominé sa vie était devenu une réalité.

Barnes avait réussi parce qu'il s'était fixé un but très précis, mettant toute son énergie, toute sa volonté, consacrant tous ses efforts, mobilisant toutes ses forces pour parvenir à ce but.

Cinq années s'étaient écoulées avant que ne se présente la chance qu'il attendait. Pour tout le monde, sauf pour lui, il semblait n'être qu'un rouage de plus dans le mécanisme des affaires d'Edison. Lui,

Barnes, s'était considéré comme associé à part entière depuis le jour même où il avait commencé à travailler dans ce bureau.

Cela illustre de façon remarquable la puissance du désir lorsqu'il est précis et ferme. Barnes avait atteint son but qui était de devenir l'associé d'Edison parce que c'est ce qu'il voulait par-dessus tout. Il avait élaboré un plan pour parvenir à ce but et il avait coupé tous les ponts derrière lui. Ce désir, qui ne l'avait jamais quitté, était devenu l'obsession de sa vie – et en fin de compte la réalité.

Lorsqu'il était allé à West Orange, il ne s'était pas dit : « Je vais essayer de persuader Edison de me donner un travail quelconque. » Il s'était dit : « Je vais voir Edison et je vais lui signifier que je suis venu pour entrer en affaires avec lui. »

Il ne s'était pas dit : « Si je ne réussis pas à obtenir ce que je veux dans l'entreprise d'Edison, je guetterai la prochaine occasion. » Il s'était dit : « Il y a une chose, et une seule, en ce bas monde que je veux absolument, c'est m'associer en affaires avec Edison. Je vais couper tous les ponts derrière moi et miser tout mon avenir sur ma capacité à obtenir ce que je veux. »

Il ne s'était laissé aucune possibilité de retraite. Il lui fallait gagner ou périr.

Telle est toute l'histoire de la réussite de Barnes.

NE VOUS LAISSEZ AUCUNE POSSIBILITÉ DE RETRAITE

Il y a bien longtemps, un grand guerrier se trouva dans une situation où il lui fallait prendre une décision qui lui assurerait la victoire. Il s'apprêtait à lancer ses armées contre un ennemi puissant supérieur en nombre. Il embarqua ses soldats sur des bateaux et mit le cap sur le pays ennemi. Il y fit débarquer soldats et matériel, puis il donna l'ordre de brûler tous les bateaux. S'adressant à ses hommes avant la première bataille, il déclara : « Vous voyez les bateaux qui s'en vont en fumée. Cela signifie que, pour quitter vivants ces rivages, il nous faut vaincre.

Nous n'avons pas le choix – vaincre ou périr ! »

Ils furent victorieux.

Quelle que soit l'entreprise, pour gagner, il faut être prêt à brûler ses vaisseaux et à se couper toute possibilité de retraite. C'est la seule façon d'être sûr de rester dans cet état d'esprit qu'est *le brûlant désir* de gagner. La réussite est à ce prix.

Le lendemain du grand incendie de Chicago, un groupe de commerçants était rassemblé dans State Street. Ils regardaient les restes fumants de ce qui avait été leurs magasins. Ils se consultèrent pour décider s'ils allaient reconstruire ou quitter Chicago et recommencer dans un endroit du pays plus accueillant. Ils décidèrent de partir. Tous sauf un.

Le marchand qui décida de rester et de reconstruire montra du doigt les restes de son magasin et déclara : « Messieurs, sur cet emplacement même, je construirai le plus grand magasin du monde, dût-il être réduit en cendres plusieurs fois. »

C'était en 1871. Le magasin fut construit. Il est encore là aujourd'hui. Le grand magasin de Marshall Field est la preuve imposante de cet état d'esprit qu'on appelle un désir brûlant. Il aurait été plus facile pour Marshall Field de faire exactement ce qu'avaient fait ses collègues. Les circonstances étant difficiles et l'avenir paraissant sombre, ils renoncèrent et s'en allèrent là où les choses semblaient plus faciles.

Notez bien cette différence entre Marshall Field et les autres marchands. C'est ce qui distingue ceux qui réussissent de ceux qui échouent.

Tout être humain assez âgé pour comprendre la valeur de l'argent souhaite en avoir. Mais ce n'est pas le souhait qui apporte la richesse. Ce qui apporte la richesse, c'est le désir, c'est l'état d'esprit qui tourne à l'obsession, c'est la planification des voies et des moyens pour l'acquérir, et c'est la persévérance qui vient en appui de ce plan – une persévérance qui nie l'existence de l'échec.

COMMENTAIRE

Dans certains autres de ses écrits, Napoleon Hill utilise l'expression ferme résolution *comme synonyme de désir. L'explicitation ci-dessous est une adaptation de ce qui figure dans l'ouvrage de la Fondation Napoleon Hill,* Believe and Achieve (Croire et Réaliser). *Le Désir ou la Ferme Résolution, ce n'est pas simplement se fixer des buts. Pour dire les choses très simplement, votre Désir, c'est votre feuille de route pour atteindre l'objectif de toute une vie. Les buts, ce sont les diverses étapes que vous avez à parcourir.*

Si votre vie est guidée par ce Désir ou cette Ferme Résolution, cela a un effet de synergie sur votre capacité à atteindre vos buts. Dans la mesure où vous améliorez la qualité de ce que vous faites, vous mobilisez toutes vos ressources en vue de votre objectif, vous devenez plus attentif aux opportunités et vous prenez vos décisions plus rapidement. En définitive, chacune de vos actions se ramène à cette question : est-ce que cette étape va m'aider ou non à réaliser mon Désir, à atteindre mon objectif dans sa totalité ?

Cet objectif va devenir toute votre vie ; il va imprégner votre esprit, votre conscient tout comme votre subconscient.

SIX MANIÈRES DE TRANSFORMER VOTRE DÉSIR EN OR

La méthode par laquelle votre désir de richesse peut se transmuer en son équivalent financier comporte six étapes bien précises et faciles à franchir :

1. Déterminez dans votre tête la somme exacte que vous désirez. Il ne suffit pas de se dire simplement « Je veux beaucoup d'argent ». Fixez le montant avec précision. (Il y a à cela une raison d'ordre psychologique qui sera expliquée dans les chapitres suivants.)
2. Précisez nettement ce que vous avez l'intention de donner en échange de l'argent que vous désirez. (On n'a jamais « rien pour rien ».)

3. Fixez clairement la date à laquelle vous voulez entrer en possession de l'argent que vous désirez.
4. Établissez un plan rigoureux pour réaliser votre désir et commencez immédiatement, que vous soyez prêt ou non, à le mettre en œuvre.
5. Maintenant rédigez ! Précisez sur le papier, avec clarté et concision, la somme d'argent que vous voulez vous procurer, fixez-vous une date limite pour l'acquérir, spécifiez ce que vous êtes prêt à donner en échange de l'argent et décrivez clairement les étapes du plan que vous comptez suivre.
6. Lisez à haute voix ce que vous avez couché sur le papier, deux fois par jour. Faites-le une fois avant d'aller vous coucher et une fois le lendemain au lever. Quand vous procédez à cette lecture, imaginez que vous êtes déjà en possession de cet argent, et soyez-en persuadé.

Il est important que vous suiviez les instructions qui figurent dans ces six étapes. Il est particulièrement important que vous observiez à la lettre celles de la sixième étape. Peut-être allez-vous protester et dire qu'il vous est impossible de « vous imaginer en possession de cet argent » avant de l'avoir vraiment. C'est là que le désir brûlant vous viendra en aide. Si votre désir de posséder cet argent est d'une telle intensité qu'il est devenu obsession, alors vous n'aurez aucune difficulté à vous convaincre que vous l'obtiendrez.

Si vous n'avez pas appris comment fonctionne l'esprit humain, ces instructions vous paraîtront sans doute irréalisables. Cela vous aidera peut-être si je vous dis que je les tiens d'Andrew Carnegie qui, par lui-même, s'est tracé l'un des plus éclatants parcours de réussite de l'histoire d'Amérique. Il a débuté dans la vie comme simple ouvrier dans une aciérie, mais, malgré ces humbles débuts, il a réussi, en appliquant ces principes, à se faire une fortune bien supérieure à 100 millions de dollars *[En valeur d'aujourd'hui, la fortune de Carnegie s'élèverait au moins à 20 milliards de dollars, et probablement beaucoup plus]*.

Cela peut également vous servir de savoir que ces six étapes ont fait l'objet d'un examen attentif de la part de Thomas A. Edison, célèbre inventeur et homme d'affaires au parcours réussi et qu'elles ont recueilli son approbation car il estimait qu'elles étaient essentielles non seulement pour faire fortune, mais également pour atteindre n'importe quel but.

COMMENTAIRE

Depuis que Napoleon Hill a écrit cela, les progrès accomplis dans la compréhension aussi bien de la physiologie du cerveau que de la psychologie de l'esprit ont permis de beaucoup mieux cerner les mécanismes de la motivation des humains. Cela étant, les méthodes utilisées par les spécialistes modernes de la motivation sont essentiellement les mêmes que celles préconisées par Hill. Les études des chercheurs confirment qu'il y a un solide fondement psychologique à ce que recommande Hill : se fixer des buts avec une grande précision, les coucher par écrit et se les répéter souvent à haute voix.

La validité de ces techniques est reconnue par la grande majorité des spécialistes de ce domaine. Le principe psychologique à l'œuvre est identique à celui qui sous-tend l'autosuggestion et l'autohypnose – concepts qui seront examinés plus en détail au chapitre 5 pour l'autosuggestion, et au chapitre 13 pour le subconscient.

Lorsque Hill vous dit « de vous imaginer tel que vous serez quand vous aurez atteint votre objectif », il s'appuie également sur une technique bien précise, aujourd'hui couramment enseignée par les spécialistes de motivation, et qui porte le nom de « visualisation créatrice ». Au chapitre 4, qui traite de la foi, et au chapitre 5, qui porte sur l'autosuggestion, Hill développe sa méthode.

Avant de poursuivre, les auteurs de ces commentaires tiennent à insister sur le conseil de Hill lorsqu'il recommande de suivre ses instructions à la lettre. Ils savent que tout lecteur a tendance à supposer qu'il lui suffit simplement de saisir intellectuellement un concept. Lorsque vous avez pris connaissance des six points de la méthode Hill, vous vous êtes probablement dit : « Oui, bien sûr, il y a des gens qui ont besoin de mettre cela par écrit, mais moi je ne suis plus un enfant. J'ai compris l'idée. » Ou encore : « D'accord, je comprends que le fait de répéter à haute voix puisse aider certaines personnes un peu frustes, mais moi, j'ai intellectuellement saisi ce dont il s'agit. » Si vous réagissez ainsi, permettez que l'on vous rappelle que, parmi les gens qui ont réussi leur vie et que vous admirez, nombreux sont ceux qui ne s'estimaient pas trop intelligents ou trop avertis pour suivre les instructions de Hill. Permettez-nous de souligner à nouveau que, si Napoleon Hill croyait qu'il était important de consigner effectivement vos buts et de les relire à haute voix, et si les psychologues et les spécialistes de la motivation le pensent également, alors vous seriez bien sot de ne pas suivre ce conseil tout simple. Alors faites-le donc !

Suivre cette procédure ne demande ni effort particulier, ni sacrifice. Il n'est pas nécessaire d'être très instruit pour appliquer ces conseils. Mais ces six étapes demandent suffisamment d'imagination pour voir et pour comprendre qu'on ne peut pas amasser de l'argent en s'en remettant au hasard ou à la chance.

Autant que vous le sachiez dès maintenant, vous ne pourrez jamais devenir immensément riche si vous n'avez pas la volonté de porter votre désir d'argent à incandescence et si vous n'avez pas la conviction que vous pouvez réussir.

LE POUVOIR DES GRANDS RÊVES

Si vous êtes engagé dans la course à la richesse, vous devriez vous sentir encouragé par la vérité suivante : le monde dans lequel nous vivons exige des idées neuves, de nouvelles façons d'agir, de nouveaux dirigeants, de nouvelles inventions et, en toutes choses et tout le temps, de la nouveauté dans les méthodes, dans les styles, dans les différentes versions et les variantes. Cette exigence de nouveauté et de perfectionnement implique que vous possédiez, pour réussir, une qualité précise : la fermeté dans vos résolutions – c'est-à-dire que vous sachiez ce que vous voulez et que vous soyez animé du désir brûlant de l'obtenir.

Si vous désirez vraiment la richesse, souvenez-vous que les vrais maîtres du monde ont toujours été des gens qui ont su maîtriser et exploiter les forces indéfinissables et invisibles de l'opportunité. Ils ont su transformer ces opportunités en villes, gratte-ciel, usines, moyens de transport, en distractions et en commodités de tous ordres qui facilitent les choses, les rendent plus rapides, les améliorent, ou tout simplement, rendent la vie plus agréable.

Lorsque vous élaborerez le plan pour acquérir votre part de richesse, ne laissez personne vous décourager en vous traitant de rêveur. Pour gagner gros dans ce monde en mouvement, il faut retrouver l'esprit des grands pionniers, dont les rêves ont apporté toutes ses valeurs à la civilisation. Cet esprit, c'est la force vitale de notre pays – une opportunité pour vous et pour moi, la possibilité de développer et de vendre vos talents.

Un désir brûlant d'être et de faire est le point de départ et le tremplin du rêveur. Les rêves ne sont pas le fruit de l'indifférence, de la paresse ou du manque d'ambition.

Si la chose que vous voulez faire est juste et si vous y croyez, allez-y et accomplissez-la. Ne vous occupez pas de ce qu'« ils » disent si vous subissez temporairement un revers. « Ils » ne savent pas que tout échec porte en lui le germe d'une réussite de même ampleur.

Marconi rêvait d'un système qui permettrait de transmettre le son d'un endroit à un autre sans avoir recours aux fils. Il vous intéressera peut-être de savoir que les amis de Marconi le firent arrêter puis examiner dans un hôpital psychiatrique lorsqu'il annonça qu'il avait découvert un principe qui permettait d'envoyer des messages par la voie des airs. Tous les postes de radio du monde *[tous les postes de télévision, les téléphones cellulaires, les communications par satellite et tous les autres appareils sans fil]* sont la preuve que son rêve n'était pas vain.

Heureusement, maintenant, les rêveurs sont mieux lotis. Aujourd'hui, votre monde regorge d'opportunités que ne connaissaient pas les rêveurs d'autrefois.

Si vous en doutez, si vous vous sentez anéanti à la suite d'un récent échec, vous allez apprendre comment votre échec peut se révéler votre atout le plus précieux. Presque tous ceux qui réussissent dans la vie ont connu des débuts difficiles et, avant « d'arriver », ils ont livré des luttes désespérées. Le tournant dans la vie de ceux qui réussissent se produit généralement à un moment de crise à la faveur duquel ils découvrent leur « autre moi ».

COMMENTAIRE

Il est question du concept de « l'autre moi » dans un autre chapitre de Les Chemins de la Richesse, *mais Napoleon Hill ne s'étend pas sur cette question. L'explicitation ci-dessous est empruntée à ses écrits ultérieurs :*

Vous n'avez en tête qu'une seule préoccupation, vos pertes. Plus vous fixez votre attention sur elles, plus vous en attirez d'autres. Cessez d'y penser et persuadez-vous que cette expérience va vous être bénéfique. Quels que soient les obstacles personnels que vous rencontriez, il vous faut apprendre à connaître cet aspect de votre personnalité qui nie les obstacles et les défaites. Cultivez l'amitié de votre « autre moi », de telle sorte que, quoi que vous fassiez, vous ayez comme allié quelqu'un qui partage vos objectifs. Vous pourrez beaucoup mieux tirer profit de toutes les théories philosophiques et de tous les conseils sur la façon de persuader les autres si vous les appliquez vous-même.

Sydney Porter ne découvrit le génie qui sommeillait dans son cerveau qu'après avoir subi un grand revers. Il fut reconnu coupable de détournements de fonds et incarcéré dans une cellule de la prison de Columbus, Ohio, et c'est là qu'il fit la connaissance de son « autre moi ».

Il se mit à écrire des nouvelles. Puis, alors qu'il était enfermé dans sa cellule, il commença à les vendre à des magazines sous le pseudonyme de O.Henry. Grâce à son imagination, il se découvrit grand écrivain et non plus misérable criminel au ban de la société. À sa sortie de prison, il était l'auteur de nouvelles le plus populaire du pays.

COMMENTAIRE

Plus récemment, dans une autre prison, un autre genre d'écrivain fit la connaissance de son « autre moi » et la « country music» découvrit l'un de ses compositeurs les plus talentueux et l'une de ses plus grandes stars. Lorsque Merle Haggard était enfant, sa famille vivait dans un wagon de marchandises reconverti à Bakersfield, en Californie. Après la mort de son père, le jeune Merle, qui avait neuf ans, se retrouva le plus souvent dans toute une série de centres de détention pour mineurs. À seize ans, il quitta l'école et, les quatre années suivantes, la seule trace qu'il laissa fut un casier judiciaire pour vols de voitures, cambriolages et chèques en bois. À l'âge de vingt ans, il purgeait une peine à la prison de San Quentin et gagnait ses galons de caïd de l'arnaque.

Puis il fit la connaissance de son « autre moi ». Conquis par un concert que Johnny Cash était venu donner pour les détenus, en plus des conversations avec des hommes dans le quartier des condamnés à mort et du temps passé en isolement cellulaire, tout cela fit que Haggard apprit qu'il avait un « autre moi » – et que ce moi avait des choses à dire par le truchement de la musique.

Lorsqu'il sortit de l'isolement, Haggard demanda à être affecté au travail le plus dur de la prison, il s'inscrivit aux cours du soir organisés sur place, s'acheta une conduite et, au bout de deux ans et demi, on lui accorda la mise en liberté conditionnelle. Il retourna à Bakersfield. La journée, il creusait des fossés afin de pouvoir, le soir, peaufiner ses chansons et son jeu sur scène. Moins de trois ans après, il signait un contrat d'enregistrement et, moins de cinq ans plus tard, son premier tube figurait parmi les dix premiers au hit parade. Il est devenu depuis l'une des voix les plus marquantes de la country music moderne.

Thomas Edison rêvait d'une lampe qui pourrait être alimentée à l'électricité, et, sans attendre, il commença à mettre son rêve à exécution. Il échoua plus de dix mille fois. Malgré cela, il s'accrocha à son rêve jusqu'à ce qu'il finisse par découvrir le génie qui sommeillait dans son cerveau.

COMMENTAIRE

Dean Kamen fit la connaissance de son autre moi très tôt dans la vie. Alors qu'il n'avait pas encore vingt ans, Kamen fonda sa propre société pour fabriquer et vendre des systèmes de contrôle pour spectacles son et lumière. Il était encore au lycée quand il décrocha le contrat pour automatiser le bal de la Saint-Sylvestre à Times Square. Bien qu'il entrât ensuite à l'université, il ne prit jamais la peine de terminer ses études, trop occupé qu'il était par ses travaux sur ce qu'il appela l'Auto-Seringue, la première pompe à injection portative pour administrer des médicaments. Son invention fut saluée comme marquant une étape importante dans le domaine médical. Il en fut de même de ses autres découvertes, notamment un rein artificiel révolutionnaire, la pompe à insuline pour diabétiques, un stent amélioré pour cardiaques, et plus de cent cinquante autres appareils qu'il fit breveter.

Voyant un jour la difficulté qu'éprouvait un homme en fauteuil roulant à monter sur un trottoir, Kamen s'ingénia à concevoir un appareil qui libérerait les personnes confinées dans un fauteuil roulant. Le résultat est l'iBot, un appareil roulant révolutionnaire actionné par ordinateur et par un système de gyroscopes stabilisateurs. Ce dispositif imite le fonctionnement du corps humain. Non seulement il monte sur les trottoirs, mais il peut même monter et descendre les escaliers, circuler sur presque n'importe quel terrain cahoteux et il permet à l'utilisateur de s'élever à la hauteur des yeux d'une personne debout. Et tout ceci, sans qu'il soit besoin de quitter le siège ou de demander l'aide de quelqu'un.

En 2001, Kamen fit la une des journaux quand il présenta le Segway, un moyen de locomotion pour une personne basé sur la technologie de l'iBot. C'est un véhicule à deux roues qui fait penser à une trottinette et qui se faufile en avant, en arrière, à gauche, à droite et s'arrête sans que le conducteur ait à faire quoi que ce soit. Il lui suffit de se pencher. Ce véhicule est si sensible qu'il donne l'impression d'obéir aux pensées du conducteur. Le Segway est une invention qui peut révolutionner le monde, et les applications qu'il peut avoir dans le domaine du travail et des voyages dépassent l'imagination. Au moment où ces lignes sont écrites, le Segway est déjà utilisé pour circuler dans de grands entrepôts et il est testé dans la police et à la poste.

Tandis que les agents de la circulation et les employés de la mairie se chamaillent pour savoir si la place du Segway est sur le trottoir ou sur la chaussée, Dean Kamen est habité par un autre rêve. Cette fois-ci, il s'agit d'une invention qui, pourrait littéralement apporter la lumière dans les coins les plus sombres de la terre. Il a mis au point un générateur électrique non polluant qui peut utiliser comme carburant presque n'importe quoi. Ce qu'il y a d'extraordinaire dans cette affaire, c'est qu'il a créé un système fermé tel que la chaleur du moteur sert à purifier trente cinq litres d'eau potable par heure. Cette incroyable invention pourrait apporter de l'eau buvable en toute sécurité dans les régions du monde où l'eau contaminée tue des millions de gens, et elle pourrait en même temps fournir à bon marché du courant électrique fiable.

Dean Kamen n'est pas quelque universitaire bien à l'abri dans un laboratoire quelque part. C'est un inventeur, mais, comme Tomas Edison, c'est aussi un chef d'entreprise et un homme d'affaires qui crée et commercialise des appareils qui changent la perception que le public a de l'inventeur.

Henry Ford, pauvre et sans instruction, rêvait d'un véhicule fonctionnant sans chevaux. Il se mit au travail avec les outils dont il disposait sans attendre qu'une occasion favorable lui tombe du ciel, et maintenant le résultat tangible de son rêve a fait le tour de la terre entière. Il a fait fonctionner plus de roues qu'aucun homme parce qu'il n'avait pas peur de miser sur son rêve.

COMMENTAIRE

Steven Jobs et Steve Wozniak qui, tous deux, avaient abandonné leurs études universitaires rêvaient de fabriquer et de vendre des ordinateurs utilisables par tout un chacun. Travaillant, comme Ford, avec les outils dont ils disposaient, ils fabriquèrent le premier ordinateur Apple dans le garage de la famille Jobbs et, comme Ford, ils ne craignirent pas de miser sur leur rêve. Après avoir montré leur prototype à un détaillant local, on leur en commanda vingt-cinq. Afin d'avoir les 1 300 dollars nécessaires à la création de leur nouvelle société, Jobs vendit sa Volkswagen et Woz sa calculatrice Hewlett-Packard, qui valait cher. Une fois qu'ils eurent cette somme, ils convainquirent les fournisseurs de matériel électronique locaux de leur ouvrir un crédit, et ils se lancèrent dans la production des ordinateurs Apple I.

Ils révolutionnèrent l'industrie du matériel et des logiciels informatiques. Arrivé sur le marché en 1976, et vendu au prix de 666 dollars, Apple I leur rapporta 774 000 dollars. Deux ans plus tard, ils produisirent Apple II qui, au cours des trois années suivantes, leur rapporta 140 000 000 de dollars. En 1980, Apple entra en bourse et, à la fin de la première journée, sa valeur boursière était de 1,2 milliard de dollars. Wozniak quitta la société en 1981, mais Jobs poursuivit la fabrication du Macintosh en 1984. En 1985, il quitta la société à son tour, mais il revint à Apple en 1998 pour relancer la société qui vivotait ; il créa les ordinateurs iMac, la société de films d'animation des studios Pixar, le logiciel iPod et le lecteur de musique iTunes.

Pour présenter les parcours de réussite d'aujourd'hui, nous avons suivi la méthode de Hill et pris nos exemples dans la vie réelle. Mais Napoleon Hill jouissait d'un rare privilège. À la différence de tous ceux qui l'avaient précédé ou qui lui ont succédé, il eut la possibilité de rencontrer en personne les gens les plus puissants et dont le succès était le plus éclatant, et d'apprendre de première main quels avaient été les rêves qui les avaient inspirés, à quels obstacles ils avaient été confrontés et comment ils avaient puisé en eux la force de surmonter leurs échecs. Hill rencontra nombre de ces inventeurs et de ces bâtisseurs d'empire qui jetèrent les fondements de l'industrie américaine du vingtième siècle alors que, même si on parlait beaucoup d'eux dans la presse, ils n'étaient pas encore entrés dans l'histoire. Puis, pendant plus de vingt-cinq ans, il étudia les habitudes et apprit les secrets de la génération suivante qui développa ce qui avait été commencé, lança de nouvelles industries, conçut de nouveaux systèmes et de nouveaux rêves. C'est uniquement parce que Hill put recueillir autant d'informations sur une aussi longue période, ce qui ne s'était jamais fait avant, qu'il fut en mesure de comparer, de faire ressortir des contrastes, d'analyser et puis de formuler une philosophie de la réussite fondée sur le vécu de personnages réels qui étaient parvenus au succès grâce à ces techniques.

Les Chemins de la Richesse *est un ouvrage qui a révolutionné les guides pratiques et, aujourd'hui encore, c'est à cette aune que sont évalués tous les ouvrages qui traitent de la motivation. Le succès de ce livre a également contribué à créer un marché pour les milliers de biographies d'hommes et de femmes d'affaires qui racontent par le menu comment sont nés les rêves, comment ont été échafaudés les plans, affrontées les frustrations et obtenus les triomphes dans tous les secteurs du monde industriel moderne. Et comme il suffit pratiquement de cliquer sur la souris pour avoir accès à cette mine d'informations, vous pouvez lire ou entendre ce que disent les plus grands entrepreneurs et les PDG d'aujourd'hui qui ont le mieux réussi, ou même les observer. Ils vous confirmeront, à leur manière, qu'il y a, à la base des principes que Napoleon Hill expose dans ce livre, une vérité fondamentale.*

Les produits ou les services qu'ils vendent sont peut-être différents, mais ce sont les mêmes rêves, suivis des mêmes échecs, suivis des leçons retenues, puis la réussite. Telle est la trame du récit de ces réussites. Pour un Henry Ford, un Thomas Edison, ou un O. Henry que Napoleon cite pour prouver ses thèses, il y a aujourd'hui un Steve Jobs, un Dean Kamen ou un Merle Haggard qui démontrent que ces théories sont toujours valables.

Il y a une différence entre souhaiter une chose et être prêt à la recevoir. Personne n'est en état de recevoir une chose tant qu'il ne *croit* pas qu'il peut se l'approprier. Pour se mettre dans cet état d'esprit, il ne faut pas seulement espérer ou souhaiter, il faut croire. Pour croire, il est essentiel d'avoir l'esprit ouvert. Les esprits fermés ne prédisposent ni à la foi ni au courage. Ils n'incitent pas à croire.

Souvenez-vous bien de ceci : viser haut dans la vie, exiger l'abondance de biens et la prospérité, cela ne demande pas plus d'effort qu'accepter la misère et la pauvreté. Un grand poète a fort bien exprimé cette vérité universelle dans les vers suivants :

J'ai marchandé un penny avec la Vie,
Et c'est tout ce que m'a donné la Vie,
Et alors j'ai mendié le soir venu
Quand j'ai compté mon maigre butin.

Car la Vie est un employeur équitable,
Elle vous donne ce que vous demandez,
Mais une fois que vous avez fixé le salaire,
Eh bien, vous devez assumer la tâche.

J'ai travaillé pour des gages de domestique,
Pour découvrir finalement, à ma grande consternation,
Que, quel que soit le salaire que j'aurais demandé à la Vie,
Elle me l'aurait volontiers donné.

LE DÉSIR DÉJOUE LES PLANS DE LA NATURE

Comme couronnement de ce chapitre, je voudrais présenter l'un des êtres les plus singuliers que j'aie jamais rencontrés. Je fis sa connaissance quelques minutes après sa naissance. Il vint au monde privé d'oreilles. Quand on insista pour qu'il nous donne son avis, le médecin conclut que l'enfant risquait d'être sourd-muet pour la vie.

Je contestai cet avis du médecin. J'avais le droit de le faire. J'étais le père de l'enfant. Je pris, moi aussi, une décision, mais mon avis, je l'exprimai dans le secret de mon cœur.

Je savais, au fond de moi, que mon fils entendrait et parlerait. Comment ? J'étais sûr qu'il devait y avoir un moyen, et je savais que je le trouverais. Je pensais aux mots de l'immortel Emerson. « Le cours des choses est là pour nous enseigner la foi. Nous n'avons qu'à obéir. Il y a des conseils de conduite pour chacun de nous et, si nous savons écouter avec humilité, nous entendrons la bonne parole. »

La bonne parole? Le Désir ! Ce que je désirais par-dessus tout, c'est que mon fils ne soit ni sourd ni incapable de parler. Ce désir ne m'a jamais quitté, ne fût-ce qu'une seconde.

Qu'est-ce que je pouvais faire ? D'une manière ou d'une autre, je réussirais à inculquer dans l'esprit de cet enfant le brûlant désir que j'avais de trouver les moyens de faire parvenir les sons à son cerveau sans le truchement des oreilles.

Dès que l'enfant serait en âge de coopérer, je lui remplirais l'esprit si complètement du désir d'entendre que la Nature traduirait, par les moyens qui lui étaient propres, ce désir en une réalité physique.

Toutes ces pensées cheminaient dans mon esprit, mais je n'en parlais à personne. Chaque jour, je renouvelais la promesse que je m'étais faite, qui était que mon fils ne serait pas sourd.

Au fur et à mesure qu'il grandissait et commençait à prêter attention aux choses qui l'entouraient, nous remarquions qu'il entendait légèrement. Quand il eut l'âge où les enfants commencent à parler, il ne chercha pas à le faire, mais, à son comportement, nous nous rendions compte qu'il percevait légèrement certains sons.

Je n'avais pas besoin d'en savoir plus. J'avais la conviction que s'il pouvait entendre, ne fût-ce qu'un tout petit peu, sa capacité auditive pourrait continuer à se développer. Puis, par un chemin détourné, il se produisit quelque chose qui me donna espoir.

Nous achetâmes un phonographe. Lorsque l'enfant entendit la musique pour la première fois, ce fut pour lui un ravissement. Il eut vite fait de s'approprier l'appareil. Un jour, il passa et repassa sans arrêt un disque pendant près de deux heures, debout devant le phonographe, serrant la boîte de ses dents. Nous ne perçûmes la signification de ce comportement que des années plus tard. À l'époque, nous n'avions jamais entendu parler du principe de conduction osseuse.

Peu de temps après qu'il se fut approprié le phonographe, je découvris qu'il m'entendait tout à fait bien quand je lui parlais en posant mes lèvres sur sa mastoïde à la base de son crâne.

M'étant rendu compte qu'il entendait distinctement le son de ma voix, je commençai immédiatement à communiquer à son esprit le désir d'entendre et de parler. Lorsque je découvris que mon fils adorait les histoires qu'on lui racontait avant de s'endormir, je me mis en devoir de lui en inventer qui puissent développer en lui l'autonomie, l'imagination et un fort désir d'entendre.

Il y en avait une en particulier sur laquelle je revenais sans arrêt. Chaque fois que je la lui racontais, je lui donnais une coloration nouvelle frappante. Ces histoires étaient conçues pour lui inculquer la pensée que son infirmité n'était pas un handicap mais un atout de grande valeur. Mes études et mon expérience personnelle m'avaient apporté la conviction que tout malheur porte en lui le germe d'un avantage comparable. Cependant, malgré cette croyance, je dois avouer que je n'avais pas la moindre idée de la façon dont cette infirmité pouvait devenir un atout.

Il a gagné un monde nouveau avec six cents !

Lorsque, avec le recul, j'analyse cette expérience, je me rends compte que la confiance que mon fils avait en moi fut pour beaucoup dans ces résultats stupéfiants. Il ne mettait en doute aucune de mes paroles. Je lui fis accepter l'idée qu'il avait un net avantage sur son frère aîné et que cet avantage se traduirait de diverses manières. Par exemple, en classe, les professeurs, voyant qu'il n'avait pas d'oreilles, lui porteraient une attention toute particulière et lui témoigneraient une extraordinaire gentillesse. Et c'est ce qu'ils firent toujours. Je lui fis également accepter l'idée que, lorsqu'il serait en âge de vendre des journaux (son frère aîné était déjà marchand de journaux), il aurait un gros avantage sur celui-ci. Je faisais valoir que les gens lui paieraient sa marchandise parce qu'ils verraient que, bien qu'il n'eût pas d'oreilles, il était intelligent et travailleur.

Quand il eut environ sept ans, il apparut pour la première fois que ma méthode, qui consistait à stimuler son esprit, portait manifestement ses fruits. Pendant plusieurs mois, il supplia qu'on lui accorde le privilège de vendre des journaux, mais sa mère refusa de donner son consentement.

Finalement, il prit les choses en mains. Un après-midi, alors qu'il était resté seul à la maison avec le personnel, il passa par la fenêtre de la cuisine, se laissa glisser jusqu'au sol et partit tout seul. Il emprunta un capital de six cents au cordonnier voisin et investit cette somme en journaux qu'il vendit jusqu'au dernier. Avec ses gains, il acheta d'autres journaux et répéta l'opération jusqu'à une heure avancée de la soirée. Après avoir fait ses comptes et remboursé les six cents qu'il avait empruntés à son banquier, il avait fait un bénéfice net de quarante-deux cents. Lorsque nous rentrâmes ce soir-là, nous le trouvâmes endormi, tenant l'argent bien serré dans sa main.

Sa mère lui ouvrit la main, prit les pièces et pleura. Allez savoir pourquoi ! J'avais l'impression que c'était la première victoire de son fils qui la faisait pleurer. Moi, j'eus une réaction très différente. J'éclatai de rire car je savais que les efforts que j'avais faits pour inculquer à mon fils un sentiment de confiance en lui avaient été couronnés de succès.

Dans cette première entreprise commerciale de son fils, sa mère voyait un petit garçon sourd parti dans les rues et risquant sa vie pour gagner de l'argent. Moi je voyais un petit homme d'affaires courageux, ambitieux, autonome, dont la valeur, à ses propres yeux, avait grimpé de cent pour cent. Il s'était lancé dans les affaires de sa propre initiative, et il avait gagné. Non seulement j'étais content, mais j'étais impressionné. Il venait de prouver pour la première fois qu'il avait de la ressource, qualité qui l'accompagnerait toute sa vie.

Le petit sourd alla à l'école primaire, au lycée et à la faculté alors qu'il ne pouvait pas entendre les professeurs, sauf quand ils criaient fort tout près de lui. Ce n'est pas un établissement pour sourds qu'il fréquenta et nous n'avons jamais utilisé le langage des signes. Nous étions résolus à ce qu'il vive comme n'importe quel autre garçon qui entendait et parlait. Nous nous sommes tenus à cette décision même si cela nous a valu des discussions animées avec les responsables des établissements scolaires.

Quand il était au lycée, il fit l'essai d'une prothèse auditive électronique, mais sans résultat.

Au cours de sa dernière semaine à la faculté, il se produisit quelque chose qui marqua le tournant le plus important de sa vie. Par ce qui semblait pur hasard, il reçut une nouvelle prothèse auditive qui lui était envoyée à l'essai. Il mit du temps à la tester en raison de la déception que lui avait causée un appareil similaire. Finalement, il la prit négligemment, se la mit sur la tête et la mit en marche. Soudain, comme par magie, le désir qu'il avait depuis toujours d'entendre normalement devint réalité. Pour la première fois de sa vie, il entendait pratiquement aussi bien que n'importe quelle personne ayant une acuité auditive normale.

Débordant de joie devant ce monde nouveau qui s'ouvrait à lui, il se précipita au téléphone, appela sa mère dont il entendit parfaitement la voix. Le lendemain, pour la première fois de sa vie, il entendit nettement la voix de ses professeurs en classe. Pour la première fois de sa vie, il pouvait converser aisément avec les gens sans qu'ils aient besoin de parler fort. C'est vraiment un monde nouveau qui s'ouvrait à lui.

Son désir avait fini par payer. Mais ce n'était pas encore une victoire complète. Il lui restait à découvrir les moyens de faire de son handicap un atout.

La pensée qui fait des miracles

Grisé par la joie d'avoir découvert le monde nouveau des sons, il écrivit une lettre au fabricant de prothèses auditives, lui décrivant avec enthousiasme l'expérience qu'il venait de vivre. Il y avait quelque chose dans sa lettre qui incita la société à l'inviter à New York. On lui fit visiter toute l'usine et, en parlant avec l'ingénieur en chef, à qui il racontait la métamorphose de son monde, une intuition, une idée, une inspiration – appelez cela comme vous voulez – lui traversa l'esprit. Ce fut cette impulsion qui transforma son handicap en atout. Un atout dont des milliers de gens devaient, dans la suite des temps, tirer avantage aussi bien en termes d'argent que de bonheur.

En gros, cette impulsion se résumait à ceci : il lui vint à l'esprit qu'il pourrait peut-être être utile à des milliers de gens qui traversent la vie sans le secours de prothèses auditives, s'il pouvait trouver le moyen de leur raconter l'histoire de la métamorphose de son monde.

Pendant un mois, il effectua des recherches intensives. Il analysa notamment le système de commercialisation du fabricant de prothèses auditives. Puis il élabora un plan pour contacter d'autres malentendants dans le monde entier. Cela fait, il rédigea un plan de deux ans fondé sur les conclusions de ses recherches. Lorsqu'il le présenta à la société, on lui offrit immédiatement un poste lui permettant de réaliser son ambition.

Quand il prit ses fonctions, il était loin de penser qu'il allait apporter l'espoir et un soulagement effectif à des milliers de gens qui, sans cette aide, auraient été à jamais bridés par la surdité.

Il ne fait aucun doute pour moi que Blair aurait été sourd et incapable de parler sa vie durant si sa mère et moi n'avions pas réussi à lui modeler l'esprit comme nous l'avons fait.

Lorsque je lui insufflai le désir d'entendre, de parler et de vivre comme tout le monde, cette impulsion était porteuse d'un étrange pouvoir qui amena la Nature à construire un pont qui enjamba l'abîme de silence qui séparait son cerveau du monde extérieur.

Il est manifeste qu'un désir brûlant choisit des chemins détournés pour se transmuer en une réalité concrète équivalente.

Blair désirait entendre normalement. C'est fait. Il était affligé, à sa naissance, d'une infirmité qui, à cette époque, aurait pu aisément jeter à la rue avec une boîte de crayons et une sébile toute personne n'étant pas habitée par un désir aussi net.

J'avais la justification du petit « pieux mensonge » que je lui avais fait quand il était petit, et qui s'était ancré dans son esprit, en le persuadant que son infirmité deviendrait un grand atout. J'ai la conviction que tout est possible, en bien comme en mal, dès l'instant que l'on y croit et qu'il y a, en plus, un désir brûlant. Chacun peut en faire l'expérience.

COMMENTAIRE

> *Au moment où Napoleon terminait ce chapitre sur le Désir, on annonça la mort de la célèbre chanteuse d'opéra Madame Schumann-Heink. Il y avait dans sa notice nécrologique un passage qui parut à Hill si approprié au sujet de ce chapitre qu'il ne put s'empêcher de faire le commentaire suivant.*

Un bref paragraphe dans la biographie de la célèbre chanteuse d'opéra Madame Schumann-Heink publiée dans la presse donne la clé de l'extraordinaire succès de cette femme hors du commun. Je cite ce paragraphe parce que cette clé n'est rien d'autre que le désir.

> Au début de sa carrière, Mme Schumann-Heink rendit visite au directeur de l'Opéra de la Cour de Vienne pour qu'il auditionne sa voix. Mais il n'en fit rien. Après avoir jeté un coup d'oeil à cette jeune fille gauche et mal habillée, il s'écria, d'un ton qui n'était pas particulièrement aimable : « Avec un pareil visage, et sans la moindre personnalité, comment pouvez-vous espérer réussir à l'opéra ? Abandonnez cette idée, mon petit. Achetez une machine à coudre et mettez-vous au travail. Vous ne serez jamais chanteuse. »

Jamais, c'est long ! Le directeur de l'Opéra de la Cour de Vienne était peut-être très compétent en matière de technique de chant, mais il ne savait pas grand-chose sur le désir quand il prend les proportions d'une obsession. S'il avait été mieux informé sur ce pouvoir, il n'aurait pas commis l'erreur de condamner un génie sans lui donner sa chance.

COMMENTAIRE

Bien que le nom de Madame Schumann-Heink ne soit pas connu de beaucoup de lecteurs, chacun a en mémoire une demi-douzaine d'histoires semblables. Cela vaut pour toutes les générations et pour tous les genres de musique. À un certain moment, même les plus grandes stars ont connu l'échec. À un certain moment, quelqu'un leur a dit qu'elles n'avaient pas le profil. Mais chaque fois qu'elles échouaient, leur désir était plus fort que leur échec.

C'est pourquoi leur histoire vous est connue. Et c'est également pour cette raison que vous n'avez jamais entendu parler des milliers d'autres artistes qui se sont entendu dire qu'ils n'avaient pas le profil. Ceux dont vous n'avez jamais entendu parler sont ceux dont le désir n'était pas assez fort. Ce sont ceux qui croyaient qu'un échec signifie la défaite.

Il y a plusieurs années, l'un de mes associés en affaires tomba malade. Son état empirait au fil des jours et, finalement, il fut transporté à l'hôpital pour y subir une opération. Le médecin m'avertit qu'il y avait peu de chance que je puisse jamais le revoir vivant. Mais c'était l'avis du médecin. Ce n'était pas celui du malade. Juste avant d'être emmené en salle d'opération, il me murmura : « Ne vous inquiétez pas, chef, je serai sorti d'ici dans quelques jours. »

L'infirmière me regarda avec pitié. Mais le malade s'en tira bel et bien. Quand tout fut terminé, son médecin me dit : « C'est son désir de vivre qui l'a sauvé, et pas autre chose. Il n'aurait jamais pu s'en sortir s'il n'avait pas refusé l'idée qu'il pouvait mourir. »

COMMENTAIRE

Déjà dans les années 80, le phénomène que Napoleon Hill décrit dans le paragraphe précédent avait l'adhésion d'un nombre croissant de gens. Parmi les tenants de cette théorie figuraient nombre de membres du corps médical qui classaient ce concept sous la rubrique « relations corps-esprit », et à l'aube du vingt et unième siècle, la croyance que l'esprit peut provoquer des changements physiques dans le corps faisait partie pratiques médicales dominantes. Au chapitre 5, l'Autosuggestion, vous trouverez de plus amples détails sur les aspects médicaux du désir brûlant.

Je crois au pouvoir du désir lorsqu'il est soutenu par la foi en soi parce que j'ai vu cette force permettre à des gens de modeste origine de s'élever à des situations de puissance et de richesse. Je l'ai vue sauver ses victimes de la tombe. J'ai vu des gens s'en servir comme moyen pour refaire surface après avoir essuyé une centaine de défaites différentes. Et je l'ai vue procurer à mon propre fils une vie normale, heureuse, une vie de réussite, bien que la nature l'eût fait naître sans oreilles.

Comment exploiter la puissance du désir ? La première partie de la réponse, c'est la technique exposée au début de ce chapitre. Vous en saurez plus dans les chapitres suivants de ce livre.

Selon un principe étrange et puissant, la Nature enrobe dans l'impulsion du désir, lorsqu'il est puissant, « ce quelque chose » qui refuse droit de cité au mot « impossible » et nie la réalité de l'échec.

LES SEULES LIMITES

AU POUVOIR DE L'ESPRIT

SONT CELLES QUE NOUS LUI RECONNAISSONS

CHAPITRE

4

AVOIR FOI EN VOS CAPACITÉS

VISUALISER LE DÉSIR, CROIRE EN LUI ET LE RÉALISER

Deuxième étape vers la richesse

La foi est le chimiste en chef de l'esprit. Lorsqu'elle est associée à la pensée, le subconscient perçoit instantanément la vibration, puis l'interprète et la transmet à l'intelligence infinie.

Les états émotionnels que sont la foi, l'amour et la sexualité sont les plus puissants des sentiments positifs majeurs. Lorsque les trois sont réunis, ils donnent à la pensée une « coloration » telle qu'elle parvient immédiatement au subconscient. Elle se change alors en une forme qui déclenche une réaction de l'intelligence infinie.

COMMENTAIRE

Dans le chapitre précédent, Napoleon Hill utilise deux termes, « foi » et « intelligence infinie » qui, tous deux, peuvent prendre, dans l'esprit du lecteur, une connotation religieuse, ce qui n'était pas ce que voulait Hill. Ce qui suit définit le sens que Hill donne à ces termes dans le chapitre suivant.

Dans l'usage moderne, le mot foi *est presque synonyme de « croyance religieuse ». Ce n'est pas ce sens que lui donne Hill. Foi, au sens employé ici, signifie confiance, croyance absolue, inébranlable que vous êtes capable de faire quelque chose. Et pour que vous ayez foi en vous, au sens où l'entend Hill, il faut que le subconscient en soit persuadé. Si, au fond de vous, vous êtes travaillé par le doute, ou si vous faites simplement mine de croire, ça ne marchera pas parce que votre subconscient saura que vous êtes en proie au doute. Si vous n'avez pas une confiance totale, absolue, si vous n'êtes pas fermement convaincu, alors vous n'avez pas la foi.*

Il utilise l'expression intelligence infinie *pour caractériser cette partie de l'esprit humain et du mécanisme de la pensée qui est à l'origine des intuitions, des fulgurances et des sauts de logique. Le concept de Hill présente des similitudes avec ce que le psychologue Carl Jung appelait « l'inconscient collectif » et, à un autre niveau, ce concept est très proche de ce que les psychologues contemporains entendent par état de flow. Ce concept d'intelligence infinie sera approfondi dans les chapitres suivants.*

Hill utilise un autre terme, le subconscient, qui appelle explicitation avant que le lecteur n'aille plus avant dans ce chapitre. Bien qu'il y ait diverses écoles de pensée, en général, la psychologie moderne a ses racines dans les travaux novateurs de Sigmund Freud et de Carl Yung. Chacun d'eux croyait que l'esprit fonctionne à la fois au niveau conscient et inconscient, mais ils divergeaient sur le rôle du subconscient et sur la façon dont il influe sur les comportements et les actions.

Ses recherches et ses travaux amenèrent Hill à élaborer une théorie du conscient et du subconscient très proche du point de vue de Jung. Ce qui suit expose brièvement le fondement de ses théories.

Le conscient : *votre conscient reçoit l'information par le truchement des cinq sens : la vue, le goût, l'odorat, l'ouïe et le toucher. Il retient ce dont vous avez besoin pour penser et agir et élimine par filtrage ce dont vous n'avez pas besoin. Votre conscient (et ce que votre mémoire retient) est la faculté d'intelligence avec laquelle, dans les circonstances ordinaires, vous pensez, raisonnez et faites des projets.*

Le subconscient : *votre subconscient accède exactement aux mêmes informations que votre conscient, mais il ne raisonne pas de la même manière. Il prend tout au pied de la lettre. Il ne porte pas de jugement de valeur. Il ne filtre pas. Il n'oublie pas.*

Vous ne pouvez pas ordonner à votre conscient d'établir un contact avec votre subconscient, ni d'y plonger. Toutefois, dans certaines circonstances, tous ces faits et toutes ces idées qui sont toujours dans votre subconscient peuvent, si elles y sont fermement ancrées, influer sur vos actions et sur vos comportements conscients.

COMMENT DÉVELOPPER VOTRE FOI EN VOUS-MÊME

Ce qui suit est très important pour comprendre le rôle capital de l'autosuggestion dans la transmutation du désir en son équivalent tangible ou pécuniaire. Il s'agit de la Foi. La foi est un état d'esprit qui peut être provoqué ou créé par la positivité, ou par les injonctions répétées au subconscient selon le principe de l'autosuggestion.

Quand on répète des affirmations, c'est comme si on donnait des ordres au subconscient et c'est la seule méthode connue pour développer délibérément cet état affectif qu'est la foi (la croyance absolue que l'on peut accomplir quelque chose).

À titre d'exemple, réfléchissez aux raisons pour lesquelles vous êtes en train de lire ce livre. Vous voulez acquérir la capacité de faire en sorte qu'une impulsion de votre esprit, qui n'a pas de réalité tangible, se concrétise en son équivalent physique, l'argent. En suivant les recommandations exposées dans les chapitres suivants, vous apprendrez les techniques qui vous permettront de convaincre votre subconscient que vous croyez que vous allez obtenir ce que vous demandez. Votre subconscient agira conformément à cette croyance et il vous la renverra sous la forme de la « foi », accompagnée de plans précis pour que vous vous procuriez ce que vous désirez.

La foi en vous et en vos capacités est un état d'esprit que vous pourrez susciter à volonté quand vous aurez assimilé les treize principes de ce livre. Ceci s'explique parce que la foi est un état d'esprit qui, pour vous, sera un état normal quand vous appliquerez ces préceptes.

Les émotions, c'est-à-dire la part d'affectivité qu'il y a dans vos pensées, sont ce qui leur donne vitalité et vie, et les incite à passer à l'acte.

La foi, l'amour et la sexualité sont des émotions qui, lorsqu'elles sont associées à une impulsion de la pensée, accroissent encore sa puissance d'action. Toutes les pensées qui reçoivent une charge émotive (qui sont teintées d'affectivité) et qui sont associées à la foi (cette croyance totale en vos capacités) commencent immédiatement à se transformer en une réalité palpable d'une intensité équivalente.

Cependant, cela ne vaut pas seulement pour les impulsions de la pensée associées à la foi, cela vaut également pour toute émotion, y compris celles qui sont négatives.

Ce que cela signifie, c'est que le subconscient transforme en une réalité palpable aussi bien une impulsion négative ou destructrice qu'une impulsion de nature positive ou constructive. Les propos suivants d'un célèbre criminologue en apportent la confirmation : « Quand les hommes sont au contact du crime pour la première fois, ils éprouvent de la répulsion. Ils s'y habituent et le supportent si le contact se prolonge pendant un temps. S'il se prolonge assez longtemps, ils finissent par le trouver normal et subir son influence. »

Cela revient à dire que le subconscient accepte une impulsion négative qui lui est transmise à plusieurs reprises assez souvent et agit en conséquence. Il s'emploie, par les voies les plus pratiques dont il dispose, à la traduire en une réalité équivalente.

Cela explique également cet étrange phénomène que connaissent tant de gens et qu'on appelle la malchance.

Il y a des millions de gens qui se croient condamnés à la pauvreté et à l'échec en raison d'une étrange force qu'ils appellent la malchance et sur laquelle ils pensent n'avoir aucun contrôle. Mais la vérité, c'est qu'ils sont les artisans de leurs propres malheurs parce que le subconscient capte cette croyance négative en la malchance et la traduit en une réalité tangible du même ordre.

C'est votre croyance, ou foi, qui déterminera l'action de votre subconscient. Laissez-moi souligner à nouveau que, lorsque vous transmettez à votre subconscient un désir, quel qu'il soit, que vous souhaitez voir se concrétiser et devenir une réalité financière, vous avez intérêt à croire par avance que la transmutation s'effectuera réellement.

À ce stade, il convient de noter également que, du fait du mode de fonctionnement du subconscient, rien ne vous empêche de le « duper » quand vous lui donnez des instructions par le biais de l'autosuggestion. C'est ce que j'ai fait quand j'ai « trompé » le subconscient de mon fils.

Pour que cette duperie ne se voie pas, il faut, lorsque vous demandez quelque chose à votre subconscient, que vous vous conduisiez exactement comme vous le feriez si vous aviez déjà la chose que vous voulez.

COMMENTAIRE

C'est un axiome de la théorie contemporaine de la motivation que le subconscient est incapable de faire la différence entre ce qui est réel et ce qui est le fruit d'une vive imagination. L'une des études les plus fréquemment citées à l'appui de ce concept fut réalisée avec un groupe de basketteurs. On les avait répartis en trois équipes et les joueurs de chaque équipe furent testés sur leur aptitude à faire trois tirs au panier. Les équipes furent ensuite séparées pendant un certain temps et chacune reçut des instructions qui, leur dit-on, devaient améliorer leurs performances. À l'une des équipes, il fut prescrit de s'entraîner tous les jours. La deuxième reçut l'ordre de ne pas s'entraîner du tout pendant cette période, ni même de penser au basket. Quant à la troisième, elle ne devait pas non plus s'entraîner mais, à la place, les joueurs devaient, tous les jours, visualiser attentivement le déroulement des tirs au panier. Au terme de l'expérience, les équipes furent soumises à un nouveau test. L'équipe qui était restée sans rien faire réalisa une moins bonne performance. Celle qui s'était entraînée avait nettement amélioré sa performance, et celle qui ne s'était pas entraînée, mais qui avait visualisé les gestes, avait progressé presque autant que celle qui s'était entraînée quotidiennement.

Comme le dit Hill, vous pouvez « duper » votre subconscient par l'autosuggestion. Si vous pouvez, de façon convaincante, ancrer une idée dans votre subconscient, celui-ci l'acceptera et réagira comme si c'était un fait réel.

Le mot clé est « de façon convaincante ». Si vous envoyez un message à votre subconscient et que, en votre for intérieur, vous êtes travaillé par le doute, votre subconscient le percevra Vous aurez envoyé des messages brouillés qui s'annuleront. C'est la raison pour laquelle Hill souligne qu'il importe de procéder avec foi. Votre subconscient n'estimera pas que votre message est juste ou faux, positif ou négatif, mais il réagira à la puissance avec laquelle l'information est envoyée (c'est-à-dire au degré d'affectivité dont la pensée est imprégnée).

Il est essentiel que vous fassiez en sorte que les émotions positives soient les forces dominantes de votre esprit. Mais la foi en vous ne vous viendra pas simplement par la lecture des recommandations. Maintenant que vous comprenez la théorie, il vous faut commencer à l'appliquer. En expérimentant et en vous entraînant, vous développerez votre aptitude à associer la foi à tout ordre que vous donnerez à votre subconscient.

Si vous avez foi en cette aptitude, alors vous êtes en mesure de donner à votre subconscient des instructions qu'il acceptera et exécutera immédiatement. Si votre esprit est sous l'emprise d'émotions positives, alors il ouvrira la voie à cet état d'esprit qu'on appelle la foi.

La foi en vous est un état d'esprit que vous pouvez créer par l'autosuggestion

À toutes les époques, les chefs religieux ont exhorté les gens à « avoir la foi ». Ils disent d'avoir la foi en ceci, en cela, en tel autre dogme ou telle autre croyance, mais ils ne disent pas *comment* avoir cette foi. Ils ne précisent pas que « la foi est un état d'esprit qui peut être provoqué par l'autosuggestion. »

Dans un langage que chacun peut comprendre, ce livre expose la théorie selon laquelle la foi en votre aptitude à atteindre un objectif peut, lorsqu'elle n'existe pas, se créer par l'autosuggestion.

Mais d'abord, il faut à nouveau vous rappeler ceci :

La foi est « l'élixir éternel » qui donne vie, puissance et pouvoir d'agir à l'impulsion de la pensée. Cette phrase mérite d'être lue une seconde, une troisième et une quatrième fois. Elle mérite d'être lue à haute voix.

La foi est le point de départ de toute accumulation de richesse. C'est la base de tous les « miracles » et de tous les mystères que les lois de la science ne peuvent analyser.

La foi est le seul antidote connu à l'échec.

La foi, lorsqu'elle est associée au désir, est l'élément qui vous donne directement accès à l'intelligence infinie.

La foi est ce qui transforme la vibration ordinaire de la pensée, créée par l'esprit humain, en son équivalent spirituel.

La foi est le seul moyen qui permet de maîtriser et d'exploiter la force de l'intelligence infinie.

La magie de l'autosuggestion

C'est un fait qu'on en vient à croire tout ce qu'on se répète, que ce soit vrai ou faux. Si vous répétez un mensonge à maintes reprises, vous finirez par l'accepter comme étant vrai, et même vous *croirez* que c'est la vérité. Vous êtes ce que vous êtes en raison des pensées dominantes que vous laissez occuper votre esprit. Les pensées que vous accueillez volontairement dans votre esprit, que vous encouragez avec sympathie et auxquelles vous associez une ou plusieurs émotions constituent les forces motivantes qui dirigent et contrôlent chacun de vos faits et gestes.

La phrase suivante énonce une profonde vérité : les pensées teintées d'affectivité deviennent une sorte de force magnétique qui attire d'autres pensées de même nature ou proches.

Une pensée « magnétisée » par l'une des émotions peut se comparer à une graine. Quand on la plante dans un sol fertile, elle germe, pousse et se multiplie à l'infini. Ce qui, à l'origine, était une petite graine donne naissance à des millions de graines de même nature.

L'esprit humain attire constamment des vibrations qui sont en phase avec ses pensées dominantes. Toute pensée, toute idée, tout plan ou tout objectif que nourrit votre esprit attire une foule d'éléments de la même famille. Ajoutez ces « parents » à la propre force de cette idée, et elle se développe pour devenir le moteur principal de la personne dans l'esprit de qui elle se trouve.

Maintenant, revenons au point de départ. Comment la première graine d'une idée, d'un plan ou d'un objectif peut-elle être plantée dans l'esprit ? La réponse est que toute idée, tout plan ou tout objectif peut trouver sa place dans l'esprit par le biais de la répétition. C'est la raison pour laquelle il vous est demandé de consigner par écrit votre projet, votre but principal bien défini, de le mémoriser, de le répéter à haute voix, jour après jour, jusqu'à ce que ces vibrations sonores aient atteint votre subconscient.

L'exemple suivant est destiné à quelqu'un qui a pour objectif précis de surmonter un manque de confiance en soi.

La recette de la confiance en soi

1. Je sais que j'ai la capacité d'atteindre l'objectif que je me suis fixé dans la vie. C'est pourquoi, avec persévérance et sans relâche, j'exige de moi la réalisation de mon objectif, et, aujourd'hui même, je prends l'engagement d'y parvenir.
2. Je suis conscient que les pensées qui gouvernent mon esprit vont finalement s'extérioriser et se transformer progressivement en une réalité tangible. C'est pourquoi, chaque jour, je me concentrerai pendant trente minutes pour visualiser la personne que je veux devenir. Ainsi, je créerai dans mon esprit une image mentale bien définie.
3. Je sais que, par l'action du principe d'autosuggestion, le désir, quel qu'il soit, que je maintiens continuellement dans mon esprit, finira par trouver un moyen pratique d'atteindre l'objectif que je me suis fixé. C'est pourquoi je m'astreindrai dix minutes par jour à développer la confiance en moi.
4. J'ai décrit avec précision sur le papier le principal objectif que je me suis nettement fixé dans la vie et je continuerai jusqu'à ce

que j'acquière suffisamment de confiance en moi pour l'atteindre.

5. J'ai pleinement conscience que ni la richesse ni le statut social ne peuvent durer s'ils ne se fondent pas sur la vérité et la justice. C'est pourquoi je ne m'engagerai dans aucune transaction qui ne serait pas profitable à tous ceux qu'elle concernerait. Je réussirai en attirant à moi les forces que je veux utiliser et les personnes avec qui je veux coopérer. Je persuaderai les autres de m'aider parce que je veux aider les autres. Parce que je sais qu'une attitude négative à l'égard des autres est un obstacle à la réussite, j'éliminerai la haine, l'envie, la jalousie, l'égoïsme et le cynisme en cultivant l'amour de l'humanité. J'aurai confiance en les autres et en moi et, de cette façon, les autres auront confiance en moi.

Je signerai cette formule qui m'engage, je la mémoriserai et la répéterai à haute voix une fois par jour en ayant pleinement confiance qu'elle influera progressivement sur mes pensées et mes actes tant et si bien que je deviendrai autonome et que je réussirai dans la vie.

Derrière cet engagement, il y a une loi de la nature que les psychologues appellent l'autosuggestion. C'est une technique éprouvée qui vous permettra de réussir si vous l'employez de façon constructive. En revanche, si vous l'utilisez de façon destructrice, elle vous détruira aussi facilement. Cet engagement comporte une vérité profonde, à savoir que ceux qui s'avouent battus et finissent leur vie dans la pauvreté, la misère et le malheur se trouvent dans cette situation parce qu'ils ont appliqué de façon négative le principe d'autosuggestion.

Les désastres de la pensée négative

Le subconscient ne fait pas de différence entre les impulsions constructives de la pensée et les négatives. Il travaille avec le matériau que nous lui fournissons par le truchement de nos impulsions. Le subconscient transforme en réalité une pensée mue par la peur aussi facilement qu'il transforme en réalité une pensée mue par le courage ou la foi.

C'est exactement comme l'électricité. Elle fait tourner l'industrie et rend d'utiles services si elle est utilisée de façon constructive, mais elle étouffe la vie si elle est mal utilisée. De même, la loi de l'autosuggestion peut tout aussi bien vous assurer la paix et la prospérité que vous plonger dans la vallée de misère, d'échec et de mort. Cela dépend de votre degré de compréhension et d'application de cette loi.

Si vous laissez la peur et le doute vous envahir l'esprit, et si vous ne croyez pas en votre capacité à communiquer avec les forces de l'intelligence infinie et à les utiliser, alors vous serez dans l'impossibilité de mettre ces forces à profit. La loi de l'autosuggestion utilisera votre manque de confiance et votre doute comme un modèle que votre subconscient traduira en réalité concrète.

COMMENTAIRE

Lorsque vous avez foi en votre capacité à accomplir ce que vous voulez, cette foi non seulement ancre ces idées dans votre subconscient mais, du même coup, elle se renforce.

Quand vous avez foi en vos capacités, une des choses que vous devez croire, c'est qu'il est possible d'exploiter les ressources de votre intelligence infinie. Et comme vous êtes persuadé que cela va fonctionner, votre conscient n'oppose aucune résistance. Si votre conscient ne résiste pas, votre subconscient peut lui envoyer des idées créatives plus facilement. Plus vous voyez cette puissance à l'œuvre dans votre vie, plus il vous sera facile la prochaine fois de croire et d'agir en fonction de cette foi.

Est-ce que cela marchera pour vous ? Vous ne le saurez jamais si vous ne relâchez pas votre résistance et si vous ne vous dites pas que ça va marcher.

Tel le vent qui pousse un navire vers l'est et un autre vers l'ouest, la loi de l'autosuggestion vous portera ou vous entraînera vers le fond selon la façon dont vous règlerez la voilure de vos pensées.

La loi de l'autosuggestion, qui permet à tout un chacun d'atteindre des sommets dans le domaine de la réussite est bien décrite dans les vers suivants. Observez les mots en italique et vous comprendrez le sens profond du message du poète.

Si vous *pensez* que vous êtes battu, vous l'êtes,
Si vous *pensez* que vous n'osez pas, vous n'oserez pas ;
Si vous aimez gagner, mais *pensez* que vous ne pouvez pas,
Il est presque certain que vous ne gagnerez pas.

Si vous *pensez* que vous allez perdre, vous êtes perdu,
Car le monde nous apprend,
Que c'est la volonté qui est au départ du succès –
Tout est affaire *d'état d'esprit*.

Si vous *pensez* que vous êtes surclassé, vous l'êtes
Il faut tourner vos *pensées* vers le haut pour vous élever,
Il faut que vous soyez d'abord *sûr de vous-même* pour
Pouvoir un jour gagner un prix

Les batailles de la vie ne sont pas toujours remportées
Par celui qui est plus fort ou plus rapide
Mais, tôt ou tard, celui qui gagne
Est celui qui *pense* qu'il peut.

COMMENTAIRE

Comme il est précisé au début de ce chapitre, lorsque Hill emploie le mot foi, il ne lui donne pas une connotation religieuse. Il lui aurait toutefois été impossible d'écrire ce chapitre sans reconnaître le pouvoir de la foi religieuse. C'est pourquoi, lorsque, dans les deux paragraphes suivants, Hill évoque le cas de Jésus Christ et du Mahatma Gandhi pour illustrer la question de la foi, c'est de leur foi personnelle qu'il parle : pour Jésus, c'est la foi absolue en ce qu'il croit ; pour Gandhi, c'est l'inébranlable conviction que la cause en laquelle il croit est juste. Ce sont là des illustrations parfaites de l'association entre l'impulsion de la pensée et la foi.

Si vous souhaitez des preuves de la puissance de la foi, vous n'avez qu'à étudier les parcours de réussite d'hommes et de femmes qui l'ont mise à profit. En tête de liste, on trouve le Nazaréen. La base du christianisme est la foi, même si nombreux sont ceux qui en ont perverti le sens ou l'ont mal interprété.

L'enseignement du Christ et ce qu'il a accompli, qui ont pu, lorsqu'ils sont vus dans leur globalité, être interprétés comme des « miracles », ne sont ni plus ni moins que l'expression de la foi. S'il existe des phénomènes que l'on qualifie de « miracles », ils sont produits par un état d'esprit qui s'appelle la foi.

Pensez au Mahatma Gandhi, cet apôtre de l'Inde, l'un des exemples les plus stupéfiants de ce que la foi peut faire. Il était porteur d'une puissance potentielle que n'avait aucun autre humain à son époque. Et il possédait ce pouvoir bien qu'il n'eût aucun des instruments classiques du pouvoir que sont l'argent, les cuirassés, les soldats et le matériel de guerre. Gandhi n'avait ni argent ni demeure ; il ne possédait aucun costume, mais il avait ce pouvoir, et il l'avait bien. Comment l'avait-il acquis ?

Par la compréhension qu'il avait du principe de la foi et par sa capacité à inculquer cette foi dans l'esprit de centaines de millions de gens.

Gandhi a réussi cet extraordinaire exploit d'amener deux cents millions d'esprits à fusionner et à agir à l'unisson comme un seul esprit.

Quelle autre force au monde pourrait accomplir cet exploit, sinon la foi ?

COMMENT UNE IDÉE A CONSTRUIT UNE FORTUNE

COMMENTAIRE

> *Bien que le récit suivant ne porte pas exclusivement sur la foi et qu'il n'y soit fait mention ni de l'autosuggestion ni du subconscient, Napoleon Hill l'a placé à cet endroit de chacune des éditions des* Chemins de la Richesse. *En fait, comme Hill l'a*

souligné, ce récit illustre au moins six des treize préceptes qui ouvrent les voies de la réussite. Mais c'est la foi qui est au centre de ces événements. Si « la grande idée » du personnage central, Charles M. Schwab, n'avait pas été portée par une foi absolue, une foi inébranlable dans la réussite, alors toute l'histoire du monde des affaires en Amérique eût été différente.

Les faits retenus pour illustrer cet événement remontent à 1900, au moment où fut constituée la United States Steel Corporation. Au fur et à mesure que vous lirez ce récit, gardez bien à l'esprit les faits fondamentaux suivants et vous comprendrez comment des idées ont été converties en immenses fortunes.

Premièrement, la United States Steel Corporation a pris naissance dans l'esprit de Charles M. Schwab sous la forme d'une *idée*, fruit de son imagination. Deuxièmement, pour lui, idée et *foi* allaient de pair. Troisièmement, il élabora *un plan* pour transformer son idée en une réalité financière tangible. Quatrièmement, il mit son plan en œuvre, le développa et l'exposa dans son célèbre discours au Club de l'Université. Cinquièmement, il le mit à exécution avec *persévérance*, fermement *résolu* qu'il était à le réaliser totalement. Sixièmement, un *brûlant désir* de réussite lui ouvrit la voie du succès.

Si vous faites partie de ceux qui se sont souvent demandé comment s'amassaient les grandes fortunes, le récit de la création de la United States Steel Corporation vous éclairera. Si vous doutez qu'il soit possible de trouver *les chemins de la richesse en y pensant sans arrêt*, ce récit devrait dissiper tous vos doutes. Il est évident que l'histoire de la création de la United States Steel Company est une application de la majeure partie des préceptes exposés dans ce livre.

Cet extraordinaire récit de la puissance d'une idée fut remarquablement conté par John Lowell dans le *New York World-Telegram* qui en a gracieusement autorisé la reproduction.

COMMENTAIRE

Afin que le lecteur moderne puisse percevoir tout le sens de cette affaire relatée dans la presse, il convient maintenant d'apporter quelques précisions sur les protagonistes.

Charles M. Schwab était le bras droit d'Andrew Carnegie et le président de la Carnegie Steel Corporation.

Andrew Carnegie était un richissime et puissant magnat de l'acier dont la société contrôlait 25 pour cent de la production du fer et de l'acier en Amérique.

J.P. Morgan était un richissime et puissant banquier de Wall Street dont la société avait monté le financement de nombreuses entreprises industrielles, parmi les plus importantes en Amérique, au début du vingtième siècle.

En ce qui concerne les autres hommes dont il est question dans cette histoire, il faut que le lecteur sache simplement qu'au début du vingtième siècle, finance, affaires et industrie étaient aux mains de quelques centaines d'hommes qui avaient amassé de grandes fortunes liées d'une certaine manière aux chemins de fer qui avaient permis au pays de s'ouvrir. En raison de leur poids financier, ces gens étaient bien connus des lecteurs du New York World-Telegram.

Tout cela pour planter le décor de l'article de presse suivant qui relate non seulement une histoire fascinante de la puissance de la foi qui sous-tend une idée, mais qui donne un merveilleux exemple de l'écriture irrévérencieuse des journalises de l'époque.

UN JOLI DISCOURS D'APRÈS DÎNER POUR UN MILLIARD DE DOLLARS

Lorsque, le soir du 12 décembre 1900, quelque quatre-vingts représentants de la fine fleur de la finance américaine se réunirent dans la salle du banquet de University Club, sur la Cinquième Avenue, en l'honneur d'un jeune homme de l'Ouest, ils n'étaient pas une demi-douzaine à se rendre compte qu'ils assistaient à l'un des épisodes les plus marquants de l'histoire industrielle américaine.

J. Edwards Simmons et Charles Stewart Smith, le cœur débordant de gratitude pour les trésors d'hospitalité que leur avait prodigués Charles M. Schwab lors d'une récente visite qu'ils avaient effectuée à Pittsburgh, avaient organisé ce dîner pour présenter le sidérurgiste de trente-huit ans au monde de la banque de la côte est. Mais ils ne s'attendaient pas à ce qu'il sème la panique dans leur assemblée. Et même, ils l'avertirent que ces personnages pompeux et prétentieux ne nourrissaient pas une dilection particulière pour l'art oratoire, et que s'il ne voulait pas ennuyer les Stillman, les Harriman et les Vanderbilt, mieux valait qu'il se limite à quinze ou vingt minutes de généralités polies et qu'il en reste là.

Quant à John Pierpont Morgan, assis à la droite de Schwab, comme il convenait à son impériale dignité, il avait même l'intention de n'honorer de sa présence que brièvement la table du banquet. Et en ce qui concerne la presse et le public, cet événement était de si peu d'importance que nulle mention n'en fut faite dans les journaux du lendemain.

Les deux hôtes et leurs distingués invités firent donc un sort aux habituels sept ou huit plats. Le peu de conversation qu'il y eut fut mesuré. Parmi ces banquiers et ces courtiers, peu nombreux étaient ceux qui avaient déjà rencontré Schwab, dont la carrière avait fleuri sur les rives de la Monongahela, et aucun ne le connaissait bien. Mais la soirée n'était pas terminée que tous ces messieurs, y compris Morgan, ce Maître des Puissances d'Argent, étaient emballés, et qu'était conçu un bébé qui valait un milliard de dollars, l'United States Steel Corporation.

Il est peut-être dommage, au regard de l'histoire, que n'ait été conservée aucune trace du discours de Schwab à ce dîner.

Il est toutefois probable que c'était un discours « simple », prenant quelques libertés avec la grammaire (Schwab n'étant pas homme à se soucier des subtilités de la langue), riche en épigrammes et entrelardé de traits d'esprit. Mais à part cela, il eut une formidable puissance de choc sur les capitaux estimés à cinq milliards, dont les représentants étaient à ce dîner. Lorsqu'il fut terminé, l'assemblée étant encore sous le charme, bien que Schwab eût parlé quatre-vingt-dix minutes, Morgan emmena l'orateur dans l'embrasure d'une fenêtre où, assis sur un siège élevé inconfortable et les jambes ballantes, ils prolongèrent l'entretien pendant une heure.

La magie de la personnalité de Schwab avait joué à plein, mais il y avait quelque chose de plus important et d'un effet plus durable, c'était le plan précis, clef en main, qu'il présentait pour développer Steel. Nombreux étaient les autres hommes qui avaient essayé de persuader Morgan de l'intérêt qu'il y aurait à mettre rapidement sur pied un trust de l'acier à l'instar des combinaisons qui existaient dans la biscuiterie, la transformation de l'acier, le sucre, le caoutchouc, le whisky, le pétrole ou le chewing-gum.

COMMENTAIRE

Le Random House College Dictionary *définit ainsi un trust : « un regroupement illégal d'entreprises industrielles ou commerciales dans lequel les actions sont gérées par un comité central d'administrateurs, ce qui permet de contrôler les prix et d'éliminer la concurrence. »*

De nombreuses entreprises industrielles américaines s'étaient développées si vite qu'elles n'étaient pas encore rentables. Elles avaient sur les bras d'énormes dettes contractées pour trouver les capitaux nécessaires à cette croissance rapide, et, du même coup, elles avaient le choix entre réduire les coûts de revient et sacrifier les prix, ou alors mettre la clef sous la porte. Pour beaucoup, la solution était de s'associer avec d'autres entreprises de secteurs d'activités proches et de constituer ce qu'on appelait des trusts ou des combinaisons.

Bien que les trusts fussent illégaux depuis le vote, en 1890, de la loi antitrust (Sherman Antitrust Act), les entreprises continuaient leurs tentatives de monopolisation et, si ce à quoi elles parvenaient n'était pas des trusts au sens technique du terme, cela en était très proche.

Il y avait une chose dont avaient besoin les propriétaires de ces grosses sociétés qui constituaient des trusts, c'était d'argent pour racheter les nombreuses petites entreprises qu'il leur fallait absorber pour être en position dominante dans leur secteur. J.P. Morgan était le banquier qui finançait ces prises de contrôle.

John W. Gates, le joueur, lui avait vivement conseillé de s'engager dans cette voie, mais Morgan n'avait pas confiance en lui. Les fils Moore, Bill et Jim, des courtiers en valeurs de Chicago, qui avaient bricolé une grosse agence matrimoniale et une société bidon, lui avaient donné le même conseil, mais n'avaient pas été écoutés. Elbert H. Gary, cet avocat de province aux airs de petit saint, voulait promouvoir cette politique, mais il n'était pas assez puissant pour impressionner. Ce projet fut considéré comme un délire de cinglés de l'argent vite gagné jusqu'au jour où l'éloquence de Schwab porta J.P. Morgan sur des sommets d'où il pouvait visualiser l'aboutissement sérieux de l'entreprise financière la plus audacieuse jamais conçue.

Le magnétisme financier qui, une génération avant, avait commencé à pousser des milliers de petites entreprises, parfois mal gérées, à se regrouper pour former des combinaisons de nature à écraser la concurrence, ce magnétisme avait commencé à opérer dans le monde de l'acier grâce aux stratagèmes de ce jovial pirate des affaires, John W. Gates. Il avait déjà constitué l'American Steel and Wire Company à partir d'une chaîne de petites firmes, et, avec Morgan, il avait créé la Federal Steel Company. Mais, comparées au gigantesque trust à structure verticale, trust possédé et géré par cinquante-trois associés, ces autres combinaisons étaient insignifiantes. Elles pouvaient bien, ces petites entreprises, imaginer tous les regroupements qu'elles voulaient, elles ne pouvaient absolument rien contre l'organisation Carnegie, et Morgan le savait. Le vieil Écossais excentrique le savait, lui aussi.

COMMENTAIRE

Andrew Carnegie, qui était né en Écosse, vint tout jeune aux États-Unis. Il franchit la première étape vers son entrée dans le groupe d'élite des magnats américains des affaires lorsqu'il quitta son emploi de bobineur dans une filature, au salaire de 1 dollar 20 par semaine, pour celui de petit télégraphiste. Il apprit rapidement par lui-même à manipuler un clavier de télégraphe, ce qui lui valut de se faire embaucher comme télégraphiste et secrétaire particulier du directeur des chemins de fer de Pennsylvanie. Il ne tarda pas à grimper dans la hiérarchie et à se voir confier la direction de la région de Pittsburgh, ce qui lui permit ensuite d'être l'un de premiers investisseurs de la société Pullman qui devint le plus important fabricant de wagons de chemin de fer. Ses investissements dans la société Pullman et quelques opérations immobilières rapportèrent à Carnegie les capitaux qui lui permirent de se lancer lui-même dans les affaires.

À la fin de la guerre de Sécession, Carnegie quitta les chemins de fer pour créer une société de construction de ponts en fer pour le réseau ferroviaire. De la construction de ces ponts à la création de sa propre aciérie, il n'y avait qu'un pas, ce qui lui permit de prendre le contrôle d'autres aciéries, d'acquérir ensuite ses propres bassins houillers afin de pouvoir alimenter ses fonderies, puis ses propres bateaux et ses voies de chemin de fer pour transporter le minerai et le charbon. Cette intégration verticale et la nouveauté de ses procédés de fabrication permirent à Carnegie de vendre de l'acier de première qualité aux prix les plus bas. Il réussit à baisser le prix de la tonne d'acier de 140 à 20 dollars. En 1899, la Carnegie Steel Company contrôlait environ 25 % de la production du fer et de l'acier en Amérique.

Incapables d'entrer en concurrence avec Carnegie, les petits sidérurgistes se tournèrent vers J.P. Morgan. Il résolut le problème du financement et mit sur pied une vaste alliance d'entreprises qui fabriquaient des produits à base d'acier. L'une des conditions de l'entente était que ces entreprises n'achèteraient pas d'acier à Carnegie.

Andrew Carnegie n'allait pas se laisser mettre en difficulté par un groupe de petites entreprises. Il annonça qu'il allait acheter ou construire ses propres usines de transformation afin de fabriquer les produits finis à base d'acier.

Des hauteurs splendides du Skibo Castle (château de Skibo), il avait observé, d'abord amusé, puis irrité, les tentatives faites par les petites entreprises de Morgan pour s'attaquer à ses affaires. Lorsque les choses se précisèrent, la colère s'empara de Carnegie et il organisa la riposte. Il décida de construire à l'identique les mêmes usines que ses rivaux. Jusqu'alors, il ne s'était pas intéressé aux fils métalliques, aux tuyaux, aux cerceaux ou à la tôle. Au lieu de cela, il s'était contenté de vendre à ces entreprises l'acier brut, libre à elles de le transformer comme elles voulaient. Il allait maintenant avec Schwab, son principal lieutenant et homme de grande compétence, concevoir un plan pour acculer ses ennemis à la faillite.

C'était donc dans le discours de Charles M. Schwab que Morgan vit la réponse à son problème d'association. Un trust sans Carnegie –

géant entre tous dans ce domaine – n'aurait rien du tout d'un trust, ce serait, selon les termes d'un écrivain, un pudding sans raisins.

On pouvait déduire du discours de Schwab dans la soirée du 12 décembre 1900, bien que cela ne fût pas une certitude, que Morgan pouvait mettre la main sur l'énorme entreprise Carnegie. Il parla de l'avenir de l'acier dans le monde, préconisa de procéder à des réorganisations pour parvenir à plus d'efficacité, de s'orienter vers la spécialisation, d'abandonner les usines non rentables, de concentrer les efforts sur celles qui marchaient bien, de faire des économies sur le transport du minerai, des économies encore sur les frais généraux et sur les dépenses de gestion, et de conquérir des marchés à l'étranger.

Il fit plus. Aux requins de la finance qui se trouvaient là, il expliqua en quoi leurs méthodes habituelles de pirates étaient erronées. Leurs objectifs, selon lui, étaient de créer des monopoles, de faire monter les prix, et de s'octroyer de généreux dividendes. Ce système, Schwab le condamna avec la dernière vigueur. C'était, précisa-t-il à son auditoire, une politique à courte vue dans la mesure où elle restreignait le marché à une époque où, de tous côtés, on réclamait l'expansion. En baissant le prix de l'acier, faisait-il valoir, on créerait un marché en perpétuelle expansion, on trouverait d'autres moyens d'utiliser l'acier et on pourrait conquérir une grosse part du commerce mondial. En fait, Schwab était, sans le savoir, un apôtre du concept moderne de la fabrication en série.

COMMENTAIRE

Pour J.P. Morgan, tout le discours de Schwab sur les économies d'échelle et les marchés en expansion ne signifiait qu'une chose. Jusqu'à cette soirée, on supposait qu'Andrew Carnegie allait continuer à créer ses propres usines de transformation pour concurrencer les trusts de l'acier que Morgan avait contribué à mettre sur pied. Celui-ci savait que, pour y parvenir, Carnegie avait besoin d'une énorme mise de capitaux et il savait également que Carnegie s'était toujours refusé à trouver des fonds en vendant des actions de sa société.

> *Ce que Schwab semblait insinuer, c'est que plutôt que de se tourner vers Wall Street pour se procurer l'argent nécessaire pour contrer les trusts, Carnegie pourrait bien être tenté de vendre son affaire.*

Le dîner au University Club terminé, Morgan rentra chez lui pour réfléchir aux prédictions prometteuses de Schwab. Ce dernier regagna Pittsburgh pour diriger l'aciérie pour « Wee Andra Carnegie » tandis que Gary et les autres retournèrent à leurs téléscripteurs pour bricoler en prévision du prochain coup.

Il ne fut pas long à se présenter. Il fallut à peu près une semaine à Morgan pour digérer le festin d'arguments que Schwab lui avait offert. Lorsqu'il se fut assuré qu'il n'y avait aucun risque d'indigestion financière, il fit venir Schwab – mais le jeune homme lui parut plutôt réservé. M. Carnegie, fit observer Schwab, n'apprécierait peut-être pas s'il apprenait que le président de sa société, en qui il avait confiance, avait flirté avec l'Empereur de Wall Street, endroit où il avait décidé de ne jamais mettre les pieds. C'est alors que W. Gates, qui jouait les intermédiaires, fit une suggestion. Si Schwab se trouvait par hasard à l'hôtel Bellevue de Philadelphie, le hasard pourrait également faire que Morgan s'y trouve. Mais lorsque Schwab y arriva, Morgan, souffrant, était inopportunément retenu chez lui à New York et alors, à l'invitation pressante de son aîné, Schwab se rendit à New York et se présenta à la porte de la bibliothèque du financier.

Or, certains historiens de l'économie ont prétendu que toute cette mise en scène était de bout en bout l'œuvre de Carnegie, que le dîner en l'honneur de Schwab, le célèbre discours, l'entretien du dimanche soir entre Schwab et le Roi de la Finance avaient été des événements organisés par ce madré d'Écossais. La vérité était exactement à l'opposé. Lorsque Schwab fut appelé pour conclure le marché, il ignorait absolument si « le petit patron », surnom d'Andrew, écouterait même l'offre qui lui serait faite de vendre, en particulier à un groupe d'hommes qu'il était loin de considérer comme des petits saints. Mais, en revanche, ce qu'il apporta avec lui pour cette rencontre, ce fut six feuilles remplies de chiffres, qu'il avait rédigées de sa propre écriture moulée, et qui, selon lui, représentaient la valeur effective et les potentialités de rapport de chacune des aciéries qu'il considérait comme les principales étoiles au nouveau firmament de la métallurgie.

Quatre hommes se penchèrent sur ces chiffres toute la nuit. Leur chef était évidemment Morgan, inébranlable dans sa croyance que l'argent était de droit divin. Avec lui se trouvait son aristocratique associé, Robert Bacon, érudit et gentleman. Le troisième était John W. Gates, que Morgan méprisait comme joueur, mais dont il se servait. Le quatrième était Schwab qui, à lui tout seul, en savait plus sur la fabrication et sur la vente de l'acier que n'importe quel groupe d'hommes à l'époque. À aucun moment, au cours de cette conférence, il n'y eut la moindre contestation sur les chiffres de l'homme de Pittsburgh. S'il disait qu'une société valait tant, elle valait tant, et on n'en parlait plus. Il tenait absolument à ce que n'entrent dans la combinaison que les entreprises qu'il avait sélectionnées. Il avait conçu un regroupement dans lequel il n'y aurait pas de doublon, pas même pour satisfaire l'avidité d'amis qui voulaient se délester de leurs sociétés et les remettre sur les larges épaules de Morgan.

À l'aube, Morgan se leva et se redressa. Il ne restait qu'une question.

« Pensez-vous que vous pouvez persuader Andrew Carnegie de vendre ? », demanda-t-il.

« Je peux essayer » répondit Schwab.

« Si vous pouvez l'amener à vendre, j'engagerai l'opération », dit Morgan.

Jusqu'ici tout allait bien. Mais est-ce que Carnegie vendrait ? Combien demanderait-il ? (320 millions de dollars, pensait Schwab.) Comment voudrait-il être payé ? En actions ordinaires ? En actions privilégiées ? En obligations ? En espèces ? Personne ne pouvait rassembler un tiers de milliard de dollars en espèces.

C'était à une partie de golf en janvier sur la lande gercée par le gel du parcours de St. Andrews à Westchester. Andrew était emmitouflé dans des pulls pour se protéger du froid, et Charlie, comme à son habitude, parlait avec volubilité pour garder le moral. Mais ce n'est que lorsqu'ils furent confortablement assis dans la chaleur douillette de la petite maison de campagne de Carnegie, qui était toute proche, que fut abordée l'affaire. Alors, avec la même force de persuasion qui lui avait permis d'hypnotiser les quatre-vingts millionnaires au University Club, Schwab fit miroiter la promesse d'une retraite confortable, de millions et de millions grâce auxquels le vieil homme pourrait satisfaire les caprices de sa vie sociale. Carnegie capitula, écrivit un chiffre sur un bout de papier, le tendit à Schwab et lui dit : « D'accord, voilà notre prix. »

Le chiffre était approximativement 400 millions. On rassembla cette somme en prenant comme base les 320 millions dont Schwab avait parlé, auxquels on ajouta 80 millions qui représentaient la valeur ajoutée au cours des deux précédentes années.

Un peu plus tard, sur le pont d'un paquebot, l'Écossais dit avec regret à Morgan : « J'aurais dû vous demander 100 000 000 de dollars de plus. »

« Si vous les aviez demandés, vous les auriez eus », lui répondit gaiement Morgan.

L'événement fit, bien sûr, grand bruit. Un correspondant câbla que le monde de la sidérurgie à l'étranger était « horrifié » par cette gigantesque combinaison. Hadley, le président de Yale, déclara que, si on ne réglementait pas les trusts, le pays pouvait s'attendre à ce qu'il y ait « un empereur à Washington dans les vingt-cinq prochaines années ». Mais Keene, expert en manipulations boursières, se mit en devoir de fourrer au public ce nouveau paquet d'actions avec tant d'énergie que cet excédent, que certains estimaient à près de 600 millions, fut absorbé en un tournemain. Ainsi Carnegie avait ses millions, le consortium Morgan avait 62 millions de dollars pour toute la peine qu'il s'était donnée et toute « l'équipe », de Gates à Gary, avait ses millions.

COMMENTAIRE

Charles M. Schwab, cet homme de trente-huit ans, avait lui aussi sa récompense. Il fut nommé président de la nouvelle société, l'United States Steel, et demeura à sa tête jusqu'en 1930. Lorsqu'il en partit, ce fut pour fonder la Bethlehem Steel Corporation, gigantesque société dont il devint, là encore, président.

C'EST DANS LA PENSÉE QUE NAÎT LA RICHESSE

L'histoire extraordinaire que vous venez de lire illustre parfaitement la méthode par laquelle le désir peut se matérialiser.

Cette organisation géante se créa dans la tête d'un seul homme. Le plan grâce auquel cette organisation acquit les aciéries qui lui donnèrent sa stabilité financière s'élabora dans la tête du même homme. Sa foi, son désir, son imagination, sa persévérance, tels furent les ingrédients qui entrèrent dans la composition de l'United States Steel. Les aciéries et le matériel dont la société fit l'acquisition une fois qu'elle eut une existence légale étaient de l'ordre du détail. Toutefois, une estimation minutieuse des biens acquis par la société révèle une plus-value estimée à 600 millions de dollars *[environ 12 milliards de dollars d'aujourd'hui]*. Cette plus-value des avoirs est tout simplement attribuable à la transaction qui, en les plaçant sous une seule direction, les consolida.

En d'autres termes, l'idée de Charles M. Schwab, plus la foi avec laquelle il l'inculqua dans l'esprit de J.P. Morgan et des autres avait une valeur marchande d'environ 600 millions de dollars. Pas mal pour une seule idée !

L'United States Steel Corporation prospéra et devint l'une des sociétés les plus riches et les plus puissantes d'Amérique, qui donna du travail à des milliers de gens, mit au point de nouvelles utilisations de l'acier et ouvrit de nouveaux marchés, prouvant ainsi que les 600 millions de bénéfice qu'avait rapportés l'idée de Schwab n'étaient pas volés.

Au départ de la richesse, il y a la pensée.

Seule la personne dans l'esprit de qui germe la pensée fixe le montant de cette fortune. La foi supprime les limites. Souvenez-vous en quand vous serez prêt à négocier avec la vie le prix que vous demandez pour en être passé par là.

COMMENTAIRE

Depuis l'époque où cet article parut dans le New York World-Telegram, *ce récit détaillé de la vie des affaires a fait école dans le monde de l'édition. On trouve des livres et des biographies à succès sur les dirigeants des diverses branches de l'industrie, parfois écrits par eux-mêmes. Les auteurs des commentaires de cette édition des* Chemins de la Richesse *vous encouragent vivement à vous procurer certains de ces ouvrages. Ce sera une lecture divertissante et vous pourrez y puiser l'inspiration. Vous y trouverez, mis en pratique dans la vie réelle, les préceptes de Hill qui ouvrent la voie de la réussite. Et les meilleurs d'entre eux ne sont pas seulement divertissants et source d'inspiration, ils sont bourrés d'idées et de techniques que vous pourrez adapter pour votre usage personnel.*

Ces ouvrages à succès sont vraiment trop nombreux pour que l'on puisse ici donner une liste des meilleurs. Tout choix que nous pourrions faire ne serait pas forcément le meilleur choix, ce serait simplement l'expression des intérêts de la personne qui choisirait. Il y a toutefois deux livres que nous recommandons. Ils ne portent ni sur un seul individu, ni sur une seule branche de l'industrie. Ils ne sont pas non plus l'œuvre d'un seul auteur. Ce sont In Search of Excellence (À la recherche de l'excellence) *de Tom Peters et* Breakthroughs! (Percées) *de P.R. Nayak et John M. Ketteringham. Chacun de ces livres traite d'un large éventail d'industries et, dans chaque branche, ils opèrent un choix d'entreprises et de personnes qu'ils analysent.*

Ces deux ouvrages furent publiés dans les années 80, lorsque l'édition commença à s'intéresser au monde des affaires, mais il y a peu de livres depuis qui soulignent mieux combien il importe d'avoir foi en une idée quand elle est bonne. In Search of Excellence, *choisi par un panel d'experts comme le livre qui a eu le plus d'influence au cours des vingt dernières années a connu un succès éclatant et il est probable qu'il restera encore en librairie pendant les années qui viennent. Il est peut-être plus difficile de trouver* Breakthroughs! *mais cela vaut la peine de faire l'effort de chercher.*

CELUI QUI RENONCE NE GAGNE JAMAIS

ET CELUI QUI GAGNE NE RENONCE JAMAIS

CHAPITRE

5

L'AUTOSUGGESTION

COMMENT INFLUER SUR LE SUBCONSCIENT

Troisième étape sur le chemin de la richesse

L'autosuggestion est un terme qui s'applique à toutes les suggestions et à tous les stimuli que le sujet s'envoie à lui-même et qui atteignent son esprit par le truchement des cinq sens. Autrement dit, l'autosuggestion est la suggestion que l'on se fait à soi-même. C'est ce qui établit la communication entre cette partie de l'esprit où s'élabore la pensée consciente et celle qui est le siège du subconscient.

Les pensées que vous laissez dicter leur loi à votre conscient (qu'elles soient négatives ou positives) sont le chemin qu'emprunte le mécanisme de l'autosuggestion pour atteindre le subconscient, qui les utilise pour influer sur votre esprit.

La nature a façonné l'être humain de telle sorte que, par le truchement de nos cinq sens, nous avons le pouvoir de maîtriser le matériau qui atteint notre subconscient. Toutefois, cela ne signifie pas que, dans la majorité des cas, nous exercions ce contrôle, ce qui explique pourquoi tant de gens demeurent pauvres toute leur vie.

Souvenez-vous que j'ai comparé le subconscient à un jardin fertile dans lequel poussent les mauvaises herbes si ne sont pas semées des graines porteuses de meilleures récoltes. C'est par le truchement de l'autosuggestion que vous pouvez alimenter votre subconscient en pensées créatrices. Vous pouvez également, si vous négligez cette possibilité, laisser les pensées de nature destructrice pénétrer votre esprit.

COMMENTAIRE

De nombreuses études psychologiques et de nombreuses expériences dans le domaine de l'hypnothérapie ont prouvé le bien-fondé de la théorie de Hill selon laquelle le subconscient retient tout ce qu'un individu a vécu. Des études ont également montré que le subconscient est neutre, qu'il ne filtre pas, qu'il n'interprète pas ; il se contente de traiter l'information et de la stocker. Si certains lecteurs s'interrogent sur le subconscient ou doutent que des pensées stockées au-dessous du niveau du conscient puissent peser suffisamment pour affecter les comportements, l'explication suivante devrait dissiper leurs doutes.

Personne ne doute de l'existence de ces états psychologiques qu'on appelle fixations, phobies et comportements compulsifs. *Ces états se produisent lorsqu'un événement a marqué un enfant avec une telle force qu'il s'est solidement ancré dans son esprit. Alors, même lorsque cet enfant est devenu adulte et que le conscient apprend à interpréter cet événement de façon mature, ce qui a été vécu dans l'enfance est d'une telle puissance que c'est l'interprétation de l'enfant que retient le subconscient. Le résultat est une fixation, une phobie ou un comportement compulsif qui provoquent une réaction qui remonte à l'enfance et dont la signification logique échappe au conscient de l'adulte, la raison étant que cette réaction n'émane pas de la conscience mais de la croyance, enracinée dans le subconscient et si marquée par l'affect qu'elle neutralise l'esprit logique de la conscience de l'adulte.*

La théorie de Hill s'appuie très exactement sur ces principes psychologiques. Les pensées sont conservées dans le subconscient et y demeurent dans l'état où elles étaient quand elles y pénétrèrent, et plus elles furent marquées par l'affect à ce moment-là, plus elles influent sur les comportements. C'est cet aspect du subconscient qui vous permet d'utiliser les mécanismes de l'autosuggestion pour faire remonter à la conscience les pensées positives qui vous aideront à réaliser votre désir.

Imaginez l'argent dans vos mains, sentez-en le contact

Au chapitre 3 sur le désir, à la dernière des six étapes, il vous est recommandé de lire à haute voix, deux fois par jour, la déclaration écrite de votre désir d'argent. Il vous est également vivement conseillé d'imaginer que vous êtes déjà en possession de l'argent et que vous en sentez le contact. En faisant cela, vous communiquez l'objet de votre désir directement à votre subconscient en y croyant totalement. En répétant cette procédure, vous créez des habitudes de pensée qui viennent à l'appui des efforts que vous faites pour transmuer votre désir en espèces sonnantes et trébuchantes.

Relisez ces étapes très attentivement avant de poursuivre.

1. Déterminez dans votre tête la somme exacte que vous désirez. Il ne suffit pas de se dire simplement « je veux beaucoup d'argent ». Fixez le montant avec précision.
2. Précisez nettement ce que vous avez l'intention de donner en échange de l'argent que vous désirez. (On n'a jamais « rien pour rien ».)
3. Fixez clairement la date à laquelle vous voulez être en possession de l'argent que vous désirez.
4. Etablissez un plan rigoureux pour réaliser votre désir et commencez immédiatement à le mettre en œuvre, que vous soyez prêt ou non.
5. Maintenant rédigez ! Précisez sur le papier, avec clarté et concision, la somme d'argent que vous voulez vous procurer, fixez-vous une date limite pour l'acquérir, spécifiez ce que vous êtes prêt à donner en échange de l'argent et décrivez clairement les étapes du plan que vous comptez suivre.
6. Lisez à haute voix ce que vous avez couché sur le papier, deux fois par jour. Faites-le une fois avant d'aller vous coucher et une fois le lendemain au lever. Quand vous procédez à cette lecture, imaginez-vous, voyez-vous et sentez-vous déjà en possession de cet argent.

Souvenez-vous de ceci ! Quand vous lirez à haute voix cette déclaration, dont l'objectif est de créer en vous « l'obsession de l'argent », la simple lecture des mots ne donnera rien si l'émotion en est absente. Votre subconscient ne reconnaît les pensées et n'agit en fonction d'elles que si elles sont imprégnées d'affectivité.

C'est un facteur d'une telle importance qu'il mérite d'être rappelé dans pratiquement tous les chapitres. C'est parce qu'ils ne comprennent pas cela que la majorité des gens qui essaient d'appliquer le principe d'autosuggestion n'obtiennent pas le résultat recherché.

Les mots à eux seuls, lorsqu'ils ne sont pas imprégnés d'affectivité, ne peuvent pas influer sur le subconscient. Vous n'obtiendrez aucun résultat appréciable tant que vous n'aurez pas appris à communiquer avec votre subconscient par des pensées ou des paroles que la confiance aura teintée d'affectivité.

Ne vous découragez pas si vous n'arrivez pas à contrôler ou orienter vos émotions à la première tentative. Souvenez-vous qu'on n'a jamais rien pour rien. Vous ne pouvez pas tricher même si vous cherchez à le faire. Le prix à payer pour pouvoir influer sur votre subconscient est de faire preuve de persévérance dans l'application des principes décrits dans ces pages. Vous ne pourrez pas développer cette aptitude à moindre prix. C'est vous, et vous seul, qui devez décider si la récompense, à savoir l'obsession de l'argent, vaut la peine de vous astreindre à cet effort.

Votre aptitude à mettre en œuvre le principe d'autosuggestion dépendra, dans une large mesure, de votre capacité à vous concentrer sur un désir précis jusqu'à ce qu'il devienne une dévorante obsession.

Comment renforcer vos capacités de concentration

Lorsque vous commencerez à exécuter les instructions qui figurent dans les six étapes, il vous faudra mettre en œuvre le principe de concentration.

Lorsque vous aborderez la première de ces six étapes, qui vous demande de « déterminer dans votre tête la somme d'argent exacte que vous désirez », fermez les yeux et concentrez vos pensées sur cette somme jusqu'à ce qu'elle vous apparaisse réellement. Faites cela au moins une fois par jour. Quand vous exécutez ces exercices, suivez les instructions sur la foi données au chapitre 4, et imaginez que vous êtes vraiment en possession de cet argent.

Notez cet élément tout à fait significatif : le subconscient reçoit tous les ordres qui lui sont donnés et s'y conforme si le donneur d'ordres est habité par une foi absolue. Mais les ordres demandent parfois à être présentés plusieurs fois (réitération d'une affirmation positive) avant d'être interprétés par le subconscient. À cause de cela, vous pourriez être tenté de jouer un « tour » tout à fait légitime à votre subconscient. Lui faire croire (parce que vous, vous le croyez) qu'il vous faut cette somme d'argent que vous visualisez. Lui faire croire que cet argent attend déjà que vous le réclamiez, donc il faut que le subconscient vous présente des plans pratiques pour que vous puissiez vous procurer cet argent qui est le vôtre.

Communiquez cette pensée à votre imagination et voyez ce que celle-ci peut, ou pourra faire, pour élaborer des plans qui vous permettront d'amasser l'argent par la transmutation de votre désir.

N'attendez pas le plan qui vous précise quel service rendre ou quelle marchandise fournir en échange de l'argent que vous visualisez. Commencez simplement, sans plus attendre, à vous voir en possession de l'argent et exigez de votre subconscient qu'il vous propose les plans dont vous avez besoin et espérez qu'il obtempérera. Tenez-vous prêt, et quand le plan se présentera mettez-le en œuvre immédiatement. Il surgira probablement dans votre esprit, tel un « éclair », sous la forme d'une inspiration ou d'une intuition (émanation de l'intelligence infinie). Traitez-le avec respect et mettez-le à exécution dès réception.

À la quatrième des six étapes, il vous est demandé « d'établir un plan rigoureux pour réaliser votre désir et de commencer immédiatement à le mettre en œuvre ». Faites la même chose ici.

Fermez les yeux et créez dans votre tête une image très nette de vous-même en train d'exécuter les instructions. Ne vous fiez pas à votre « raison » quand vous élaborez votre plan pour amasser de l'argent par la transmutation du désir. Votre faculté de raisonner est peut-être paresseuse et si vous vous en remettez à elle, vous risquez d'être déçu.

Quand vous visualiserez l'argent que vous vous proposez d'amasser, représentez-vous en train de rendre le service ou de livrer la marchandise en échange de l'argent. Ceci est important.

COMMENTAIRE

Le principe fondamental qui sous-tend l'autosuggestion est étroitement lié à l'autohypnose. Ces deux techniques ont joué un rôle important dans le développement de la psychothérapie moderne. Les trois concepts – autosuggestion, hypnose et psychothérapie – durent, au départ, affronter le scepticisme du public et, malheureusement, l'autosuggestion et l'hypnotisme furent entravés par des événements qui retardèrent encore le moment où ils furent reconnus.

L'hypnose faisait partie intégrante des thérapies pratiquées par les grandes figures de la psychiatrie, dont Sigmund Freud, Carl Jung et William James. Elle tomba en défaveur comme thérapie lorsque les magiciens l'utilisèrent sur scène pour leurs tours de magie. Les gens avaient du mal à prendre au sérieux une technique utilisée dans les théâtres et les night clubs pour faire faire aux spectateurs des choses ridicules à des fins comiques.

L'autosuggestion se heurta à une difficulté du même ordre. Le psychiatre français Émile Coué fut le plus connu des premiers adeptes de l'autosuggestion. Contemporain de Sigmund Freud, Coué exerçait dans une clinique où étaient traités des patients souffrant de troubles psychosomatiques (des personnes qui se sont persuadées qu'elles sont malades, qui présentent même les symptômes d'une maladie, mais, en réalité, ne souffrent d'aucune affection). Coué traitait ses patients selon une technique d'autosuggestion qui comportait la répétition de déclarations qu'il appelait des affirmations positives.

Coué avait imaginé une formule très générale qui donnait au subconscient une injonction positive, mais assez ouverte pour ne pas lui dire comment procéder. Cette affirmation positive, c'était : « Tous les jours, à tous points de vue, je vais de mieux en mieux », et il donnait comme instruction à ses patients de répéter cette phrase plusieurs fois par jour. L'état de ses malades s'améliora si rapidement et de façon si spectaculaire que, dans les milieux médicaux et scientifiques, on ne parlait que de ça, et la formule fit école dans pratiquement toute l'Europe.

La rumeur du succès que connaissait Coué avec sa méthode se répandit en Amérique et il ne tarda pas à être invité à y faire une tournée de conférences. L'une des premières fois où Coué prit la parole, un journaliste caustique tourna en plaisanterie la méthode, la qualifiant ainsi : « Hells Bells, I'm well. » (Tube du groupe AC/DC. Hells bells, j'ai une pêche d'enfer !) Cette plaisanterie suivit Coué partout où il parlait et la couverture médiatique qui lui était réservée était si négative qu'il interrompit sa tournée et rentra en Europe exercer sa profession.

Des scientifiques et des thérapeutes sérieux continuèrent à avoir recours à l'autosuggestion mais, tout comme ce qui s'était produit lorsque les magiciens avaient semé le doute sur l'hypnose, la méthode d'affirmation positive de Coué tomba en défaveur auprès du grand public. Il fallut attendre la fin du vingtième siècle, et l'ouverture d'esprit qui la marqua, pour que l'hypnose et l'autosuggestion retrouvent du crédit.

Aujourd'hui, si vous allez sur Internet, vous verrez qu'il y a plus de 40 000 sites qui ont trait aux affirmations positives et il y a de nombreux bestsellers sur le sujet. Pratiquement tous les journaux, tous les magazines et tous les programmes de télévision relatent des faits qui illustrent le rôle crucial que l'esprit joue dans le développement et la réussite des individus. Les techniques fondées sur l'autosuggestion ont inspiré un nombre incalculable d'ouvrages à succès, de livres-cassettes et de vidéos, et chaque semaine, des milliers de gens participent à des séminaires, assistent à des conférences ou font retraite pour chercher l'inspiration auprès de spécialistes des questions de motivation ou de guides spirituels et pour apprendre les techniques qui leur ouvriront les voies de la réussite, dont presque toutes sont fondées sur les principes de base que Hill préconise dans son ouvrage.

Quand Hill dit au lecteur : « Fermez les yeux et concentrez-vous sur cette somme d'argent jusqu'à ce que cet argent vous apparaisse vraiment sous une forme concrète, en fait, il décrit la technique d'autosuggestion telle qu'elle est communément enseignée par les spécialistes de la motivation. C'est ce qu'on appelle aujourd'hui la Visualisation Créative et ceux qui réussissent le mieux parmi les entraîneurs des athlètes des Jeux Olympiques ou des équipes sportives professionnelles y ont régulièrement recours. La NASA l'utilise dans la préparation des astronautes et les professionnels de la médecine la pratiquent également dans diverses situations, et ils l'enseignent notamment aux patients qui ont besoin de stimuler leur système auto-immunitaire.

Utiliser la visualisation efficacement, c'est bien plus qu'une simple rêvasserie sur quelque chose qu'on voudrait avoir ou sur un but que l'on voudrait atteindre. C'est une technique spécifique qui fait appel à l'imagination, à la créativité, à la force des images et aux affirmations, l'ensemble visant à créer quelque chose que vous voulez voir se concrétiser. Dès 1928, Hill identifia cette technique de la visualisation et il la décrivit dans son premier ouvrage à succès, Law of Success (La loi de la Réussite). *Depuis lors, de nombreux psychologues, professionnels de la médecine, spécialistes de la motivation et écrivains ont mis au point des systèmes fondés sur les mêmes principes.*

Le docteur Maxwell Maltz, plasticien reconnu, observa que, pour ses malades, modifier la perception qu'ils avaient de leur être intérieur était souvent aussi important que modifier leur apparence extérieure. Son ouvrage à succès, qui fit date, Psycho-Cybernétique, *s'inspire beaucoup du concept de visualisation comme moyen d'accroître le respect de soi et d'améliorer toute une gamme de possibilités. La Méthode Silva, autre variante de la visualisation, a été enseignée à des millions de gens par des formateurs habilités qui organisent des séminaires sur l'ensemble du territoire. Le livre de Jose Silva qui a connu le plus grand succès,* The Silva Mind Control Method (La Méthode Silva pour Contrôler l'Esprit), *s'est vendu à des millions d'exemplaires.*

En 1978, cinquante ans après la parution du livre de Napoleon Hill, Law of Success, *Shaki Gawain publia son bestseller,* Creative Visualization, *véritable phénomène éditoral, et Adelaïde Bry :* Visualization : Directing the Movies of Your Mind (La Visualisation, ou comment diriger votre cinéma mental). *À peu près à la même époque, le Dr. O. Carl Simonton, oncologue, parvenait à la conclusion que l'état des malades atteints d'un cancer, qui avaient recours aux techniques de visualisation en même temps qu'ils étaient traités par chimiothérapie, s'améliorait nettement plus que celui de ceux qui ne pratiquaient pas cette méthode. Son bestseller,* Getting Well Again (Recouvrer la santé) eut un immense impact et fut suivi d'autres ouvrages de membres respectés du corps médical. Citons : *Love, Medecine and Miracles (Amour, Médecine et Miracles) du Dr Bernie Segal et Superimmunity (Hyperimmunité) du Dr. Paul Persal. D'autres ouvrages à succès tels que ceux des docteurs John Sarno, Depak Chopra et Andrew Well ont donné corps à ce qu'on a appelé à l'époque la médecine alternative et qui fait maintenant partie de la pratique médicale courante.*

Stimulez votre subconscient

Les instructions données précédemment pour vous permettre de franchir les étapes qui conduisent à la réalisation de votre désir d'argent sont ci-dessous résumées et associées aux principes abordés dans ce nouveau chapitre.

1. Trouvez-vous un endroit tranquille où vous ne serez ni dérangé ni interrompu. Fermez les yeux et répétez à haute voix (de façon à entendre vos propres paroles) la déclaration que vous avez rédigée pour indiquer la somme d'argent que vous voulez amasser. Précisez la date limite que vous vous fixez pour l'acquérir et indiquez quel service vous êtes prêt à rendre ou quelle marchandise vous allez fournir en échange de l'argent. Au moment où vous exécutez ces instructions, représentez-vous déjà en possession de l'argent.

Supposez, par exemple, que vous voulez amasser 50 000 dollars pour le premier janvier dans cinq ans et que, en contrepartie de cette somme, vous êtes disposé à offrir vos services comme vendeur. La déclaration écrite de votre objectif devrait être rédigée sur le modèle suivant :

Le premier janvier........ au plus tard, je serai en possession de 50 000 dollars, qui me parviendront dans l'intervalle en plusieurs fois.

En échange de cet argent, je rendrai service avec toute l'efficacité dont je suis capable. Comme vendeur de .... (décrivez le service ou la marchandise que vous vous proposez de vendre), je ferai le maximum en quantité et en qualité.

J'ai la conviction que j'obtiendrai cet argent. La foi qui m'habite est si forte que je vois déjà cet argent devant mes yeux. Je peux le toucher de mes mains. Il est maintenant près de m'être remis, ce qui se fera au moment où, et dans la mesure où, j'aurai rempli la contrepartie. J'attends le plan qui me permettra d'obtenir cet argent et je m'engage à le suivre dès que j'en aurai connaissance.

2. Répétez tout cela soir et matin jusqu'à ce que vous voyiez (dans votre imagination) l'argent que vous voulez amasser.
3. Placez une copie de votre déclaration dans un endroit où vous pouvez la voir soir et matin, et lisez-la avant d'aller vous coucher et au lever jusqu'à ce que vous l'ayez mémorisée.

COMMENTAIRE

Ce qui suit est une autre suggestion empruntée à deux oeuvres de Hill : Law of Success *et* Keys to Success (Les Clefs de la Réussite).

Entourez-vous de livres, d'images, de devises, et autres procédés évocateurs. Choisissez des objets qui symbolisent avec force la réussite et l'autonomie. Enrichissez constamment votre collection et changez les objets de place pour pouvoir les voir sous un éclairage différent et auprès d'autres objets.

J'avais une amie, agent immobilier, qui gardait au-dessus de son bureau son certificat de membre du Club du Million de Dollars pour se rappeler ce dont elle était capable. Un jour, elle la décrocha pour l'épousseter et la reposa sur un journal. Quand elle la reprit, elle vit en dessous un article sur le nouvel entraîneur de l'équipe de football que l'université venait de recruter. Devinez qui acheta la maison qu'elle avait tant de mal à vendre.

N'oubliez pas, en exécutant ces instructions, que vous appliquez le principe d'autosuggestion, l'objectif étant de donner des ordres à votre subconscient. N'oubliez pas non plus que votre subconscient n'obtempèrera que si ces ordres sont imprégnés d'affectivité et que si vous mettez « de l'émotion » en les transmettant. Dans tout le registre des sentiments, c'est la foi qui est le plus puissant et le plus fécond.

Ces instructions peuvent, au premier abord, sembler abstraites. Que cela ne vous trouble pas ! Suivez-les, si abstraites et irréalisables qu'elles puissent vous apparaître. Si votre état d'esprit et vos actes sont conformes à ce qu'on vous demande de faire, un nouvel univers de puissance ne tardera pas à s'offrir à vous.

Le scepticisme que suscitent toutes les idées nouvelles est propre à tous les humains. Si vous suivez les instructions, la croyance se substituera bientôt à votre scepticisme. Et la croyance se cristallisera en une foi absolue.

Nombreux sont les philosophes qui ont déclaré que l'homme est le maître de son destin sur terre, mais fort peu ont dit pourquoi. Si l'homme peut devenir son propre maître et le maître de son environnement, c'est parce qu'il a le pouvoir d'influer sur son subconscient.

La transmutation du désir en argent est réellement possible grâce à l'autosuggestion. C'est le principe par lequel vous pouvez atteindre le subconscient et peser sur lui. Les autres principes ne sont que des outils pour faire fonctionner les mécanismes de l'autosuggestion. Gardez cela présent à l'esprit et vous ne cesserez d'avoir conscience du rôle important que l'autosuggestion doit jouer dans les efforts que vous faites pour amasser de l'argent par les méthodes décrites dans ce livre.

Lorsque vous l'aurez lu entièrement, revenez à ce chapitre et, en esprit et dans vos actes, suivez cette instruction : lisez à haute voix le chapitre entier une fois tous les soirs jusqu'à ce que vous soyez absolument persuadé que le principe d'autosuggestion est tout à fait valable et qu'il accomplira pour vous tout ce qu'on vous a dit qu'il accomplirait. Au cours de votre lecture, soulignez au crayon toutes les phrases qui vous frappent.

Suivez à la lettre les instructions qui précèdent et vous serez en bonne voie pour comprendre et maîtriser complètement les principes qui conduisent à la réussite.

TOUT MALHEUR,

TOUT ÉCHEC,

TOUT CHAGRIN

PORTENT EN EUX

LES GERMES D'UN BIEN ÉQUIVALENT

OU MÊME PLUS GRAND.

CHAPITRE

6

SAVOIRS SPÉCIALISÉS

EXPÉRIENCES ET OBSERVATIONS PERSONNELLES

Quatrième étape sur le chemin de la richesse

Il y a deux sortes de savoir. L'un est général, l'autre spécialisé. Le savoir général, quelle qu'en soit l'ampleur ou la variété, ne sert pas à grand-chose pour amasser de l'argent. On trouve dans les facultés des grandes universités pratiquement tout le savoir que la civilisation a accumulé. La plupart des professeurs ne sont pas riches. Leur spécialité est d'enseigner le savoir, mais non de l'organiser ou de l'utiliser.

Le savoir n'attire pas l'argent sauf s'il est organisé et orienté par des plans pratiques vers l'accumulation de l'argent. La méconnaissance de cette réalité a été source de malentendus pour des millions de gens qui croient à tort que « le savoir est le pouvoir ». Pas du tout ! Le savoir n'est qu'un pouvoir *potentiel*. Il ne devient pouvoir que lorsqu'il est organisé en plans d'action et orienté vers un but défini.

Le chaînon manquant dans tous les systèmes éducatifs est que les établissements d'enseignement n'enseignent pas à leurs étudiants comment organiser et utiliser leur savoir une fois qu'ils l'ont acquis.

Beaucoup de gens supposent à tort que parce qu'il avait peu fréquenté l'école, Henry Ford était un homme à l'esprit inculte. Ceux qui commettent cette erreur ignorent le vrai sens du mot *éduquer*.

C'est un mot qui vient du latin *educo / educare* qui signifie élever, nourrir, mettre au jour ou développer de l'intérieur. Être instruit, ce n'est pas forcément être bourré de connaissances générales ou spécialisées, c'est avoir développé ses facultés intellectuelles pour pouvoir acquérir ce que l'on veut, ou quelque chose d'équivalent, sans violer les droits d'autrui.

Pendant la guerre mondiale, un journal de Chicago publia des éditoriaux dans lesquels, Henry Ford était qualifié, entre autres choses, de « pacifiste ignorant ». Ford éleva une protestation et intenta au journal un procès en diffamation. Lorsque l'affaire vint devant les tribunaux, les avocats du journal appelèrent Ford à la barre dans l'intention de prouver aux jurés qu'il était ignorant. Ils lui posèrent toute une série de questions, dont chacune avait pour objectif de prouver que ses connaissances spécialisées sur la construction automobile avaient beau être considérables, au total, c'était un ignorant.

On lui posa ce genre de questions : « Qui était Benedict Arnold ? » ou encore « Combien de soldats envoyèrent les Britanniques pour mater la rébellion de 1776 ? » En réponse à cette dernière question, Ford rétorqua : « Je ne connais pas le nombre exact de soldats que les Britanniques envoyèrent, mais j'ai entendu dire qu'il était beaucoup plus élevé que le nombre de ceux qui revinrent. »

Ford finit par se lasser de cet interrogatoire. En réponse à une question particulièrement insultante, il se pencha en avant, pointa un doigt accusateur vers l'avocat qui avait posé la question et déclara : « Si je voulais vraiment répondre à la question stupide que vous venez de me poser, comme à toutes celles que vous m'avez déjà posées, laissez-moi vous dire qu'il y a sur mon bureau toute une rangée de boutons et que, en appuyant sur celui qu'il faut, je peux immédiatement obtenir l'aide d'hommes capables de répondre à n'importe quelle question concernant les affaires auxquelles je consacre la majeure partie de mes efforts. Alors, auriez-vous l'amabilité de m'expliquer pourquoi je devrais m'encombrer l'esprit de notions générales à seule fin de pouvoir répondre à des questions alors que je suis entouré d'hommes capables de me fournir toutes les connaissances dont j'ai besoin ?

Cette réponse cloua le bec à l'avocat. Toutes les personnes présentes au tribunal se rendirent compte que cette réponse n'était pas d'un ignorant, mais d'un homme à l'esprit éduqué, c'est-à-dire de quelqu'un qui sait où trouver les connaissances au moment où il en a besoin et les organiser en un plan d'action. Avec l'aide de son « Groupe de Cerveaux », Henry Ford avait à sa disposition toutes les connaissances spécialisées dont il avait besoin pour devenir l'un des hommes les plus riches d'Amérique. Il n'était pas essentiel qu'il ait ce savoir dans la tête.

Vous pouvez obtenir toutes les connaissances dont vous avez besoin

Avant de pouvoir transmuer votre désir en argent, vous aurez besoin de connaissances spécialisées relatives au service, à la marchandise ou à l'activité professionnelle que vous vous proposez d'offrir en contrepartie de la richesse. Il vous faudra peut-être des connaissances beaucoup plus spécialisées que vous n'avez la possibilité ou le goût d'acquérir. Si c'est le cas, vous pouvez compenser ce point faible en vous faisant aider par votre Groupe de Cerveaux.

Un Groupe de Cerveaux se définit ainsi : « Coordination des connaissances et des efforts, dans un esprit d'harmonie, entre deux personnes, ou plus, pour atteindre un objectif précis ». Une définition plus ample et plus détaillée est donnée dans les chapitres suivants.

COMMENTAIRE

Après avoir pris connaissance de la définition que Hill donne du Groupe de Cerveaux, nombreux sont peut-être ceux qui supposent que ce qu'il décrit, c'est le travail d'équipe. Ce n'est pas de cela qu'il s'agit. L'explicitation suivante est une adaptation de ce qui figure dans l'ouvrage de la Fondation Napoleon Hill, Believe and Achieve (Croire et Réaliser) :

> *Le travail d'équipe, n'importe quel groupe peut l'effectuer – même lorsque ses membres n'ont pas les mêmes intérêts – parce que la seule chose qui leur est demandée est de coopérer. Ils peuvent le faire simplement par sympathie pour celui qui dirige, ou par sens du devoir. Certains feront le maximum, quelle que soit l'équipe, si le salaire est suffisant, mais ils ne se soucient guère de l'objectif. Parfois, le travail d'équipe est de qualité parce que différents membres ont des priorités différentes. Il peut y avoir des désaccords au sein d'un conseil d'administration, et même de l'hostilité, cela n'empêche pas l'affaire d'être bien dirigée. Il est bien connu que les groupes musicaux sont constitués de personnalités égocentriques qui acceptent le travail d'équipe si cela peut favoriser leur carrière.*
>
> *Par contre, les Groupes de Cerveaux sont constitués d'individus qui ont les mêmes priorités, un esprit de mission profondément ancré, et qui s'attachent au même objectif.*
>
> *Les Groupes de Cerveaux représentent le degré le plus élevé de la réflexion du fait qu'ils sont composés de gens très au fait de leur sujet, chacun donnant le meilleur de lui-même en fonction de ses capacités, de sa compétence et de son expérience. Si vous avez jamais participé à une réunion où tout se déroule à la perfection, où les idées s'enrichissent les unes des autres, où l'apport de chaque membre permet, au bout du compte, qu'émerge de la réflexion collective la meilleure idée ou la meilleure solution possible, alors vous savez comment fonctionne un Groupe de Cerveaux.*

Napoleon Hill était persuadé que, si vous voulez vraiment réussir, il vous faut intégrer l'expérience des Groupes de Cerveaux. Comment bien choisir les membres de votre Groupe de Cerveaux est une question qui sera abordée ultérieurement au chapitre 11, Pouvoir du Groupe de Cerveaux.

Pour amasser une grande fortune, il faut avoir du pouvoir, et c'est par un savoir hautement organisé et intelligemment orienté que s'acquiert le pouvoir. Ce savoir, ce n'est pas forcément la personne qui amasse la fortune qui le détient.

Ceci devrait donner espoir à ceux qui veulent amasser une fortune mais ne possèdent pas « l'instruction » nécessaire pour se doter des connaissances adéquates, et ils devraient y trouver un signe d'encouragement. Il y a des gens qui, toute leur vie, souffrent d'un complexe d'infériorité parce qu'ils manquent « d'instruction ». Quelqu'un capable d'organiser et de diriger un « Groupe de Cerveaux » composé de personnes qui possèdent les connaissances qu'il faut est au même niveau que n'importe quel autre membre du groupe.

Thomas Edison n'avait été à l'école que trois mois, mais ce n'était pas un ignorant et il n'est pas mort pauvre.

Henry Ford n'avait pas été jusqu'au collège, mais il n'a pas mal réussi financièrement.

Albert Einstein était employé dans un bureau des brevets quand il commença à élaborer ses théories scientifiques qui allaient changer le monde.

COMMENTAIRE

Si Einstein était né aujourd'hui, on aurait peut-être découvert, dans sa petite enfance, qu'il souffrait de troubles de l'attention. Enfant, il ne parla pas tôt. Étudiant, il était plutôt médiocre et il fut exclu d'au moins un établissement. Mais ce qu'il savait faire, c'était se concentrer pleinement sur un objectif de son choix. Ses célèbres théories résultèrent « d'expériences en pensée », c'est-à-dire d'expériences qu'il faisait dans sa tête. On raconte que la découverte capitale qui donna naissance à la théorie de la relativité ne résulta pas de ses connaissances spécialisées en physique ou en mathématiques, mais de sa capacité à imaginer ce qui se passerait s'il chevauchait dans l'espace un rayon de lumière des étoiles.

Le savoir spécialisé figure parmi les produits les moins chers et les plus abondants que vous puissiez vous procurer. Si vous en doutez, consultez le registre des personnels de n'importe quelle université.

Ça rapporte de savoir comment acheter du savoir – et ça rapporte de savoir où le chercher

En premier lieu, décidez quelle sorte de savoir spécialisé il vous faut, et pour faire quoi. Votre principal but dans la vie, celui à la réalisation duquel vous travaillez, devrait, dans une grande mesure, vous aider à déterminer de quel savoir vous avez besoin. En second lieu, il vous faut vous renseigner avec précision sur les sources de savoir fiables. En ce qui concerne ces dernières, les plus importantes sont celles-ci :

- Votre propre expérience et votre niveau d'instruction
- L'expérience et le niveau d'instruction des personnes dont vous pouvez obtenir la coopération (constitution d'un Groupe de Cerveaux)
- Les établissements d'enseignement supérieur
- Les bibliothèques publiques (*et plus facile encore, Internet)*
- Stages de formation spécialisés (notamment cours du soir et enseignement à distance)

Une fois ce savoir acquis, il faut l'organiser et élaborer des plans pratiques pour pouvoir l'utiliser dans un but précis. Le savoir n'a d'autre valeur que les avantages qu'il procure lorsqu'il est mis en œuvre pour atteindre un but louable.

Les gens qui réussissent dans la vie ne cessent jamais d'acquérir des connaissances spécialisées qui se rattachent à leur objectif principal, à leurs affaires ou à leur profession. Ceux qui ne réussissent pas font généralement l'erreur de croire que la période d'acquisition du savoir se termine quand on quitte l'école. La vérité est que les écoles ne font guère plus que vous enseigner *comment* acquérir des connaissances pratiques.

COMMENTAIRE

C'est à ce moment, dans l'édition originale des Chemins de la Richesse, *que Napoleon Hill inséra un article de presse sur l'éducation et les perspectives d'emploi. Bien que le marché de l'emploi contemporain ait considérablement changé, l'auteur de l'article, Robert Moore, directeur du bureau de l'orientation professionnelle à l'Université Columbia, se livrait à des considérations parfaitement en phase avec la philosophie des* Chemins de la Richesse *et qui sont encore valables aujourd'hui. Ainsi de l'une de ses réflexions : « L'étudiant qui a déployé une grande activité sur le campus, dont la personnalité est telle qu'il s'entend bien avec tout le monde et qui a assez bien réussi dans ses études a un avantage très net sur celui qui ne s'intéresse qu'aux études. »*

L'une des plus grosses entreprises industrielles, numéro un dans son domaine, écrivait ceci à Robert Moore à l'intention des futurs étudiants de dernière année : « Nous attachons beaucoup plus d'importance au caractère, à l'intelligence et à la personnalité qu'au strict parcours universitaire. »

Peu de gens contesteraient la valeur de l'éducation, comme le laisse entendre Moore ci-dessus ou comme Hill le fait observer à propos de Edison, Ford et Einstein dans les pages précédentes, mais des études brillantes n'ont jamais garanti la réussite dans la vie. Dans l'article annoncé en couverture, le magazine Time, *dans son édition du 27 octobre 2003, allait dans le même sens à propos des changements apportés au SAT (Scholastic Aptitude Test : examen de fin d'études secondaires). Bien que l'article souligne surtout le souci de rendre cet examen plus objectif, il n'en fait pas moins observer que, selon des études récentes, ni le SAT ni les tests sur le quotient intellectuel n'ont une valeur prédictive très fiable quant à la réussite future dans la vie réelle.*

Dans son ouvrage, qui a connu un grand succès, Emotional Intelligence (L'intelligence émotionnelle), *l'écrivain Daniel Goleman fait valoir, preuves à l'appui, que le management de soi, ainsi que le rapport aux autres, ce qu'il appelle l'intelligence émotionnelle ou IE, permet de prédire avec plus de certitude que le QI si cette personne réussira ou non dans la vie. Dans ses ouvrages ultérieurs,* Working with Emotional Intelligence *et* Primal Leadership, *Goleman applique sa théorie aux lieux de travail, mettant l'accent sur le rôle de l'intelligence émotionnelle dans les techniques de leadership et établissant une comparaison entre celle-ci et le QI des dirigeants d'entreprises afin de voir lequel de ces deux facteurs a l'effet positif le plus net sur les résultats financiers.*

Les théories de Daniel Goleman ont provoqué des évolutions notables dans le monde de l'enseignement et parmi les théoriciens du management, mais c'est sur les personnes qui, toute leur vie, ont manqué d'assurance parce qu'elles ne s'estimaient pas « assez intelligentes, qu'elles ont eu le plus d'impact ».

Les ouvrages de Goleman démontrent à ces personnes, preuves à l'appui, que, même si elles n'ont pas suivi une scolarité classique, leurs capacités naturelles et leur aptitude aux relations interpersonnelles comptent beaucoup plus pour réussir dans la vie.

Parmi les sources de connaissances les plus fiables et les plus pratiques à la disposition de ceux qui ont besoin de se spécialiser, citons les cours du soir, les programmes de formation continue et les séminaires. Les établissements d'enseignement par correspondance dispensent des formations spécialisées dans tous les coins des États-Unis desservis par la poste *[ou via Internet]*. L'avantage de l'enseignement par correspondance est la souplesse des programmes, qui vous permet d'étudier pendant votre temps libre. Un autre avantage (si l'établissement est soigneusement choisi) est que la majorité de ces cours offrent la possibilité de conseils personnalisés, ce qui est extrêmement précieux pour ceux qui ont besoin de connaissances spécialisées. Où que vous résidiez, vous pouvez en bénéficier.

Une leçon infligée par une agence de recouvrement

Tout ce qui est acquis sans effort et sans prix à payer est généralement peu apprécié et souvent discrédité. C'est peut-être la raison pour laquelle le bénéfice que nous retirons des merveilleuses opportunités que nous offrent nos établissements publics est si maigre. La maîtrise de soi qu'imposent des études spécialisées permet en quelque sorte de rattraper l'occasion perdue lorsque le savoir pouvait s'acquérir gratuitement. Devoir payer, que vos notes soient bonnes ou pas, a pour effet de vous obliger à terminer vos études alors qu'autrement vous auriez abandonné.

Je le sais d'expérience, moi qui m'étais inscrit à un cours par correspondance sur la publicité. Au bout de huit ou dix leçons, j'arrêtai. Mais l'école ne cessa pas de m'envoyer les notes à payer. En fait, ils exigeaient le paiement, que je continue le cours ou pas. Puisque je devais payer (je m'y étais juridiquement engagé), je décidai de terminer le cours et d'en avoir pour mon argent.

Les écoles par correspondance sont des entreprises bien organisées. À l'époque, je trouvai que leur système de recouvrement était un peu trop bien organisé, mais je me rendis compte, plus tard dans la vie, que cet épisode avait été précieux pour mon éducation. La vérité est que leur service de recouvrement était la plus subtile des leçons de vie sur la prise de décision, la rapidité de réaction, et l'habitude de terminer ce qui a été commencé. Il se révéla que ce système qui m'avait contraint à achever les études entreprises me permit de gagner beaucoup d'argent.

La voie du savoir spécialisé

Ce pays a, dit-on, le meilleur système d'écoles publiques du monde. L'une des choses étranges chez les humains est qu'ils n'attachent de la valeur qu'à ce qui a un prix. Les écoles gratuites d'Amérique et les bibliothèques publiques gratuites n'impressionnent pas les gens *parce qu'elles* sont gratuites. C'est la raison principale pour laquelle tant de gens estiment nécessaire de se doter d'une formation supplémentaire après avoir quitté le système scolaire et commencé à travailler C'est également l'une des raisons principales pour laquelle les employeurs accordent plus d'importance aux employés qui suivent des cours de spécialité. Ils savent que ceux qui ont l'ambition de sacrifier une partie de leur temps libre pour étudier chez eux possèdent les qualités qui font les dirigeants.

Il y a chez certaines gens une faiblesse irrémédiable. Cette faiblesse, si répandue dans le monde, s'appelle le manque d'ambition. Les gens qui sacrifient une partie de leur temps libre pour suivre des cours restent rarement très longtemps au bas de l'échelle. Cette formation leur ouvre la voie de l'ascension sociale, écarte les obstacles qui sont sur leur chemin et suscite l'intérêt de ceux qui ont le pouvoir de les aider.

L'enseignement par correspondance convient particulièrement à ceux qui ont commencé à travailler. Après avoir quitté le système scolaire, ils se rendent souvent compte qu'ils ont besoin d'une formation spécialisée supplémentaire, mais ils ne peuvent pas trouver le temps de retourner à l'école.

Stuart Wier était ingénieur en génie civil. Il exerça ce métier jusqu'à ce que la grande dépression frappe le bâtiment et en restreigne l'activité. Il fit un bilan personnel et décida de changer de profession et de s'orienter vers le droit. Il reprit ses études et suivit des cours de spécialité pour devenir avocat de société. Il termina cette formation, entra au barreau et se fit rapidement une clientèle comme avocat spécialisé dans les questions de brevets d'inventions, profession fort lucrative.

Juste pour mettre les choses au clair et pour prévenir les excuses de ceux qui diront : « Je n'ai pas pu faire d'études parce que j'ai une famille à charge », ou bien « je suis trop âgé », à ceux-là je signale que M. Wier avait plus de quarante ans et qu'il était marié quand il reprit ses études. De plus, en choisissant soigneusement des cours hautement spécialisés, M. Wier acheva en deux ans un cycle d'études que la majorité des étudiants en droit met quatre ans à terminer. Ça rapporte de savoir où acheter du savoir.

Une idée toute simple, mais payante

Voici un autre exemple précis. Il s'agit de quelqu'un qui était vendeur dans une épicerie et qui se retrouva brutalement au chômage. Comme il avait un peu l'habitude des livres de comptes, il s'inscrivit à un cours de comptabilité, se familiarisa avec ce qu'il y avait de plus récent comme matériel de comptabilité et de bureau, et s'installa à son compte. Il débuta avec l'épicier qui l'avait employé, puis passa des contrats avec plus d'une centaine de petits marchands dont il tint la comptabilité, moyennant un salaire minimal. C'était un système si commode qu'il jugea bientôt nécessaire d'ouvrir un cabinet comptable mobile dans une camionnette de livraison. Il a un nombre important d'employés qui effectuent pour un prix modique la comptabilité de petits marchands aussi bien que ceux qu'ils payaient très cher pour le même service.

Une compétence spécialisée, plus l'imagination, voilà le secret de cette réussite unique en son genre. L'an dernier, le propriétaire de cette affaire a payé en impôts presque dix fois ce que payait l'épicier qui l'avait licencié.

COMMENTAIRE

On ne pourrait pas écrire actuellement un ouvrage sur la réussite sans mentionner l'histoire de Bill Gates. Bien que le rapport entre le parcours de l'homme le plus riche du monde et ce que Hill raconte sur un homme qui a créé une agence de comptabilité mobile ne soit pas d'une évidence immédiate, il n'en reste pas moins que c'est ici qu'il faut inclure l'histoire de Microsoft. Tout comme dans le cas du comptable, les deux éléments qui ont assuré la réussite de Bill Gates sont un savoir spécialisé et l'imagination.

Chacun avait reconnu que, dès son jeune âge, Bill Gates réussissait très brillamment dans ses études, mais il ne s'intéressait guère à autre chose qu'aux sciences et aux mathématiques. Et lorsque les mères d'élèves de son établissement mirent sur pied un dispositif pour que les élèves puissent s'initier à l'informatique, Bill Gates se découvrit une passion. À l'âge de treize ans, il avait appris tout seul la programmation et, au lycée, comme à l'université, sa vie tourna autour des clubs d'informatique, et les petits boulots qu'il faisait, c'était pour des sociétés où il y avait de l'informatique.

À divers moments, il caressa l'idée d'une carrière dans les sciences ou dans le droit, mais il est probable qu'en réalité, alors qu'il était encore à l'école, il savait déjà en gros ce que serait son « désir brûlant » dans la vie. Il ne prêtait guère attention au savoir d'ordre général, mais il se consacrait entièrement à assembler les connaissances spécialisées dont il aurait besoin pour atteindre l'objectif qu'il s'était fixé.

Le désir brûlant de Gates s'enflamma le jour où son ami Paul Allen, lui aussi membre du club d'informatique, acheta le numéro de janvier 1975 de Popular Electronics. *Il y avait en couverture un ordinateur de bureau à un prix modéré, l'Altair 8800, qu'on pouvait assembler à partir d'un kit. Gates et Allen savaient instinctivement qu'il y avait d'autres étudiants qui, comme eux, auraient très envie de mettre la main sur l'un de ces objets. À l'époque, il fallait une bonne dose d'imagination pour prévoir l'impact que les ordinateurs pourraient avoir sur l'homme de la rue. Et bien que ne possédant pas d'Altair, ils décidèrent qu'ils étaient capables de composer un programme informatique pour cet ordinateur. De l'imagination, il en fallait encore plus pour oser cela !*

Ils prirent contact avec Ed Roberts, qui avait créé la société, et essayèrent de lui placer leur idée. Roberts leur répondit qu'il recevait des propositions de partout et qu'il avait décidé d'accorder la priorité au premier projet qui lui parviendrait. Les deux mois suivants, ils mirent le manuel en pièces à la recherche de la moindre information spécialisée dont ils pourraient avoir besoin pour composer le programme. Ils furent les premiers à remettre un système d'exploitation pratique, et Roberts le leur acheta 3 000 dollars avec, en plus, des droits d'auteurs sur les ventes.

Leur vision de l'avenir enflammant leur imagination, Gates et Allen utilisèrent l'avance qu'ils avaient perçue et leurs droits d'auteurs pour lancer une société de création de programmes informatiques. Ils donnèrent à cette nouvelle société le nom de Microsoft et recrutèrent leurs anciens camarades du club informatique du lycée pour y participer. Bill Gates avait dix-neuf ans et Paul Allen n'avait que quelques années de plus. Tous ensemble, ils se mirent à composer des programmes informatiques pour Apple Computer, Commodore et toute société qui était prête à passer un contrat avec eux.

Les années suivantes, Bill Gates et Paul Allen ne furent pas à court d'idées nouvelles, mais leur objectif essentiel était d'acquérir les connaissances spécialisées nécessaires pour diriger et développer une entreprise qui réussissait. En 1980, IBM, qui avait finalement décidé de se lancer dans les petits ordinateurs et qui avait besoin d'aide pour passer à la vitesse supérieure, contacta Microsoft et lui demanda de rédiger un système d'exploitation pour cette nouvelle entreprise informatique. Une fois encore, les deux éléments déterminants qui guidèrent Bill Gates furent la spécialisation du savoir et l'imagination.

Dans leur imagination, Gates et Allen voyaient s'ouvrir devant eux un avenir encore plus prometteur. Grâce à la connaissance pointue qu'ils avaient des capacités des ordinateurs, ils avaient conscience du rôle qu'ils pourraient jouer dans cet avenir. Ils prirent alors deux décisions qui furent à la base de la réussite de Microsoft. En premier lieu, comme IBM avait un calendrier tellement serré, Gates s'adressa à un programmeur, Tim Patterson, et lui acheta un système d'exploitation rudimentaire, mais déjà opérationnel. Gates s'appliqua à le modifier et le rebaptisa MS-DOS (Microsoft Disc Operating System : Système d'exploitation de disque Microsoft).

L'autre décision qui joua un rôle déterminant dans leur réussite fut la négociation avec IBM. Leur position de départ fut le refus de vendre le système d'exploitation à IBM. Ce qu'ils proposaient, c'était d'accorder à IBM une licence d'exploitation en échange de droits d'auteurs sur chaque exemplaire vendu avec un ordinateur IBM. Et ce ne serait pas une licence exclusive, ce qui signifiait que Microsoft pourrait également accorder la licence à d'autres sociétés.

Si vous deviez suivre la trajectoire de Microsoft, vous trouveriez à la base de chacune des décisions de Bill Gates les mêmes ingrédients qui avaient assuré la réussite de l'homme qui avait créé un cabinet comptable mobile, à savoir un brûlant désir, une idée, un savoir spécialisé et de l'imagination.

À l'origine de l'affaire du cabinet comptable mobile, il y avait une idée. Je le sais parce que c'est moi qui la lui ai donnée.

Je voudrais maintenant en venir à l'histoire d'une autre idée. Et c'est mon ami le comptable qui, indirectement, me l'a suggérée.

La première fois que je lui ai conseillé de se former à la comptabilité, il me dit : « L'idée me paraît intéressante, mais je ne saurais pas la rentabiliser. » En d'autres termes, il ne savait pas comment commercialiser la connaissance de la comptabilité une fois qu'il l'aurait acquise.

Alors, avec l'aide d'une jeune rédactrice publicitaire, fut concoctée une présentation séduisante des nouvelles procédures de comptabilité, dont les avantages étaient mis en lumière. La brochure était rédigée avec une telle précision que celui auquel elle était destinée eut bientôt des clients à ne savoir qu'en faire.

Il y a des milliers de gens dans tout le pays qui ont besoin des services d'un spécialiste des techniques marchandes capable de faire une présentation attractive de prestations de services.

Cette idée était née de la nécessité de résoudre un problème spécifique, mais elle ne se limita pas à rendre service simplement à une personne. La jeune femme qui était l'auteur de la présentation était douée d'une vive imagination. Elle vit dans l'idée dont elle venait d'accoucher la possibilité d'un nouveau métier qui rendrait service à des milliers de gens en quête de conseils pratiques pour mettre sur le marché des prestations personnelles.

Aiguillonnée par le succès de son premier « plan d'offre de prestations de services personnalisés », cette femme se mit en devoir de résoudre un problème identique pour son fils. Il venait de terminer ses études universitaires mais était incapable de trouver un emploi. Le plan qu'elle conçut pour lui était le plus bel exemple de marchandisage de prestations personnalisées que j'eusse jamais vu.

Dans sa version aboutie, cette présentation comportait près de cinquante pages impeccablement dactylographiées et bien organisées. Y figuraient les aptitudes naturelles de son fils, sa scolarité, ses expériences personnelles et toute une série d'autres renseignements. Le document décrivait également dans le détail la situation à laquelle son fils aspirait et précisait exactement comment il entendait s'acquitter de ses tâches.

La préparation de cette présentation lui demanda plusieurs semaines au cours desquelles elle envoya son fils à la bibliothèque publique presque quotidiennement pour qu'il trouve des informations permettant de vendre ses services au mieux. Elle l'envoya également chez tous les concurrents de son éventuel employeur pour qu'il s'informe sur leurs méthodes en affaires, ce qui fut très utile pour l'élaboration du plan qu'il entendait mettre en œuvre dans l'exécution du travail qu'il sollicitait. Lorsque le plan fut achevé, il comportait plus d'une demi-douzaine de suggestions subtiles qui seraient précieuses pour son éventuel employeur.

Vous n'êtes pas forcé de commencer au bas de l'échelle

Vous avez peut-être envie de poser cette question : « Pourquoi se donner toute cette peine pour obtenir un emploi ? » La réponse est : « Bien faire une chose, ce n'est pas se donner de la peine. Le plan préparé par cette femme pour son fils avait aidé celui-ci à obtenir l'emploi au premier entretien et le salaire qu'il avait lui-même fixé.

En outre – et cela, aussi, est d'importance – il n'était pas exigé du jeune homme qu'il commence au bas de l'échelle. Il fut recruté comme jeune cadre avec un salaire de cadre.

« Pourquoi se donner tout ce mal ? »

Eh bien, pour une chose ! Ce document de motivation soigneusement préparé lui épargna dix années au cours desquelles il aurait dû « gravir tous les échelons. »

Cette idée de commencer au bas de l'échelle et de gravir tous les échelons peut sembler une idée saine, mais l'objection principale est que ceux qui débutent au bas de l'échelle ne réussissent jamais à lever la tête assez haut pour être remarqués de ceux qui comptent. Et, quand on est au bas de l'échelle, les perspectives d'avenir ne sont vraiment ni brillantes ni encourageantes. C'est une situation de nature à étouffer toute ambition. Vous êtes dans l'ornière et vous acceptez votre sort parce que vous êtes pris dans la routine quotidienne. Cette habitude finit souvent par devenir si forte que vous n'essayez même plus d'y échapper. Et c'est une des raisons de plus pour lesquelles il est payant de commencer un ou deux échelons au-dessus du dernier. Vous prendrez, de la sorte, l'habitude de regarder autour de vous, d'observer comment avancent les autres, de percevoir l'opportunité et de la saisir sans hésitation.

Il y a un cas qui illustre admirablement mon propos, c'est celui de Dan Halpin. À l'université, il était le manager de la célèbre équipe de football américain de Notre Dame, qui remporta le championnat en 1930 et qui était dirigée par le regretté Knute Rockne.

Halpin quitta l'université à un moment fort peu favorable. Le travail était rare en raison de la dépression. Alors, après une tentative du côté de la banque d'investissement et du cinéma, il prit le premier emploi qu'il put trouver et qui offrait de vagues perspectives d'avenir. Il s'agissait de vendre des appareils acoustiques électriques, emploi payé à la commission. C'était à la portée de n'importe quel débutant, et Halpin le savait, mais cela pouvait lui ouvrir des possibilités.

Pendant près de deux ans, il fit ce travail, mais cela ne le satisfaisait pas. Il n'aurait jamais pu parvenir à une meilleure situation s'il n'avait rien fait pour remédier à cette insatisfaction. Il se porta d'abord candidat au poste de directeur commercial adjoint et il l'obtint. Ce seul échelon franchi le plaça assez haut au-dessus de la masse pour qu'il pût discerner une opportunité encore plus intéressante. Cela le plaçait également en situation d'être repéré par l'opportunité.

Dans son nouveau poste, il vendit si bien les appareils acoustiques que A.M. Andrews, président du conseil d'administration de la Dictograph Products Company, société concurrente de celle pour laquelle travaillait Halpin, demanda à le rencontrer. Andrews voulait savoir qui était cet homme qui prenait tant de ventes à sa société qui existait depuis longtemps. Au terme de l'entretien, Halpin était nommé directeur commercial, responsable du département des appareils acoustiques de Dictograph. Puis, pour voir ce dont le jeune Halpin était capable, Andrews s'en alla trois mois en Floride, le laissant se débrouiller dans son nouveau poste.

Il s'en tira bien. S'inspirant de la devise de Knute Rockne « Le monde aime les gagnants mais ne supporte pas les perdants », il se donna tellement à son travail qu'il fut élu vice-président de la société, fonction à laquelle beaucoup seraient fiers de parvenir au bout de dix ans de loyaux services. Il ne fallut guère plus de six mois à Halpin pour réussir le coup.

Le point sur lequel je voudrais surtout insister dans l'exposé de tous ces préceptes est qu'il ne dépend que de nous de parvenir au sommet ou de rester au bas de l'échelle. Encore faut-il le vouloir.

Il y a également un autre point sur lequel je voudrais insister, c'est que la réussite, comme l'échec, sont, dans une large mesure, affaire d'habitude. Je n'ai pas le moindre doute que le fait d'être associé au plus grand entraîneur d'équipes de football américain que l'Amérique ait connu inculqua dans l'esprit de Halpin le même désir d'excellence qui avait valu à l'équipe de Notre Dame la célébrité mondiale. Il y a assurément quelque chose de vrai dans cette idée que le culte du héros peut se révéler utile, à condition que le héros soit un gagnant.

La théorie, à laquelle je crois, qui veut que les associations soient des facteurs cruciaux en affaires, fut confirmée de façon éclatante lorsque mon fils Blair était en négociation avec Dan Halpin pour obtenir un poste. Ce dernier lui offrait un salaire moitié moins élevé que celui qu'il aurait pu avoir dans une société concurrente. Je fis pression sur mon fils et l'encourageai à accepter. J'ai la conviction que s'associer avec ceux qui refusent le compromis avec les contingences est un atout d'une valeur financière inestimable.

Le bas de l'échelle est un endroit où règnent la monotonie et l'ennui, et où il n'y a pas grand-chose à gagner pour qui que ce soit. C'est pourquoi j'ai pris le temps de décrire comment, si on sait bien s'y préparer, ne pas rester prisonnier de débuts modestes.

Rentabilisez vos idées en spécialisant vos connaissances

Cette femme qui a préparé pour son fils le plan d'offre de services est maintenant assaillie de demandes qui émanent de partout de gens qui veulent se vendre pour gagner plus d'argent.

Mais n'allez pas croire que, ce qu'elle propose, c'est de mettre au service de ses clients un art de la vente bien au point pour qu'ils puissent gagner davantage pour des prestations du même ordre qui, jusqu'alors, leur rapportaient moins. Elle prend autant soin des intérêts de l'acheteur que de ceux du vendeur. Les plans qu'elle élabore sont conçus pour que les employeurs s'y retrouvent lorsqu'ils déboursent plus.

Si vous avez de l'imagination et si vous cherchez un débouché plus rentable pour les prestations que vous pouvez offrir, voici une suggestion qui pourrait bien se révéler l'aiguillon qui vous manquait. Cette idée pourrait vous rapporter beaucoup plus que ne gagnent le médecin « moyen », l'avocat, ou l'ingénieur, qui ont dû faire des études universitaires de plusieurs années.

COMMENTAIRE

Mary Kay Ash faisait, au sens propre du terme, des recherches sur un sujet spécialisé et les consignait par écrit lorsque naquit dans son imagination l'idée d'un nouveau projet. Elle avait quitté son emploi où elle réussissait bien comme directrice commerciale dans une société de cadeaux parce qu'elle était découragée de voir que les hommes qu'elle avait formés gagnaient plus qu'elle et obtenaient de l'avancement plus vite qu'elle. Elle décida d'écrire un livre pour les femmes qui voulaient faire carrière, mais au fur et à mesure qu'elle rassemblait les éléments dont les femmes auraient besoin pour avancer dans leur carrière, elle se rendit compte qu'elle était en train de rédiger un plan de lancement d'une affaire qu'elle aimerait diriger.

Elle prit toutes ses économies, 5 000 dollars, se procura une crème pour la peau qu'elle aimait, acquit les droits de ce produit, et commença à contacter ses amies et les amies de ses amies pour voir si elles accepteraient de devenir consultantes en produits de beauté pour la nouvelle société. Mais ce qu'elle proposait ce n'était pas seulement la possibilité de vendre des crèmes pour la peau, c'était un mélange imaginatif de philosophie de la vie et de perspectives commerciales qui donnait aux femmes à la fois la possibilité d'éprouver des satisfactions personnelles et de connaître la réussite financière.

La première année, cette société réalisa de modestes bénéfices et continua de se développer tant et si bien qu'au début du vingt et unième siècle elle comptait plus d'un million de consultantes indépendantes en produits de beauté dans trente pays, les ventes de gros s'élevant à plus de 1,5 milliard de dollars. À trois reprises, la société Mary Kay Cosmetics fut citée parmi les 100 Meilleures Entreprises américaines pour lesquelles il est Avantageux de Travailler, et la chaîne de télévision Lifetime décerna à Mary Kay le titre de Femme d'Affaires du Siècle. Elle devint l'une des conférencières les plus demandées quand il s'agissait de motivation, et elle publia trois ouvrages qui connurent un succès de librairie.

Neil Batler, lui aussi, créa une société fondée sur les connaissances spécialisées et l'imagination. Sa spécialité, il l'acquit pendant son apprentissage de menuisier. Son imagination entra en jeu le jour où un client fit appel à lui parce qu'il voulait faire du rangement dans un débarras où il y avait du fouillis et y faire poser des étagères. Il est évident que ce genre de travail a dû être proposé à des milliers de menuisiers, mais aucun d'eux n'avait l'imagination de voir ce que Neil Balter y vit. Lorsque le travail fut achevé, il ne vit pas seulement des étagères bien encastrées, il se dit qu'il avait trouvé une solution à un problème qui se posait fréquemment dans tous les foyers américains.

Avec l'argent de son travail, il créa sa propre affaire, California Closet Company, qui se spécialisa dans l'installation d'étagères et d'éléments pour organiser les espaces de rangement avec goût et le maximum d'efficacité. Mais l'imagination de Balter ne se tarit pas une fois que son affaire fut lancée. Il voyait encore plus grand. Il se mit en quête de nouvelles informations spécialisées sur la gestion et le système de franchise des entreprises. Il avait accordé des licences d'exploitation à plus de cent sociétés California Closet lorsque Williams-Sonoma lui fit une offre de rachat de 12 millions de dollars.

La spécialité de Lillian Vernon s'exerçait dans un domaine que connaissaient beaucoup de femmes, qui n'avaient pas son imagination. Voici ce qu'elle dit dans son autobiographie, An Eye for Winners : « *Les sacs à main, je connaissais. Pourquoi ne pas en vendre avec des ceintures assorties ? Est-ce que toutes les adolescentes qui déambulent dans les rues, n'importe où aux Etats-Unis, n'arborent pas un sac et une ceinture ? Et mes sacs offriraient quelque chose de spécial : chacun serait personnalisé par des initiales. J'avais la certitude absolue que les adolescentes craqueraient pour un article qui leur donnerait le sentiment d'être uniques.* » *Elle croyait assez dans son idée pour dépenser 495 dollars pour une petite annonce qu'elle fit publier dans le magazine* Seventeen. *Cette annonce lui rapporta 32 000 dollars de commandes.*

C'est alors que Lillian Vernon commença à rassembler d'autres connaissances spécialisées, sur la location de locaux, la fabrication de produits, l'entreposage et les transports maritimes, informations dont elle aurait besoin pour développer son idée de sacs à main et de ceintures et en faire une entreprise de vente par correspondance de tout un éventail d'articles marqués de monogrammes distinctifs. Au bout de quelques années, comme elle envisageait d'avoir son propre catalogue, il lui fallut des connaissances plus pointues : les techniques de photographie des produits, la mise en pages, l'impression et l'expédition par courrier.

Elle commença par expédier un catalogue de 16 pages, en noir et blanc, à 125 000 clients qui lui avaient acheté des produits dans le passé. Au début du vingt et unième siècle, Lillian Vernon sélectionnait encore les produits et supervisait la conception de ses catalogues, dont beaucoup dépassent maintenant les cent pages de pleine couleur, sont expédiés par la poste à des millions de gens plusieurs fois par an et génèrent environ 250 millions de ventes annuelles.

Il est un autre récit sur l'intérêt de réunir des connaissances spécialisées qui mérite tellement d'être conté qu'il nous servira de conclusion à ces commentaires. En fait, nous l'empruntons aux archives de Napoleon Hill et, bien qu'il ne l'ait pas inclus dans Les Chemins de la Richesse, *il le citait souvent en exemple dans ses conférences et ses séminaires.*

Il y avait un jeune homme qui commença à travailler aux chemins de fer comme machiniste en 1893. Il suivait constamment des cours et apprenait tout ce qu'il pouvait sur les machines à vapeur et, en 1905, il avait gravi les échelons jusqu'à devenir responsable du secteur des locomotives de la Chicago Great Western, à Oelwein, Ohio. Il fit alors quelque chose qui donna à penser à ses amis qu'il avait perdu la raison. Il assistait au salon de l'auto de Chicago lorsqu'une locomobile rouge et blanche retint son attention. Il engagea toutes ses économies, 700 dollars, et persuada un ami de cosigner un emprunt de 4 300 dollars pour pouvoir acheter la voiture. Il rentra vite avec cette voiture, la mit dans un hangar, la souleva avec un cric et entreprit de la démonter, pièce par pièce. Puis il la remonta, la démonta à nouveau et la remonta encore. Après avoir recommencé plusieurs fois, il avait appris ce qu'il voulait savoir.

Et c'est ainsi que Walter P. Chrysler rassembla les connaissances spécialisées dont il avait besoin pour quitter les chemins de fer et se lancer dans l'automobile.

Les bonnes idées n'ont pas de prix !

LE BONHEUR, CE N'EST PAS SEULEMENT DE POSSÉDER, C'EST DE FAIRE

CHAPITRE

7

L'IMAGINATION

L'ATELIER DE L'ESPRIT

Cinquième étape sur le chemin de la richesse

L'imagination est littéralement l'atelier où s'élaborent tous les plans. C'est le lieu où la faculté imaginative de l'esprit donne forme à l'impulsion et au désir et prépare à l'action.

Il a parfois été dit que l'on peut créer tout ce que l'on peut imaginer.

Grâce au pouvoir de l'imagination, nous avons découvert et su exploiter plus de forces de la Nature au cours des cinquante dernières années que pendant toute l'histoire de l'espèce humaine. Et même avec tout ce que nous avons accompli, nous sommes encore loin d'avoir atteint les limites de ce dont nous sommes capables. Les seules limites, dans la mesure du raisonnable, sont de l'ordre du développement de notre imagination et de l'usage que nous en faisons. L'imagination humaine offre de telles possibilités que c'est comme si nous venions de découvrir que nous avons une imagination et que nous commencions seulement à nous en servir, et de façon très élémentaire.

LES DEUX FORMES DE L'IMAGINATION

L'imagination est une faculté qui fonctionne sous deux formes. On appelle l'une « l'imagination synthétique » et l'autre « l'imagination créatrice ».

COMMENTAIRE

Dans l'usage moderne, le terme synthétique *a pris une connotation négative ; il implique que quelque chose est artificiel, que ce n'est pas l'objet réel. Aujourd'hui, le mot* synthétisé, *qui signifie « quelque chose composé à partir des éléments constitutifs » correspondrait beaucoup mieux à ce que Hill avait en tête et c'est la raison pour laquelle il est employé ici.*

L'imagination synthétisée ou combinatoire. *Cette faculté permet d'opérer de nouvelles combinaisons à partir de concepts, d'idées ou de plans existants. Elle ne* crée *rien. Elle opère simplement avec le matériau dont elle est nourrie et qui peut être lié à l'expérience, à l'éducation ou à l'observation. C'est cette faculté dont se servent la plupart des inventeurs, à l'exception de ces génies qui font appel à l'imagination créatrice quand l'imagination combinatoire ne leur permet pas de résoudre un problème.*

L'imagination créatrice. *Cette faculté permet à l'esprit humain, qui est fini, d'entrer directement en contact avec l'intelligence infinie, qui est la source des « intuitions » et de « l'inspiration ». C'est par le truchement de cette faculté que les idées fondamentales ou nouvelles sont transmises à l'humanité. C'est par cette faculté que l'on perçoit les « vibrations » des autres et que, de cette manière, un individu peut se mettre à l'écoute de leur subconscient ou communiquer avec lui.* [Ce concept sera expliqué plus en détail ultérieurement.]

L'imagination créatrice opère de façon automatique, mais seulement si votre conscient est motivé et chargé d'énergie, et s'il fonctionne à un rythme si élevé que sa puissance de perception et de réception sont accrues, ce qui est le cas lorsqu'il est stimulé par la force émotionnelle d'un puissant désir.

Les grands chefs d'entreprise, les grands industriels et les grands financiers, tout comme les grands artistes, les grands musiciens, les grands poètes et les grands écrivains, sont devenus ce qu'ils sont parce qu'ils ont développé leur imagination créatrice.

COMMENTAIRE

À ce stade de l'analyse, il convient de noter que ces deux formes d'imagination sont également précieuses pour vous parce qu'elles agissent conjointement, sans ligne de démarcation, si bien qu'il est souvent difficile de dire où l'une se termine et où commence l'autre. Par exemple, lorsque Jeff Bezos eut l'idée d'Amazon.com, s'agissait-il de l'imagination combinatoire ou de l'imagination créatrice ? À l'époque, nombreux étaient ceux qui voyaient dans Internet un support de ventes. Cela pourrait conduire à la conclusion que Jeff Bezos puisait dans son expérience, son éducation et ses observations, en d'autres termes, qu'il se servait de son imagination combinatoire. Mais pourquoi décida-t-il de vendre des livres ? Était-ce le fait de son imagination combinatoire ou créatrice ? Est-ce que cette idée venait de son subconscient qui lui disait que, les livres, c'était le bon truc ? Et que dire du nom ? Appeler une librairie Amazon n'avait de sens que pour Bezos, mais il ne fait aucun doute que cela frappa le public. Dans quelle mesure ce nom a-t-il contribué au succès de la librairie ? Ce choix était-il inspiré par l'imagination créatrice ou combinatoire ?

Maintenant, allons un peu plus loin. Que dire de eBay ? Amazon avait déjà montré qu'on pouvait vendre beaucoup de choses sur Internet. Lorsque Pierre Omidyar eut l'idée de vendre sur Internet en transformant ce support en salle de ventes aux enchères, quelle était la part de l'imagination combinatoire et la part de l'imagination créatrice ?

La réponse est que ça n'a pas d'importance. Que vous rassembliez consciemment les parties d'un plan, ou que les morceaux se mettent en place inconsciemment et que vous ayez brusquement un éclair d'inspiration, tout ce qui compte, c'est que vous êtes en train de faire fonctionner votre imagination. Et plus vous vous en servez, plus grand sera le service qu'imagination créatrice et imagination combinatoire vous rendront.

Le désir est une pensée, une impulsion. Il demeure abstrait et sans valeur tant qu'il n'a pas été transformé en son équivalent tangible.

Bien que ce soit l'imagination combinatoire qui intervienne le plus fréquemment dans le processus de transformation du désir en argent, il peut y avoir des circonstances ou des situations qui exigent également le recours à l'imagination créatrice.

Plus ces deux formes d'imagination sont sollicitées, plus augmentent leur vivacité et leur réceptivité. Et, si votre faculté imaginative s'est affaiblie faute d'être sollicitée, vous pouvez la raviver. De même que tout muscle ou tout organe se développe à l'usage, votre imagination gagne en réceptivité en fonction directe des sollicitations dont elle est l'objet.

Faites appel à votre imagination combinatoire

Concentrons-nous d'abord sur le développement de l'imagination combinatoire. C'est cette faculté que vous utiliserez le plus souvent en convertissant le désir en argent.

Transformer l'impulsion immatérielle du désir en la réalité matérielle de l'argent demande le recours à un plan, ou à des plans. Pour faire des plans, vous avez besoin de votre imagination. Il vous faudra essentiellement solliciter votre imagination combinatoire étant donné que vous puiserez dans votre expérience, dans votre éducation et dans vos observations.

COMMENTAIRE

> *Ce qui suit est adapté des derniers écrits de Hill et figure dans son ouvrage* Keys to Success (Les Clefs de la Réussite) :
>
> > *L'invention de l'ampoule électrique par Edison est un excellent exemple d'imagination combinatoire. Il prit comme point de départ un fait reconnu découvert par d'autres, à savoir qu'on pouvait chauffer un filament à l'électricité jusqu'à ce qu'il produise de la lumière. Le problème était que la chaleur intense brûlait rapidement le filament et que la lumière ne durait jamais plus de quelques minutes.*

Les tentatives que fit Edison pour maîtriser cette chaleur échouèrent plus de dix mille fois. La méthode, il la trouva en appliquant un autre phénomène ordinaire qui avait tout simplement échappé aux autres. Il se rendit compte qu'on produisait le charbon de bois en mettant du bois dans le feu, en le recouvrant de terre et en laissant couver le feu. La terre laisse pénétrer juste ce qu'il faut d'air pour que le feu continue à brûler sans flamme, mais ne brûle pas entièrement le bois.

Quand Edison comprit ce phénomène, son imagination établit immédiatement un lien avec le filament qu'il voulait chauffer. Il le plaça à l'intérieur d'une bouteille, qu'il avait vidée d'une bonne partie de son air, et c'est ainsi qu'il produisit la première lumière incandescente. Elle dura huit heures et demie.

Tout ce dont Edison se servit pour fabriquer de la lumière électrique était largement connu, mais la façon dont il synthétisa ses connaissances changea le monde. Et fit de lui un homme très riche.

Cette méthode, W. Clement Stone l'appela la formule R2A2 : Reconnaître et Relier, Assimiler et Appliquer. Si vous appliquez cette formule à tout ce que vous voyez, entendez, pensez et vivez, cela vous fera voir autrement les choses familières. Si vous appliquez cette formule, vous pourrez accomplir ce que les autres jugent impossible.

Un peu plus loin dans ce chapitre, vous lirez le récit de fortunes acquises à partir de synthèses d'idées encore plus simples, et ces récits devraient vous amener à la conclusion que la combinaison d'idées est une chose à laquelle vous auriez pu penser. Cela devrait suffire à inciter votre imagination à synthétiser des idées. Cependant, même si ces récits vous inspirent et vous donnent très envie de vous lancer, ce n'est pas encore le moment de passer à l'élaboration de plans. Dans ce chapitre, et tout au long des Chemins de la Richesse, *Napoleon Hill rappelle au lecteur que ce livre a été conçu pour être lu en entier avant de commencer à mettre en pratique les principes de sa philosophie. Il y a, dans les chapitres qui suivent, d'autres idées à assimiler qui influeront sur votre imagination et, auxquelles vous pensez peut-être.*

Lisez ce livre entièrement, revenez à ce chapitre, puis commencez à faire travailler votre imagination à l'élaboration d'un plan pour transformer votre désir en argent. Dans presque tous les chapitres, des exemples et des instructions vous sont donnés pour imaginer des plans. Exécutez les instructions qui répondent le mieux à vos besoins et mettez votre plan par écrit. Dès l'instant où vous aurez fait cela, vous aurez définitivement donné une forme concrète à votre désir immatériel.

Lisez cette phrase d'une manière légèrement différente : « Dès l'instant où j'aurai mis mon plan par écrit, j'aurai définitivement donné une forme concrète à mon désir. »

Puis lisez-la à haute voix, et prenez bien conscience de ce que vous êtes en train de vous dire.

Le désir n'est qu'une pensée. Par le truchement de votre imagination combinatoire, votre expérience, votre éducation et vos observations lui donnent forme et le font passer à l'acte. Dès que vous aurez suivi ces instructions et couché par écrit votre désir et votre plan, vous aurez réellement fait le premier d'une série de pas qui vous amèneront à convertir la pensée en son équivalent concret.

COMMENTAIRE

L'imagination combinatoire joue un rôle dans chacune des phases d'un plan dans le monde des affaires. En fait, au départ de certaines entreprises, il y a l'imagination combinatoire, lorsqu'un entrepreneur prend une idée, dans son éducation, son expérience et ses observations, et lui donne une application nouvelle.

C'est exactement ce qui s'est produit dans le cas de Ruth Handler. Elle et son mari, ainsi qu'un autre associé, avaient créé une petite entreprise qui s'était orientée vers la fabrication de jouets. Pour que leur affaire réussisse, il leur fallait trouver de nouvelles idées de jouets. Un jour qu'elle regardait jouer sa petite fille, Ruth Handler remarqua qu'elle était fascinée par des livres de découpages dans lesquels il y avait des poupées en papier représentant des adolescentes ou des femmes ayant un métier pour lesquelles elle pouvait découper des vêtements. Elle savait également que les petites filles adorent se déguiser dans des vêtements d'adultes. Ces idées (puisées dans son éducation, son expérience et ses observations) se synthétisèrent dans son imagination et donnèrent naissance à une idée nouvelle. Ruth Handler déclara qu'il fallait fabriquer une poupée ressemblant à une adolescente, pas une poupée en papier, mais une vraie poupée en trois dimensions ayant une véritable silhouette de femme. On pourrait également fabriquer des vêtements d'adultes assortis pour que les petites filles puisent jouer à déguiser la poupée.

En l'honneur de la source d'inspiration, Ruth Handler donna à la nouvelle poupée le prénom de sa fille, Barbie.

Bien que cela paraisse évident maintenant, personne, avant Ruth Handler, n'avait eu l'idée de fabriquer et de commercialiser une poupée comme elle le fit. Et il est certain que personne n'a jamais fabriqué autant de collections de vêtements pour poupées.

Nous avons précédemment cité Jeff Bezos, qui a créé Amazon en ayant l'idée d'associer une librairie avec Internet, et Pierre Omidyar, qui avait fait la même chose, mais avec la vente aux enchères lorsqu'il avait lancé eBay. Quant à Mary Kay Ash, elle exploita la vogue des femmes chefs d'entreprise en y ajoutant la vente à domicile. Anita Roderick, elle, surfant sur la vague des produits naturels y ajouta les produits de beauté, créant ainsi l'empire Body Shop. Bernard Marcus et Arthur Blank s'emparèrent du concept de supermarché et, le combinant avec les articles de quincaillerie, créèrent Home Depot. Thomas Stemberg et Leo Kahn firent la même chose avec le matériel de bureau et lancèrent Staples. Une fois réalisé ce genre d'association, l'opération peut sembler évidente. Cela étant, ces associations supposées évidentes ont assuré la réussite à bien des gens.

Napoleon Hill dit que l'imagination est comme un muscle que l'on peut développer en le faisant marcher. Tout comme il y a des exercices spécifiques conçus pour vous muscler, il y a des exercices spécifiques qui permettent de développer votre imagination, et il est admis que, si on développe la créativité dans un domaine, cela se répercute sur la créativité dans d'autres domaines. Le Dr Edward de Bono, reconnu comme l'un des maîtres dans cette sphère, est l'auteur de plus de vingt-cinq livres, dont ces deux bestsellers Lateral Thinking *et* Six Thinking Hats, *ouvrages conçus pour vous faire penser au sens propre du terme. Quant au Dr Betty Edwards, auteur du bestseller* Drawing on the Right Side of the Brain, *elle a recours aux techniques du dessin pour éveiller la créativité. Le Dr Gabriel Rico, auteur du bestseller* Writing the Natural Way, *préconise la technique du clustering pour conjurer l'angoisse de la page blanche et Tony Buzan utilise, pour vous ouvrir l'esprit, une méthode identique qu'il appelle Mind Mapping (la cartographie de l'esprit). Dans leur bestseller,* Superlearning, *Sheillah Ostrander et Lynn Schroeder montrent comment utiliser la musique classique. Quant à Roger von Oech, il recommande les puzzles et les devinettes comme stimuli dans* A Whack on the Side of the Head (Un Coup sur le Coin de la Tête).

COMMENT EXPLOITER L'IMAGINATION CRÉATRICE

La terre sur laquelle vous vivez, et tout objet matériel sont le résultat de l'évolution, processus par lequel des fragments de matière ont été organisés et combinés en un ensemble ordonné. D'après la science, l'univers n'est constitué que de quatre éléments : le temps, l'espace, la matière et l'énergie. En outre – et ceci est d'une importance prodigieuse – à l'origine de la terre, comme de chacune des milliards de cellules individuelles de votre corps et comme de chaque particule subatomique de matière, il y a une forme immatérielle d'énergie. Tout ce qui est perceptible, de la plus grosse étoile dans le ciel jusqu'à l'homme inclus, résulte d'une combinaison de l'énergie et de la matière.

Le désir est une impulsion de la pensée. Les impulsions de la pensée sont des formes d'énergie. Quand vous utilisez cette impulsion pour enclencher le processus d'acquisition de l'argent, vous utilisez très exactement ce que la Nature a utilisé pour créer la terre, et toutes les formes matérielles de l'univers, y compris votre corps et votre cerveau où se situe la fonction des impulsions de la pensée.

COMMENTAIRE

Bien que les récents développements des connaissances en physique (théorie de la mesure, théorie des cordes, théorie M) aient fait progresser notre compréhension de la matière et de l'énergie, les idées que Hill avait avancées sur ce sujet demeurent en accord avec la science moderne. Les théories nouvelles sont des variations sur le concept de base, qu'elles affinent, selon lequel tout dans l'univers est temps, espace, matière ou énergie, l'énergie et la matière étant, en fait, comme l'a déclaré Einstein, différentes formes de la même chose.

Comme le dit Hill, tout, des étoiles au système solaire, à la terre, à vous, à votre cerveau et jusqu'à la petite étincelle qu'on appelle une pensée, tout cela est de la même « essence. » C'est comme lorsqu'on étend une nappe, il y a des plis et des bosses dans le tissu qui sont différents les uns des autres, mais ils constituent quand même la nappe. Tout comme les plis et les bosses de la nappe, l'énergie et la matière sont la même chose sous des formes différentes. C'est pourquoi vous (la matière), vos pensées (l'énergie) et tous les autres (la matière) et leurs pensées (l'énergie), et toutes les autres choses (la matière), tout cela, ce n'est pas seulement un raccordement en réseau, c'est, en essence, la même chose. Cette mise en réseau, c'est ce que Hill appelle l'intelligence infinie.

Dans le chapitre sur la foi, il mentionne pour la première fois l'intelligence infinie comme source des intuitions, des prémonitions et des éclairs d'inspiration. Dans le chapitre sur l'autosuggestion, il avance l'idée que c'est le subconscient qui fait la liaison avec l'intelligence infinie. Dans le présent chapitre, sa théorie est que c'est par le canal de l'imagination créatrice que l'intelligence infinie nous communique ces éclairs de connaissance intuitive.

Dans certaines circonstances, quand votre esprit fonctionne à la vitesse grand V, votre intelligence créatrice ne reçoit pas simplement une idée, mais également un éclair d'intuition. C'est un signe prémonitoire sur quelque chose ou quelqu'un qui vous est adressé. Cet éclair ne pourrait pas parvenir de votre conscient ou de votre subconscient parce que ni l'un ni l'autre n'ont jamais eu cette information. Parce que tout est dans tout, votre imagination créatrice (l'énergie) a puisé cette pensée (l'énergie) directement dans le fonds commun de l'intelligence infinie (l'énergie) qui ne contient pas seulement votre subconscient (l'énergie), mais également tous les autres subconscients (l'énergie).

L'intelligence infinie est un concept complexe. Que ceux des lecteurs qui s'interrogent sur ce processus soient assurés que Hill développe cette théorie dans les chapitres suivants. Les auteurs de ces commentaires conseillent au lecteur de mettre de côté, pour l'instant, toutes les questions qu'il se pose et de concentrer son attention sur l'application logique et pratique que Hill avait en tête.

Si vous êtes en train d'essayer de transformer votre désir en son équivalent matériel ou pécuniaire, il y a des lois de la physique et des principes de la psychologie qui peuvent vous aider. Mais il faut d'abord que vous preniez le temps de vous familiariser avec ces lois et d'apprendre à les utiliser. Par la répétition et par la description de ces principes sous tous les angles imaginables, j'espère vous révéler le secret qui a permis à toutes les grandes fortunes de se constituer. Si étrange et paradoxal que cela puisse paraître, ce « secret » n'est pas un secret. Il est d'une évidence qui s'impose sur la terre, dans les étoiles, dans les planètes, dans tout ce qu'il y a au-dessus et autour de nous, dans chaque brin d'herbe, dans toute forme de vie qui se trouve dans notre champ de vision.

Ne vous découragez pas si vous ne saisissez pas complètement cette théorie ou si vous la récusez. Je ne m'attends pas à ce que, à première lecture, vous adhériez à tout le contenu de ce chapitre. Plus tard, quand vous le relirez et l'étudierez, vous découvrirez qu'il s'est produit une clarification et que vous avez maintenant une meilleure compréhension de l'ensemble. Surtout, n'interrompez pas l'étude de ces principes et ne vous laissez pas arrêter par des hésitations tant que vous n'aurez pas lu le livre au moins trois fois. Alors, vous ne pourrez plus vous arrêter.

COMMENT UTLISER L'IMAGINATION À DES FINS PRATIQUES

Au départ de toutes les fortunes, il y a des idées. Les idées sont le produit de l'imagination. Dans les deux récits véridiques qui suivent, ce sont les idées qui sont à l'origine d'énormes fortunes. J'espère que ces récits vous persuaderont du rôle important de l'imagination dans la transformation d'une idée en réussite et qu'ils montreront comment l'imagination peut être utilisée pour amasser une fortune.

La Bouilloire Enchantée

À la fin des années 80, un vieux médecin de campagne vint en ville dans sa carriole, attacha son cheval et entra discrètement par la porte de derrière dans une pharmacie et commença à marchander avec l'employé.

Pendant plus d'une heure, le vieux médecin et l'employé parlèrent à voix basse derrière le comptoir.

Puis le médecin sortit, alla à son boghei et revint avec une bouilloire à l'ancienne de grande taille et une grosse spatule en bois (qui servait à touiller le contenu de la bouilloire) et il déposa le tout au fond de la boutique.

L'employé inspecta la bouilloire et sortit de sa poche une liasse de billets qu'il tendit au médecin. Il y avait exactement cinq cents dollars – toutes les économies de l'employé !

Le médecin lui remit un petit bout de papier sur lequel était écrite une formule secrète. Les mots qui figuraient sur ce petit bout de papier valaient une fortune. Mais pas pour le médecin. Ces mots magiques expliquaient comment faire bouillir l'eau, mais ni le médecin ni l'employé ne pouvaient savoir que cette bouilloire était destinée à rapporter des fortunes fabuleuses.

Le vieux médecin était heureux d'avoir vendu cet ustensile cinq cents dollars. L'employé prenait un gros risque en misant toutes ses économies sur un simple bout de papier et une vieille bouilloire. Il n'imaginait absolument pas qu'à la suite de son investissement sa bouilloire déborderait d'or et accomplirait des miracles supérieurs à ceux de la lampe d'Aladin.

En réalité, ce que l'employé avait acheté, c'était une idée !

La vieille bouilloire, la spatule en bois et le bout de papier étaient des détails accessoires. Le miracle de la bouilloire ne commença à opérer que lorsque le nouveau propriétaire eut associé aux instructions secrètes un ingrédient inconnu du médecin.

Essayez de découvrir ce que le jeune homme ajouta au message secret, et qui fit déborder d'or la bouilloire. Dans ce récit, la réalité dépasse la fiction – une réalité qui, au départ, prit la forme d'une idée.

Il suffit de penser aux immenses fortunes que cette idée a produites. Elle a rapporté, et continue de rapporter, des sommes énormes à des hommes et à des femmes dans le monde entier, qui distribuent le contenu de la bouilloire à des millions de gens.

La vieille bouilloire est maintenant l'une des plus grosses consommatrices de sucre au monde et procure ainsi du travail à des milliers d'hommes et de femmes occupés à cultiver la canne à sucre, à raffiner et à commercialiser le sucre.

La vieille bouilloire consomme chaque année des millions de bouteilles en verre *[et en plastique, ainsi que des bidons]*, ce qui procure du travail à un nombre gigantesque d'ouvriers.

La vieille bouilloire assure des emplois à une armée d'employés de bureau, de sténographes, de rédacteurs et de spécialistes de la publicité dans tout le pays. Un nombre considérable d'artistes, qui ont magnifiquement illustré le produit, lui doivent la célébrité et la fortune.

La vieille bouilloire a fait d'Atlanta, qui était une petite ville du Sud, la capitale des affaires du Sud, et, directement ou indirectement, elle est source de profit pour toutes les entreprises et pratiquement pour tous les habitants.

Tous les pays civilisés du monde tirent maintenant bénéfice de cette idée, qui déverse des flots d'or continus à tous ceux qui la touchent. L'or de la bouilloire a permis de construire et d'entretenir l'un des collèges universitaires les plus prestigieux du Sud où des milliers de jeunes gens reçoivent une formation essentielle à leur réussite dans la vie.

Si le produit de cette vieille bouilloire en cuivre pouvait parler, il raconterait dans toutes les langues des récits palpitants. Il parlerait d'amour, d'affaires, d'hommes et de femmes qui travaillent et sont quotidiennement sous son influence stimulante.

Il y a au moins une de ces belles histoires dont je suis absolument certain car elle me concerne personnellement. Elle débuta près de l'endroit même où l'employé acheta la vieille bouilloire. C'est là que je rencontrai ma femme et c'est elle qui, la première, me parla de la bouilloire enchantée. C'est le produit de cette bouilloire que nous buvions quand je lui demandai de m'accepter « pour le meilleur ou pour le pire ».

Qui que vous soyez, où que vous viviez, quel que soit votre métier, souvenez-vous simplement, quand vous verrez les mots *Coca-Cola*, que c'est une unique idée qui est à l'origine de cet immense empire de richesse et de puissance. Et ce mystérieux ingrédient que l'employé – Asa Candler – à la formule secrète, c'était... l'imagination !

Arrêtez-vous et réfléchissez un instant.

Gardez présent à l'esprit que les étapes vers la richesse décrites dans ce livre reposent sur les mêmes principes qui ont permis à Coca-Cola d'étendre son influence à toutes villes, tous les villages et tous les carrefours du monde.

Voici maintenant la chose la plus importante à retenir : les idées que vous créez peuvent reproduire l'énorme succès que connaît dans le monde entier cette boisson désaltérante.

COMMENTAIRE

Harlan Sanders avait, lui aussi, une recette et une bouilloire magique. En fait, sa bouilloire était une cocotte-minute, mais il ne serait fait état ici ni de cette cocotte ni de la recette aux onze herbes et épices s'il n'avait pas eu également l'imagination.

Harlan Sanders tenait à Corbin, Kentucky, un motel café, dont il était propriétaire et qui marchait bien. Mais lorsqu'une autoroute fut construite, elle contourna l'endroit où était situé le motel. En un rien de temps, son affaire périclita et il ne lui resta pratiquement que sa recette de poulet frit et une façon de le préparer dans une cocotte-minute.

À soixante-deux ans, le Colonel, comme on l'appelait, dut trouver un nouveau moyen de gagner sa vie. C'est alors que l'ingrédient magique, l'imagination, entra en jeu. Il décida de ne plus vendre de poulet frit, mais, à la place, la façon de le préparer. Il emballa recette et cocotte-minute à l'arrière de sa voiture et partit sur les routes pour faire la démonstration de sa recette aux autres restaurateurs. Les deux premières années, il réussit à vendre cinq franchises. Deux ans plus tard, il en avait vendu deux cents. Quatre ans plus tard, il atteignait presque le chiffre de six cents implantations. C'est alors qu'il fut approché par un groupe d'investisseurs qui voulaient lui acheter sa société.

Ayant conscience que la magie n'était pas uniquement dans la bouilloire ou dans la recette, les nouveaux propriétaires demandèrent au Colonel Sanders de rester comme porte-parole de la société, ce qu'il fit jusqu'à sa mort en 1980. Aujourd'hui, il y a presque douze mille KFC dans plus de quatre-vingts pays et ils réalisent un chiffre d'affaires annuel de près de 10 milliards de dollars.

Debbie Fields était une ménagère de vingt ans qui adorait faire des cookies. Elle n'avait ni instruction ni expérience des affaires, mais elle avait une recette et elle imaginait que les gens aimeraient acheter des cookies frais, tout chauds, dans un magasin sans ascenseur. Les hommes d'affaires et les banquiers qu'elle contacta lui dirent qu'elle était folle, mais son mari et elle continuèrent à essayer de vendre son idée à nombre de banquiers jusqu'au jour où l'un deux, finit par se laisser convaincre d'accorder un prêt à Debbie pour qu'elle ouvre un magasin à Palo Alto, en Californie. À midi le premier jour, elle n'avait toujours pas vendu un seul cookie ; alors elle sortit dans la rue et distribua des cookies pour que les gens les goûtent. Ça a marché. Son magasin à l'enseigne de « Entrez goûter un cookie » était lancé. Aujourd'hui il y a des magasins Mrs Fields dans toute l'Amérique, la Business School de Harvard a fait de sa méthode une étude de cas sur l'efficacité, et Debbie Fields est devenue un auteur à succès ; on lui demande de venir parler de questions de motivation et elle est très souvent invitée à la télévision.

Wally Amos, le « Célèbre Amos », était un agent artistique de Los Angeles qui copia une recette de cookie qui était au dos d'un paquet de cookies Nestlé. Il effectua quelques changements pour personnaliser la recette et commença à distribuer sa version des cookies maison comme une sorte de carte de visite. Ses clients et ses associés en affaires trouvèrent ces cookies tellement à leur goût qu'il finit par décider de quitter l'industrie du spectacle et d'ouvrir un magasin. Il le fit avec le flair d'un agent de Hollywood. Pour l'ouverture de son magasin, sur Sunset Boulevard, il lança deux mille invitations, et tapis rouge et célébrités étaient de la fête. Avec le même flair, il mit sa photo sur les paquets remplis de cookies et entreprit de les vendre aux grands magasins de luxe et aux boutiques spécialisées.

Dix ans plus tard, les cookies Famous Amos représentaient un chiffre d'affaires de 10 millions de dollars.

Ray Kroc avait dépassé la cinquantaine et vendait des mixers à milk-shakes quand il entendit parler d'une petite échoppe où on vendait des hamburgers en Californie, tenue par Dick et Mac McDonald, et qui faisait de bonnes affaires. Il fit ses valises, prit sa voiture et se rendit à San Bernardino pour aller vérifier. Ce qu'il vit, c'était un restaurant où on mangeait assis, où le menu, se limitait à de bons hamburgers et où le service était d'une rapidité qu'il n'avait jamais vue ailleurs. Se disant que, si des endroits comme celui-ci étaient plus nombreux, il pourrait leur vendre beaucoup de mixers, Krock essaya de convaincre les frères McDonald d'ouvrir d'autres McDonald's. Ils se dirent intéressés mais ils ne savaient pas à qui s'adresser pour ouvrir ces nouveaux restaurants. Cette fois-ci, il y avait une recette et une plaque de fonte magique, mais il manquait encore l'ingrédient supplémentaire, l'imagination.

Kock proposa sur le champ d'entrer en affaires avec eux et d'ouvrir lui-même les restaurants.

À voir le nombre d'enseignes sur les Golden Arches des McDonald's, l'imagination de Ray Krock a rapporté des milliards en ventes de hamburgers.

En 1982, Schultz entra comme directeur du marketing chez Starbucks, petite société d'importation et de vente en gros du café, qui n'avait qu'une seule implantation, à Pike Place Market à Seattle. Au cours d'un voyage en Italie, l'idée vint à Schultz que l'ambiance des cafés qu'il avait notée à Milan pouvait être transposée au centre ville de Seattle. Il persuada la société d'essayer. Son idée fut un tel succès qu'il chercha des fonds pour racheter la société. Cinq ans après être entré chez Starbucks, il était PDG d'une société qui comptait dix-sept implantations. Quinze ans plus tard, la fréquentation des cafés façon Schultz s'était répandue partout en Amérique et il y avait plus de sept mille établissements à l'enseigne de Starbucks.

Comme dernier exemple de ce que l'imagination peut faire, citons la sauce pour salade de Paul Newman. On pourrait, certes, croire qu'il ne faut pas beaucoup d'imagination pour qu'une grande célébrité mette son nom sur un produit, et c'est ce que pensait Newman. Mais quand son associé et lui-même proposèrent leur idée de sauce à des sociétés spécialisées dans la commercialisation de produits alimentaires, personne n'était intéressé, sauf s'ils investissaient personnellement environ un million de dollars pour financer les opérations la première année. D'après ce qu'ils disent dans leur livre, Shameless Exploitaion (Exploitation Éhontée), *Newman et Hotchner découvrirent que presque tous les produits portant le nom d'une célébrité avaient été des fiascos et que personne ne voudrait s'y essayer.*

Donc, quand il fut question de commercialiser la sauce pour salade, même le grand nom de Paul Newman n'eut pas l'effet magique nécessaire. Et sauf s'ils étaient disposés à investir une somme ridiculement élevée, l'argent n'avait pas non plus l'effet magique. La magie aurait été d'imaginer comment convaincre les gens qui pouvaient les aider, et aussi d'avoir la persévérance de ne pas renoncer avant d'avoir réussi. On leur disait que c'était folie d'essayer, exactement ce que s'entendent dire tous ceux qui ont une idée. Ils furent éconduits par des sociétés de mise en bouteilles qui ne voulaient pas faire un petit essai et ils essuyèrent le refus des distributeurs qui ne voulaient pas prendre le risque d'un autre produit portant le nom d'une célébrité.

Ce fut finalement le propriétaire d'un supermarché, Stew Leonard, qui les brancha sur les bons fournisseurs. Mais même cela n'aurait pas suffi si Stew Leonard n'avait pas eu assez d'imagination pour voir les possibilités de cette affaire et s'il n'avait pas accepté de mettre dans les rayons de son magasin La Sauce pour Salade faite par Paul Newman. Quinze ans plus tard, les marques Newman étaient devenues une société avec un capital de 100 millions de dollars (dont tous les bénéfices vont à des oeuvres de bienfaisance.)

Ce que je ferais si j'avais un million de dollars

Le récit qui suit prouve la véracité du dicton selon lequel « Quand on veut on peut ». Il me fut rapporté par ce très cher éducateur et ecclésiastique Frank W. Gunsaulus, qui commença sa carrière de prédicateur dans les parcs à bestiaux de Chicago.

Lorsqu'il était à l'université, le Dr Gunsaulus observa de nombreux défauts dans notre système éducatif, défauts qu'il croyait pouvoir corriger s'il dirigeait un collège universitaire.

Il décida de créer un établissement de type nouveau dans lequel il pourrait mettre ses idées en pratique sans être handicapé par l'orthodoxie du système.

Il lui fallait un million de dollars pour mettre sur pied son projet. Où trouver pareille somme d'argent ? Telle était la question qui absorbait les pensées de ce jeune prédicateur ambitieux. Mais il n'arrivait pas à trouver un début de solution.

Tous les soirs, il se couchait avec cette pensée, et il se levait avec elle le lendemain matin. Elle le suivait partout où il allait. Il la retournait sans arrêt dans sa tête au point qu'elle était devenue une obsession dévorante.

Étant également philosophe, le Dr Gunsaulus savait bien, comme le savent tous ceux qui réussissent dans la vie, qu'au départ de toute entreprise, il faut un projet nettement arrêté. Il savait bien aussi que ce projet acquiert vie et puissance s'il est soutenu par le désir brûlant de le traduire en une réalité concrète équivalente.

Il connaissait toutes ces grandes vérités, et pourtant il ne savait ni où ni comment se procurer un million de dollars. Le comportement normal aurait été de renoncer en se disant : « Oui, je sais que mon idée est bonne, mais je ne peux rien en faire parce que je n'arrive pas à trouver un million de dollars. » C'est exactement ce qu'aurait dit la majorité des gens, mais ce n'est pas ce que dit le Dr Gunsaulus. Ce qu'il dit, et ce qu'il a fait, sont si importants que je vais le présenter et le laisser parler.

« Un samedi après-midi, j'étais assis dans mon bureau et je réfléchissais aux moyens de trouver l'argent pour mettre mon plan à exécution. Cela faisait près de deux ans que je réfléchissais, mais je n'avais rien fait, sinon réfléchir. Le temps de l'action était venu.

« Je pris, sans la moindre hésitation, la décision de trouver dans moins d'une semaine le million de dollars nécessaire. Comment ? Ce n'était pas la question. La chose la plus importante était la décision d'obtenir l'argent dans un délai donné. Il faut que je vous dise que, dès l'instant où j'eus pris la ferme décision de trouver l'argent dans un délai fixé, un étrange sentiment d'assurance, que je n'avais jamais éprouvé jusqu'alors, s'empara de moi. Il y avait quelque chose en moi qui me disait : « Pourquoi est-ce que tu n'as pas pris cette décision il y a longtemps. L'argent t'attendait depuis le début ! »

Les choses se précipitèrent. J'appelai les journaux pour leur annoncer que le titre de mon sermon du lendemain matin serait « Ce que je ferais si j'avais un million de dollars ».

Je me mis immédiatement à composer le sermon, mais je dois franchement vous dire que ce ne fut pas difficile parce que, ce sermon, je le préparais depuis deux ans.

Bien avant minuit, j'avais fini de le rédiger. J'allai me coucher et je dormis plein de confiance, car je me voyais déjà en possession du million de dollars.

Le lendemain matin, je me levai tôt, allai à la salle de bains, lus le sermon, m'agenouillai et priai que le sermon attire l'attention de quelqu'un qui fournirait l'argent nécessaire.

Pendant cette prière, je me sentis de nouveau assuré que l'argent allait venir. Agité comme je l'étais, je partis sans le sermon et je ne m'aperçus de cet oubli qu'au moment où, en chaire, je m'apprêtais à le prononcer.

Il était trop tard pour que je puisse aller rechercher mes notes, et quelle bénédiction ! Faute de ces notes, c'est mon subconscient qui m'a fourni la matière de mon sermon. Lorsque je me levai pour commencer, je fermai les yeux et je parlai, avec tout mon cœur et toute mon âme, de mes rêves. Je m'adressais non seulement aux fidèles, mais également à Dieu. J'expliquai ce que je ferais si cette somme m'était donnée. Je décrivis le plan que j'avais en tête pour créer un grand établissement d'enseignement où les jeunes apprendraient des choses pratiques dans le même temps qu'ils développeraient leur esprit.

Lorsque j'eus terminé, je m'assis, un homme se leva lentement de sa place à environ trois rangées du fond et se dirigea vers la chaire. Je me demandais ce qu'il allait faire. Il pénétra dans la chaire, tendit la main et me dit : « Révérend, votre sermon m'a plu, je crois que vous êtes capable de faire tout ce que vous avez dit que vous feriez si vous aviez un million de dollars. Pour vous prouver que je crois en vous et en ce que vous avez dit, si vous voulez venir à mon bureau demain matin, je vous donnerai le million de dollars. Je m'appelle Philip D. Armour ».

Le jeune Gunsaulus alla au bureau de M. Armour et le million de dollars lui fut remis. Avec cet argent, il fonda l'Institut de Technologie Armour, qui s'appelle maintenant Institut de Technologie de l'Illinois.

Le million de dollars qui permit de lancer l'Institut Armour résultait d'une idée, et derrière cette idée, il y avait un désir que le jeune Gunsaulus nourrissait dans sa tête depuis près de deux ans.

Notez bien cet élément important : il obtint l'argent moins de trente-six heures après avoir pris la ferme décision d'y parvenir – et décidé du plan précis pour réussir.

Il n'y avait rien de nouveau ou d'unique dans le fait que le jeune Gunsaulus ait vaguement pensé à un million de dollars et plus ou moins espéré le trouver. Mais il y avait quelque chose de tout à fait unique et différent dans la décision arrêtée ce samedi mémorable où il relégua à l'arrière-plan le flou de la pensée et dit sans aucune hésitation : « J'aurai cet argent dans moins d'une semaine ».

Le principe qui permit au Dr Gunsaulus de se procurer son million de dollars est toujours d'actualité. Il est à votre disposition. Cette loi universelle vaut tout autant aujourd'hui que lorsque le jeune prédicateur s'en servit avec tant de succès.

COMMENTAIRE

L'Institut de Technologie Armour ouvrit en 1893. Il offrait des programmes d'enseignement en ingénierie, en chimie, en architecture et en bibliothéconomie. En 1940, il devint Institut de Technologie de l'Illinois lorsqu'il fusionna avec le Lewis Institute, un collège universitaire de Chicago, qui avait été ouvert en 1895 et offrait des programmes d'enseignement en sciences humaines et en ingénierie. En 1949, l'Institut Design, fondé en 1937, fusionna également avec l'IT. Ce mouvement fut suivi par le Chicago-Kent College of Law (faculté de droit) et par la Stuart School of Business, puis, en 1986, par le Midwest College of Engineering. Aujourd'hui, il y a plusieurs campus au centre de Chicago. L'IT de l'Illinois a été surnommé l'alma mater des talents.

COMMENT TRANSMUER LES IDÉES EN ESPÈCES SONNANTES ET TRÉBUCHANTES

Asa Candler et Frank Gunsaulus avaient une caractéristique en commun. Ils connaissaient cette vérité stupéfiante, à savoir que la puissance d'un projet précis associé à des plans précis peut transformer des idées en espèces sonnantes et trébuchantes.

Si vous faites partie de ceux qui croient que seuls le travail acharné et l'honnêteté peuvent apporter la richesse, laissez tomber ! La fortune, lorsqu'elle prend des proportions énormes, n'est jamais le résultat du seul travail acharné. La richesse, si elle vient, le fait en réponse à des demandes précises fondées sur l'application de principes précis. Elle n'est le fruit ni du hasard ni de la chance.

En règle générale, une idée est une pensée qui vous incite à l'action parce qu'elle fait appel à votre imagination. Tous ceux qui sont passés maîtres dans l'art de la vente savent que les idées peuvent se vendre là où la marchandise ne le peut pas. Le vendeur ordinaire ignore cela, c'est pourquoi c'est un vendeur « ordinaire ».

Un éditeur d'ouvrages à bas prix fit cette découverte précieuse pour les éditeurs. Il s'est aperçu que beaucoup de gens achètent les titres et non le contenu des livres. Rien qu'en changeant le titre d'un livre qui ne se vendait pas, les ventes ont fait un bond de plus d'un million d'exemplaires. Absolument rien n'avait été changé à l'intérieur du livre. L'éditeur avait simplement arraché la couverture et mis sur la nouvelle un titre qui attirait les foules.

Si simple que cela puisse paraître, c'était une idée. C'était de l'imagination.

COMMENTAIRE

Si vous étiez un de ces lecteurs qui pensent que remplacer la couverture d'un livre est vraiment trop simple, ou que, de toute façon, vous ne pourriez pas le faire parce que vous n'êtes pas éditeur, les auteurs de ce commentaire vous feraient observer que si vous aviez eu cette idée toute simple avant l'éditeur, celui-ci se serait probablement fait un plaisir de vous céder ces nanars pour trois sous. Vous auriez pu alors être celui qui aurait changé la couverture et vous seriez devenu l'éditeur d'un bestseller. Toutefois, l'idée de remplacer la couverture n'aurait pas servi à grand-chose si vous n'aviez pas eu d'idées pour commercialiser cette couverture tape-à-l'œil et en assurer la promotion. Et c'est à cela que veut en venir Hill. Pour Coca-Cola, il y avait la recette, l'idée créatrice, mais ce serait resté une recette si Asa Candler n'avait pas eu également d'autres idées créatrices pour la commercialiser et s'il n'avait pas eu cette foi en lui-même qui lui permit de faire aboutir ces idées.

Spence Silver était un chimiste employé chez 3M lorsque, par accident, il créa une colle qui ne prenait pas bien. Inutile de dire que 3M n'était pas particulièrement intéressé par une colle qui ne collait pas, et l'invention de Silver, considérée comme un échec, fut mise aux oubliettes. Mais Silver aimait bien sa colle. Aussi, pendant cinq ans, ne cessa-t-il de la présenter à tous ceux qui voulaient bien l'écouter. Il n'y eut personne jusqu'au jour où Arthur Fry, qui était employé au département service des enregistrements chez 3M, s'aperçut que, lorsqu'il était à sa chorale, il n'arrivait jamais à se retrouver dans le livre de cantiques parce que les morceaux de papier dont il se servait pour marquer l'endroit où c'était à lui de chanter glissaient ou tombaient. Mais alors, avec un peu de la colle de Silver, qui ne collait pas bien, les bouts de papier restaient là où il voulait qu'ils soient et s'enlevaient facilement quand il avait fini. Eurêka ! La solution était trouvée ! Ils venaient d'inventer le meilleur signet du monde : le Post-it.

Mais ce n'est pas la fin de l'histoire, ou la fin des idées originales qu'il fallait pour que les Post-it voient le jour. Il fallait également que Fry fasse preuve de persévérance. Il fallait d'abord convaincre les ingénieurs de résoudre les problèmes de production et, pour cela, il creusa un trou dans le mur de son sous-sol pour y installer l'équipement nécessaire à la production. Il ne se découragea pas et, finalement, au bout de deux ans, 3M confia le projet au département marketing. Les spécialistes composèrent des petites annonces et des brochures publicitaires pour vendre ce « bloc-notes adhésif » qu'ils soumirent à un test dans quatre villes. Ce fut un désastre. Personne ne voyait à quoi ça servait, donc personne ne l'achetait. Qui aurait dépensé de l'argent pour du papier brouillon ?

Le projet Post-it était sur le point d'être abandonné quand Geoffrey Nicholson et Joseph Ramey apportèrent le soutien de leur imagination. Comme Silver et comme

Frey, Nicholson et Ramey avaient foi dans l'idée parce qu'ils voyaient comment, dans leur propre bureau, les gens raffolaient de ces petits bouts de papier adhésifs une fois qu'ils avaient commencé à les utiliser. Alors, Nicholson et Ramey se rendirent à Richmond, Virginie, l'une des quatre villes où le test avait échoué et ils parcoururent le centre des affaires, allant dans les bureaux et donnant des blocs de post-it aux réceptionnistes, aux secrétaires et à tous ceux qui voulaient bien les écouter.

Alors qu'avait échoué la machinerie classique du marketing, si on donnait les Post-it aux gens qui les utiliseraient vraiment, ça marchait. Une fois que ces employés de bureau de Richmond eurent commencé à utiliser les Post-it, dépenser de l'argent pour du papier brouillon ne semblait plus du tout une mauvaise idée. On voyait à quoi ça servait et on achetait. Le test de Richmond, après avoir été un échec, était maintenant une réussite et les Post-it allaient bientôt coller tout dans le monde entier.

Voici une autre idée simple dont l'imagination fit une réussite. Au départ de cette histoire, il y a un homme dont le problème est exactement le contraire de celui de Silver. Lui, il avait quelque chose qui collait trop bien. George de Mestrel était un montagnard suisse qui partit un jour à la chasse avec son chien. Quand ils rentrèrent, ils étaient couverts de bardane. Il était si difficile de se débarrasser de ces plantes que de Mestrel les plaça sous une loupe pour voir pourquoi. Il vit qu'elles étaient couvertes de minuscules crochets qui s'accrochaient au pelage et au tissu. Ce fut à cet instant que jaillit l'éclair. Si la bardane collait là on ne voulait pas qu'elle colle, pourquoi ne pas mettre de tout petit crochets sur les objets pour qu'ils puissent coller là où on voulait ?

Comme tous ceux dont il est fait état dans ce livre, de Mestrel avait une idée originale. Il avait également cette foi en lui qui le fit persévérer quand on se moquait de son idée, ce qui arrivait souvent, jusqu'au jour où il finit par trouver une usine de textile française qui voulut bien l'aider à faire ce qu'il voulait. Cependant, même quand ils eurent trouvé comment utiliser la cotonnade pour fabriquer ce qu'ils appelaient « un ruban de fermeture », ils n'avaient pas les moyens de la production en série. Et c'est alors que de Mestrel découvrit par hasard que, si on coud du nylon sous infrarouge, cela produit naturellement des petits crochets. Maintenant qu'ils savaient le fabriquer de façon économique, il ne restait qu'à trouver un nom. Un côté était pelucheux comme du velours, et, sur l'autre, il y avait des crochets, qui est le mot français pour hooks. Prenez une moitié « vel » et l'autre « cro », ayez l'imagination de les associer, le résultat est Velcro, et un montagnard suisse devient un gros homme d'affaires.

La société Sony essaya une fois de fabriquer un très petit magnétophone stéréo qui marcherait avec des cassettes standard, mais impossible. On pouvait faire un petit appareil de play-back, mais, à l'époque, les éléments électroniques nécessaires pour en faire également un appareil d'enregistrement ne pouvaient absolument pas être réduits à la taille voulue. On en conclut que le projet était irréalisable.

Puis, un jour, le président honoraire de Sony, Masaru Ibuka, entra dans le laboratoire et vit que quelques ingénieurs utilisaient les prototypes du magnétophone raté pour écouter des cassettes de musique. Ils n'avaient pas l'air de se soucier du fait que l'appareil ne pouvait pas enregistrer, ce qui les intéressait, c'était de pouvoir circuler tout en écoutant leur musique favorite.

Puis vint l'idée originale qui fit toute la différence. Ibuka se souvint qu'un autre département travaillait à la conception de casques légers. Et l'éclair de jaillir ! L'imagination d'Ibuka fit la liaison que n'avaient pas su établir le reste des ingénieurs. Dans l'esprit d'Ibuka, ils n'avaient pas raté un « appareil enregistreur », ils avaient réussi à créer « un appareil personnel d'écoute ». Ils ajoutèrent le casque, appelèrent l'appareil le Walkman, et cela révolutionna à la fois l'industrie de la musique et de l'électronique.

Clarence Saunders travaillait dans une petite épicerie du sud. Un jour, il faisait la queue, plateau en mains, dans une cafétéria. Il n'avait jamais gagné jusqu'alors plus de vingt dollars par semaine et personne n'avait jamais remarqué chez lui une aptitude hors du commun, mais, alors qu'il faisait la queue, quelque chose se produisit dans sa tête qui mit son imagination en branle. C'est à ce moment que lui vint l'idée que le concept de libre-service pouvait s'appliquer à une épicerie.

Clarence Saunders soumit l'idée à son patron. Celui-ci lui dit, bien sûr, qu'il était fou. Alors Saunders quitta son travail, fit ce qu'il fallait pour trouver des fonds et il ouvrit sa première épicerie en libre-service. Il l'appela Piggly-Wiggly, et Clarence Saunders, qui gagnait vingt dollars par semaine dans la petite épicerie, fut bientôt à la tête d'une chaîne d'épiceries qui valait plusieurs millions de dollars.

Sylvan Goldman possédait un certain nombre de magasins Piggly-Wiggly dans l'Oklahoma, et, comme tout homme d'affaires qui se respecte, il passait pas mal de temps à regarder ses clients aller et venir dans les allées et mettre ce qu'ils prenaient dans leurs paniers ou leurs filets. Un soir, alors qu'il se demandait comment amener ses clients à acheter plus à la fois, son regard se porta sur un panier qui trônait sur le siège d'une chaise pliante. Eurêka ! Il fit venir, Fred Young, son mécanicien, et ils mirent des roues sur les pieds de la chaise et un autre panier sous le siège. Le caddie était né.

Au moment où cette édition est prête à être publiée, il y a environ 35 millions de caddies en Amérique, et il s'en vend approximativement 1,25 million chaque année.

Thomas Stemberg, dont nous avons déjà parlé, était un autre cadre de supermarché qui regardait ses clients faire leurs courses. À cette époque, les caddies étaient devenus une habitude dans les supermarchés, et c'est parce que ses clients poussaient leur caddie le long des allées qu'il eut un éclair d'inspiration. Il était si sûr de son idée qu'il convainquit un autre responsable de supermarché, Leo Kahn, de s'associer à lui. Ensemble ils virent l'intérêt du concept de supermarché et l'appliquèrent au matériel de bureau, et, en 1986, ils ouvrirent leur premier magasin à Brighton, Massachusetts. Ils l'appelèrent Staples.

En 1989, leur société entra en bourse et, dix ans plus tard, il y avait plus de 1 000 magasins Staples, ce qui représentait un chiffre d'affaires de plus de 7 millions de dollars.

Nous terminerons ces commentaires par une autre série de récits du même ordre qui prouvent que, dans le domaine du marketing, c'est dans le choix du moment qu'il faut faire le plus preuve d'imagination.

Si vous faisiez vos courses à la fin des années 1800, il vous fallait généralement négocier avec un marchand qui devait prendre la marchandise stockée sur des étagères placées derrière le comptoir. Dans les années 1870, les marchands commençaient tout juste à pratiquer les prix fixes. Ils expérimentaient l'idée en établissant une liste d'articles vendus tous au même prix, habituellement cinq cents.

Frank Winfield Woolworth était employé dans un bazar et il convainquit son patron de le laisser essayer l'idée de la liste à cinq cents. Cela marcha, mais le patron ne fut pas impressionné pour autant. Alors Woolworth lui emprunta

350 dollars et, en 1879, il ouvrit son premier Cinq Cents à Utica, dans l'État de New York. Dans ce magasin, tout était à cinq cents. Un an plus tard, il en avait quatre, et le quatrième, à Lancaster, Pennsylvanie, fut le premier qu'il appela F. W. Woolworth's Five and Ten Cents Store. Vingt ans plus tard, il possédait 238 magasins. Au moment de sa mort, en 1919, il y avait plus de mille établissements Woolworth. Il avait créé la première chaîne nationale de magasins où l'on trouve tout et il avait fait construire l'immeuble le plus haut de New York pour y établir son siège.

La société Woolworth resta fidèle à son idée de départ et aucun des articles ne coûtait plus de dix cents jusqu'en 1932, date à laquelle le prix maximum fut monté à vingt cents. Mais les temps changeant, la politique du prix fixe fut abandonnée, les marchandises se diversifièrent et la société continua de s'étendre jusqu'à ce qu'il y ait plus de 8 000 magasins dans le monde, qui vendaient tout, depuis la mercerie jusqu'aux appareils ménagers et au mobilier.

Puis, dans les années 60 et 70, il se produisit l'amorce de quelque chose. L'esprit du temps changeait en Amérique, mais Woolworth ne changeait pas. C'est alors que Sam Walton ouvrit le premier Wal-Mart à Rogers, en Arkansas, en 1962.

Walton se lança dans le commerce de détail après la Seconde Guerre mondiale lorsque son beau-père lui prêta l'argent pour acheter un magasin franchisé des Frères Butler à Bentonville, Arkansas. En 1962, Sam et son frère Bud possédaient déjà 16 bazars en Arkansas, au Missouri et au Kansas. Ce fut dans l'un de ces magasins que Sam Walton commença à faire jouer la magie de son imagination. Outre son sens de la promotion des ventes, Sam essaya de nouvelles techniques de vente au détail d'articles ménagers et de produits de toutes sortes. Il veilla à ce que l'intérieur des magasins soit propre et bien éclairé, introduisit le concept de libre-service, s'assura que les allées étaient assez larges pour les caddies et fit installer des caisses à l'avant des magasins. Il commença également à acheter directement au fabricant, lança des plans d'intéressement des salariés aux bénéfices, si bien que ses employés formaient une famille loyale qui travaillait dur dans une atmosphère conviviale.

En 1962, combinant ces idées avec d'autres que lui inspirait son imagination, il ouvrit son premier magasin sous le nom de Wal-Mart. L'idée magique de base était la vente au rabais d'articles de marque. Mais la magie, c'était aussi qu'il avait su préserver dans son magasin une atmosphère chaleureuse de petite boutique bien que celui-ci fût devenu ce qu'on appelle maintenant un grand magasin.

Le Wal-Mart de Sam Waton était une réussite. Aussi continua-t-il à en construire et à en ouvrir d'autres. D'abord dans les petites villes et dans les zones rurales, puis dans les villes plus grandes et dans les très grandes, et il fut bientôt à la tête d'une chaîne nationale. En 1992, lorsqu'il mourut, il y avait plus de 1 700 magasins Wal-Mart, c'était la plus grosse chaîne de détaillants du pays ; elle employait plus 600 000 personnes et Sam Walton était l'homme le plus riche d'Amérique. En 2003, on comptait plus de 3200 magasins aux États-Unis et plus de 1 100 à l'étranger, et la société employait plus de 1 300 000 personnes dans le monde et servait plus d'un million de clients par semaine.

Pendant ce temps, Woolworth et les autres détaillants plus anciens comme Kresge essayaient de se mettre dans le mouvement avec leurs magasins Woolco et Kmart, mais ils n'arrivaient pas à suivre. Ils avaient abandonné leur ancienne identité de magasins à cinq et dix cents pour devenir des détaillants vendant de tout, mais à prix plus élevé, et quand Wal-Mart débarqua avec une politique différente dans ce secteur du marché, les autres donnèrent l'impression qu'ils n'avaient plus l'imagination des débuts.

Voici maintenant un retournement de situation. David Gold tenait un magasin de vins et spiritueux qu'il avait hérité de son père. Il remarqua, que chaque fois qu'il mettait en étalage des marchandises au prix de 99 cents, elles partaient plus vite que n'importe quelles autres vendues au rabais. Il décida d'ouvrir un magasin qu'il appela The 99¢ Only Store, où tout était à 99 cents.

Ça vous rappelle quelque chose ? L'idée originale que Frank Woolworth avait eue en 1879 et que la chaîne qui portait son nom avait abandonnée dès les années 40 et 50, eh bien ! David Gold venait, en 1982, de lui faire une piqûre de rappel.

Comme d'habitude, les amis et la famille lui dirent qu'il était fou, mais David Gold chercha des fournisseurs qui lui vendraient des articles qui ne se faisaient plus ou qui étaient en surproduction à un prix suffisamment bas pour qu'il puisse les offrir au public à 99 cents. Il les trouva. Et il avait même toutes sortes de produits de marque, de la quincaillerie aux collants, des produits d'entretien, de l'huile pour moteur, de la vaisselle, des produits de beauté, des jouets, des conserves, des surgelés, des cookies, des fruits frais, et même des produits gastronomiques – plus de 5000 articles qu'il pouvait vendre à 99 cents tout en faisant encore un bénéfice.

David Gold ouvrit son premier magasin à Inglewood, en Californie, en 1982. C'était un magasin bien éclairé, aux couleurs vives, vert et fuchsia et dont les allées étaient spacieuses. En 2003, il avait déjà 142 magasins en Californie, au Nevada et en Arizona et il figurait sur la liste des 400 du magazine Forbes comme ayant une fortune estimée à plus de 650 millions de dollars.

Comme le dit Napoleon Hill dans Law of Success *à propos de la création de Piggly-Wiggly : « Où voyez-vous dans ce récit le moindre élément que vous ne pourriez pas reproduire ? Le plan, qui a rapporté à son auteur des millions de dollars, était une idée très simple que n'importe qui aurait pu faire sienne, mais il fallait une forte dose d'imagination pour donner un contenu pratique à cette idée. Plus une idée est simple et facilement adaptable, plus elle a de valeur étant donné que personne ne recherche les idées qui se perdent dans les détails ou qui sont un tant soit peu compliquées. »*

Il n'y a pas de prix standard pour les idées. L'auteur d'une idée fixe lui-même son prix et, s'il est malin, il l'obtient.

L'histoire d'à peu près toutes les grandes fortunes débute le jour où un créateur et un vendeur d'idées s'associent et travaillent en harmonie. Carnegie s'entoura d'hommes qui savaient faire ce que lui ne savait pas faire, des créateurs d'idées et d'autres qui les traduisaient en actes, et c'est ce qui a fait de lui et des autres des hommes fabuleusement riches.

Il y a des millions de gens qui passent leur vie à espérer « un coup de veine ». Peut-être qu'un coup de veine peut vous fournir une occasion favorable, mais la règle de vie la plus sûre est de ne pas compter sur la chance. Ce fut « un coup de veine » qui me donna la plus grande opportunité de ma vie – mais il m'a fallu y consacrer plus de vingt ans d'efforts acharnés pour qu'elle devienne un atout.

J'ai eu la bonne fortune de rencontrer Andrew Carnegie et d'obtenir son concours. Voilà mon coup de chance ! C'est dans ces circonstances qu'il me mit dans la tête l'idée d'organiser les principes de la réussite en une philosophie du succès. Des millions de gens ont profité des découvertes réalisées en ces années de recherche et l'application de cette philosophie a permis d'amasser des fortunes. Le début était très simple. C'était une idée que n'importe qui aurait pu avoir.

Le coup de chance, ce fut Carnegie. Mais que dire de la détermination, de la précision de l'objectif de vie, du désir de l'atteindre et de l'effort acharné pendant toutes ces années de recherche ? Il n'était pas ordinaire, ce désir qui a survécu aux déceptions, au découragement, aux échecs temporaires, aux critiques et aux rappels constants que je perdais mon temps. C'était un désir brûlant ! Une obsession !

Lorsque Carnegie eut semé cette idée dans mon esprit, il me fallut la cajoler, la soigner et l'allécher pour qu'elle demeure vivante. Petit à petit, cette idée devint un géant doué d'un pouvoir propre et elle m'a cajolé, soigné et dirigé. Les idées sont ainsi. C'est d'abord vous qui leur donnez vie, qui en faites des actes, qui les orientez, et puis elles prennent le pouvoir et balaient toute opposition.

Les idées sont des forces immatérielles, mais elles ont plus de pouvoir que les cerveaux qui leur ont donné naissance. Elles ont le pouvoir de continuer à vivre après que le cerveau qui les a créées est redevenu poussière.

DITES AU MONDE

CE QUE VOUS VOULEZ FAIRE,

MAIS, D'ABORD,

MONTREZ-LE.

CHAPITRE

8

PLANIFICATION ORGANISÉE

CRISTALLISATION DU DÉSIR DANS L'ACTION

Sixième étape sur le chemin de la richesse

Vous savez maintenant que tout ce que nous créons ou acquérons commence sous la forme du désir. C'est dans l'atelier de l'imagination, là où sont élaborés et structurés les plans pour le faire changer de statut, que le désir franchit sa première étape, celle qui le mène de l'abstrait au concret.

Au chapitre 3, le Désir, il vous a été prescrit d'accomplir six démarches bien précises et pratiques pour commencer à transformer votre désir en son équivalent pécuniaire. L'une de ces démarches est l'élaboration d'un plan, ou de plans, bien définis et concrets, qui permettront cette transformation.

Voici les consignes de base pour élaborer des plans concrets :

- En application du principe du Groupe de Cerveaux, adjoignez-vous un nombre suffisant de personnes pour l'élaboration et l'exécution de votre plan, ou de vos plans, conçus pour vous permettre d'amasser de l'argent. Il est absolument essentiel que vous vous conformiez à cette prescription. Ne la négligez pas.

[Le Groupe de Cerveaux est constitué de deux esprits, ou plus, qui travaillent activement ensemble, en parfaite harmonie, à la réalisation d'un objectif commun.

Ce concept est introduit au chapitre 6, Savoirs Spécialisés, et est présenté plus en détail au chapitre 11, Pouvoir du Groupe de Cerveaux.]

- Avant de constituer votre Groupe de Cerveaux, déterminez quels avantages vous vous proposez d'offrir aux membres en échange de leur coopération. Personne n'accepte de travailler indéfiniment sans recevoir une forme, quelle qu'elle soit, de compensation. Quelqu'un d'intelligent ne devrait jamais demander à quelqu'un d'autre de travailler sans une compensation suffisante, ni s'attendre à ce qu'il le fasse, même si cette compensation n'est pas toujours financière.
- Faites en sorte de rencontrer les membres de votre Groupe de Cerveaux au moins deux fois par semaine, et plus si possible, jusqu'à ce que vous ayez conjointement mis au point le plan, ou les plans, nécessaires.
- Maintenez une harmonie parfaite entre vous-même et chaque membre du groupe. Si vous ne suivez pas cette instruction à la lettre, vous pouvez vous attendre à l'échec. Le principe du Groupe de Cerveaux n'est opératoire que si règne une harmonie parfaite.

Gardez ce qui suit présent à l'esprit :

- Vous êtes engagé dans une entreprise d'importance primordiale pour vous. Pour être sûr de réussir, il faut que vos plans soient sans faille.
- Il faut que vous bénéficiiez de l'expérience, de l'éducation, des talents naturels et de l'imagination des autres. C'est ainsi qu'ont procédé tous ceux qui ont amassé une grande fortune.

Aucun individu ne possède l'expérience suffisante, ni l'éducation, ni les talents naturels, ni le savoir pour amasser une grande fortune sans la coopération d'autres personnes. Tout plan arrêté pour gagner de l'argent devrait être l'œuvre conjointe de vous-même et des autres membres de votre Groupe de Cerveaux. Vous pouvez être à l'origine de vos plans, en tout ou partie, mais veillez à ce qu'ils soient vérifiés et approuvés par les membres de votre Groupe de Cerveaux.

SI VOTRE PREMIER PLAN ÉCHOUE — ESSAYEZ-EN UN AUTRE !

Si le premier plan retenu ne vous donne pas satisfaction, substituez-lui en un nouveau. Si celui-ci échoue, faites-en encore un autre, et ainsi de suite, jusqu'à ce que vous ayez trouvé le bon plan. C'est là que se situe le point d'échec de la majorité des gens parce qu'ils n'ont pas la persévérance de créer d'autres plans en remplacement de ceux qui échouent.

La personne la plus intelligente du monde ne peut pas réussir à amasser de l'argent – ou à mener à bien une quelque autre entreprise – sans un plan pratique et réalisable. Ne perdez surtout pas cela de vue et souvenez-vous que, si votre plan échoue, une défaite temporaire n'est pas un échec définitif. Cela peut simplement signifier que vos plans n'étaient pas solides. Composez-en d'autres. Repartez de zéro.

Une défaite temporaire ne devrait signifier qu'une seule chose : la certitude qu'il y a quelque chose qui cloche dans votre plan. Des millions de gens traversent la vie dans la misère et la pauvreté faute de disposer du plan solide qui leur permettrait d'amasser une fortune.

La qualité de ce que vous réalisez n'a que la qualité du plan que vous avez élaboré.

Vous n'êtes jamais battu tant que vous n'avez pas renoncé – dans votre tête.

James J. Hill, qui fut le plus grand constructeur de voies de chemin de fer de tous les temps a essuyé une défaite temporaire la première fois qu'il a essayé de trouver le capital nécessaire à la construction de la Great Northern Railroad qui devait relier l'est à l'ouest des États-Unis, mais il a transformé cette défaite en victoire grâce à de nouveaux plans.

Henry Ford a subi une défaite temporaire non seulement au début de sa carrière de constructeur automobile mais même après qu'il eut parcouru un long chemin vers le sommet. Mais, lui aussi, composa de nouveaux plans et continua d'avancer vers la victoire financière.

Quand nous pensons à des gens qui ont amassé de grandes fortunes, ce sont souvent leurs triomphes qui nous frappent, mais nous ne voyons pas les défaites temporaires qu'ils ont dû subir avant « d'arriver ».

Aucun de ceux qui adhèrent à cette philosophie ne peut raisonnablement espérer amasser une fortune sans essuyer de « défaites temporaires ». Lorsque la défaite survient, acceptez-la comme le signe que vos plans n'étaient pas solides, revoyez-les et reprenez la direction de votre objectif. Si vous renoncez avant d'avoir atteint votre but, vous êtes un « dégonflé ». Celui qui renonce ne gagne jamais – et un gagneur ne renonce jamais. Ecrivez cette phrase sur un morceau de papier en lettres d'un pouce et placez-le là où vous le verrez tous les soirs avant d'aller vous coucher et tous les matins avant de partir travailler.

Quand vous commencerez à recruter les membres de votre Groupe de Cerveaux, choisissez ceux qui ne prennent pas les défaites au sérieux.

Il y des gens qui croient stupidement que l'argent ne va qu'à l'argent. Ce n'est pas vrai. C'est le désir, transmué en son équivalent pécuniaire par le truchement des principes exposés dans ce livre, qui permet de « faire » de l'argent. L'argent, en soi, n'est qu'une matière inerte. Il ne peut ni se mouvoir, ni penser, ni parler, mais il peut « entendre » lorsque l'appelle celui qui le désire.

Une planification intelligente est essentielle pour réussir dans toute entreprise conçue pour amasser la richesse. Ci-dessous sont données des instructions détaillées à l'intention de ceux qui doivent commencer par vendre des services personnels pour amasser la richesse.

Vous devriez vous sentir encouragé de savoir que tous ceux qui ont amassé de grandes fortunes ont commencé par vendre des services personnels ou des idées. Quand on y réfléchit, si on ne possède ni marchandise ni biens, qu'a-t-on à offrir en échange de richesses, sinon des idées et des services personnels ?

LEADERS ET SUIVEURS

En gros, il y a deux catégories de gens dans la vie. Il y a ceux qui dirigent et ceux suivent. Décidez, dès le départ, si vous voulez devenir un leader dans votre secteur ou rester un suiveur. La différence en termes de gains est énorme. Le suiveur ne peut pas espérer gagner autant qu'un leader, même si certains suiveurs font l'erreur de penser que cela devrait être. Il n'y a pas de honte à être un suiveur. En revanche, il n'y a pas de quoi être fier si on le reste. La plupart des grands leaders ont commencé comme suiveurs. Ils sont devenus de grands dirigeants parce qu'ils étaient des suiveurs intelligents. Sauf quelques rares exceptions, ceux qui ne peuvent pas suivre un leader intelligemment ne peuvent pas devenir des leaders de qualité. Ceux qui sont les plus aptes à suivre un leader acquièrent habituellement très rapidement les qualités de leader. Un suiveur intelligent a de nombreux avantages. Il peut notamment acquérir des connaissances au contact du leader.

Les principales qualités du leader

Les qualités suivantes sont des facteurs importants pour qui veut diriger :

1. *Courage inébranlable* reposant sur la connaissance de soi et de la profession. Aucun suiveur ne souhaite se laisser dominer par un leader qui manque de confiance en lui et de courage. Il est certain qu'aucun suiveur intelligent ne se laissera longtemps dominer par un tel leader.
2. *Maîtrise de soi.* Celui qui ne peut pas se maîtriser ne pourra jamais maîtriser les autres. La maîtrise de soi est un puissant

exemple à offrir à vos suiveurs. Les plus intelligents l'imiteront.

3. *Sens aigu de la justice*. S'il n'a pas le sens de l'équité et de la justice, un leader n'est pas apte à commander et il ne peut pas conserver le respect de ceux qui le suivent.
4. *Netteté dans la prise de décision*. Ceux qui hésitent au moment de prendre des décisions montrent qu'ils ne sont pas sûrs d'eux et ne peuvent donc conduire les autres avec succès.
5. *Netteté des plans*. Pour réussir comme leader, il faut planifier le travail et agir selon les plans. Ceux qui avancent au jugé sans plan pratique bien défini sont comme des vaisseaux sans gouvernail. Tôt ou tard, ils atterrissent immanquablement sur les rochers.
6. *Habitude de faire plus que ce pour quoi on est payé*. L'un des prix à payer quand on est un leader est qu'il faut accepter de faire plus que ce que l'on demande à ceux qui nous suivent.
7. *Personnalité agréable*. Le leadership demande le respect. Les subordonnés ne respecteront pas un leader qui n'atteint pas un haut niveau sur l'échelle des qualités qui font une personnalité agréable.
8. *Solidarité et compréhension*. Pour réussir comme leader, il faut se sentir solidaire de ses subordonnés. Il faut également les comprendre et comprendre leurs problèmes.
9. *Maîtrise du détail*. Pour réussir dans l'art du commandement, il faut que le leader ait une maîtrise parfaite des détails de la position qu'il défend.
10. *Être prêt à assumer l'entière responsabilité*. Pour réussir comme leader, il faut être prêt à assumer les fautes et les ratés des subordonnés. Si un leader essaie de se défausser, il ne restera pas le leader. Si l'un de vos subordonnés commet une faute ou fait preuve d'incompétence, vous devez considérer que l'échec vous est imputable.
11. *Coopération*. Pour réussir comme leader, il faut comprendre et appliquer le principe de l'effort commun et se montrer capable

d'amener les subordonnés à faire de même. L'art du commandement demande du pouvoir et le pouvoir demande de la coopération.

Il y a deux formes de leadership. La première, et de loin la plus efficace, est celle qui repose sur le consentement et la solidarité des subordonnés. La seconde repose sur la force et n'a ni le consentement ni la solidarité des subordonnés.

L'histoire est pleine d'exemples qui prouvent qu'on ne peut durablement gouverner par la force. La chute et la disparition des dictateurs et des rois sont significatives. Elles signifient que les gens ne suivent pas indéfiniment un leader qui s'impose par la force.

Napoléon, Mussolini, Hitler furent des exemples de régimes imposés par la force. Leur règne n'a eu qu'un temps. *[On peut ajouter à la liste les noms suivants : Amin Dada, Francisco Franco, Saddam Hussein, Ferdinand Marcos, Slobodan Milosevic, Juan Peron, le Général Augusto Pinochet, Pol Pot, Le Général Suharto, les chefs Talibans en Afghanistan, le Maréchal (Josip Broz) Tito, Joseph Staline, et, par la suite, les leaders de l'Union Soviétique, de l'Allemagne de l'Est, et des autres pays du bloc communiste.]* Ceux qui restent voient leur pouvoir s'éroder et leur échapper peu à peu. Gouverner par consentement est le seul mode de gouvernement qui peut durer.

Les gens peuvent suivre temporairement un leader qui impose sa loi par la force, mais ils ne le font pas de leur plein gré.

Les leaders qui réussissent souscrivent naturellement aux onze points décrits dans ce chapitre, tout comme à d'autres. Ceux qui font de ces qualités le fondement de la conception qu'ils ont de leur pouvoir auront d'amples occasions de l'exercer, quel que soit le milieu.

Les dix causes principales de l'échec des leaders

Voici les erreurs majeures que commettent les leaders qui échouent. Il est tout aussi essentiel pour vous de savoir ce qu'il ne faut pas faire que de savoir ce qu'il faut faire.

1. *Incapacité à gérer les détails.* Pour être efficace, quand on est un leader, il faut savoir gérer et maîtriser les détails. Un véritable leader n'est jamais « trop occupé » pour faire quoi que ce soit qui lui est demandé en sa qualité de leader. Que vous soyez leader ou suiveur, si vous vous déclarez « trop occupé » pour changer vos plans ou prêter attention à une urgence, vous reconnaissez votre inefficacité. Le leader qui réussit doit maîtriser tous les détails qui relèvent de ses responsabilités. Cela signifie, bien sûr, qu'il lui faut prendre l'habitude de déléguer à des lieutenants capables.
2. *Réticence à rendre de menus services.* Les véritables grands leaders sont prêts, lorsque la situation l'exige, à effectuer n'importe quelle sorte de tâche qu'ils pourraient demander à quelqu'un d'autre d'effectuer. « Les plus grands parmi vous seront les serviteurs de tous » est une vérité que tous les vrais leaders observent et respectent.
3. *Espoir de salaire pour ce qu'ils « savent »* et non pour ce qu'ils font avec ce qu'ils savent. Le monde ne vous paie pas pour ce que vous « savez ». Il vous paie pour ce que vous faites ou incitez les autres à faire.
4. *Crainte de la concurrence des suiveurs.* Les leaders qui craignent que l'un de leurs subordonnés prenne leur place sont pratiquement sûrs de voir cette peur se concrétiser tôt ou tard. Les leaders de grande compétence forment des doublures à qui ils pourraient déléguer les détails qui relèvent de leurs responsabilité. Ce n'est qu'ainsi qu'ils peuvent se multiplier, être en plusieurs endroits et porter attention à plusieurs choses en même temps. C'est une vérité éternelle de dire que les leaders gagnent plus pour ce qu'ils font faire par les autres qu'ils ne pourraient peut-être percevoir pour ce qu'ils feraient personnellement. Un leader efficace peut, grâce à sa connaissance du métier et au magnétisme de sa personnalité, accroître considérablement l'efficacité des autres et les amener à

rendre davantage et de meilleurs services qu'ils ne le feraient s'ils n'étaient pas sous la direction de ce leader.

5. *Manque d'imagination*. Sans imagination, le leader est incapable de faire face aux urgences ou de créer des plans pour guider efficacement ceux qui le suivent.
6. *Égoïsme*. Les leaders qui revendiquent pour eux toute la considération que mérite le travail de leurs subordonnés sont sûrs de susciter l'amertume. Le véritable grand leader ne réclame aucun de ces honneurs. Les grands leaders se contentent de voir ces témoignages, lorsqu'il y en a, aller à leurs collaborateurs, parce qu'ils savent que la plupart des gens travaillent plus dur pour l'éloge et la reconnaissance que pour le seul argent.
7. *Intempérance*. Les subordonnés ne respectent pas un leader intempérant. De plus, l'intempérance, quelle qu'en soit la forme, détruit la résistance et la vitalité de ceux qui s'y livrent.
8. *Déloyauté*. Peut-être que ce défaut aurait dû figurer en tête de liste. Les leaders qui manquent de loyauté dans leur travail ou vis-à-vis de ceux qui sont au-dessus et en dessous deux ne peuvent pas conserver longtemps leur position. Aux yeux des autres, les êtres déloyaux ne valent rien et leur déloyauté leur vaut un mépris mérité. Le manque de loyauté est l'une des causes majeures de l'échec, quel que soit le milieu professionnel.
9. *Accent mis sur « l'autorité » du chef*. Le leader efficace dirige en encourageant, et non en essayant d'instiller la peur au cœur de ses subordonnés. Les leaders qui cherchent à impressionner leurs subordonnés par leur « autorité » entrent dans la catégorie de ceux qui gouvernent par la force. Si vous êtes un véritable leader, vous n'avez pas besoin de l'afficher. Cela se voit dans votre comportement – dans l'esprit de solidarité que vous manifestez, dans la compréhension que vous montrez, dans votre sens de l'équité, et en faisant la preuve que vous connaissez votre métier.

10. *Insistance sur le titre*. Les leaders compétents n'ont pas besoin de « titres » pour se faire respecter de leurs subordonnés. Ceux qui font trop grand cas de leurs titres n'ont, en général, pas grand-chose d'autre à faire valoir. Les portes du bureau d'un véritable leader sont ouvertes à tous, et ni protocole ni ostentation n'y ont droit de cité.

Telles sont les principales causes d'échec dans l'exercice du pouvoir. Un seul de ces défauts suffit à provoquer l'échec. Étudiez soigneusement la liste si vous aspirez à commander et veillez à vous préserver de ces erreurs.

COMMENTAIRE

Le professeur Warren Bennis, spécialiste du management et de l'organisation scientifique du travail, déclarait : « Un dirigeant est quelqu'un qui fait les choses comme il faut. Un leader est quelqu'un qui fait ce qu'il faut. »

L'amiral Grace Hopper était la femme qui avait le grade le plus élevé dans la marine quand elle fut interviewée pour 60 minutes. Elle déclara : « Les choses, vous les dirigez, les gens, vous les conduisez. »

Quand et comment poser sa candidature

Ce qui est décrit ci-dessous est le résultat net d'une expérience de nombreuses années au cours desquelles des milliers d'hommes et de femmes ont cherché de l'aide pour vendre efficacement leurs services.

COMMENTAIRE

Les C.V. sur Internet, par messagerie électronique et par fax ont radicalement changé la façon dont les employeurs cherchent de nouveaux employés et la façon dont la plupart des gens posent leur candidature. Cependant, Les Chemins de la Richesse *est un livre qui n'a jamais été destiné à « la plupart des gens ». Il a été écrit à l'intention de ceux qui veulent se distinguer. Si vous êtes de ceux-là, les auteurs des commentaires de cette version actualisée vous conseillent vivement de prêter grande attention à chacune des suggestions suivantes concernant la façon de faire acte de candidature à un poste et de rédiger un C.V.. Si vous inclinez à penser que ces suggestions sont trop évidentes, simplistes ou dépassées, soyez assuré que ce n'est pas le cas. Lorsqu'il a paru opportun d'actualiser, nous avons ajouté un commentaire.*

1. *Les agences de placement.* Il faut prendre soin de ne s'adresser qu'aux sociétés qui ont bonne réputation et qui peuvent vraiment faire état de résultats convaincants.
   [Comme le savent tous ceux qui connaissent les pratiques du marché du travail, l'éventail des agences de placement va, aujourd'hui, des sociétés qui proposent des emplois de bureau temporaires jusqu'aux chasseurs de têtes qui sont en contact avec des cadres supérieurs de sociétés à la recherche de talents pour postes de direction. Si vous êtes à la recherche d'un poste de responsabilité moyenne ou élevée, le vieil adage selon lequel on en a pour son argent est particulièrement juste.]
2. *Les annonces dans les journaux, dans les publications commerciales et dans les magazines.* Les petites annonces peuvent donner des résultats satisfaisants à ceux qui recherchent un emploi bas de gamme, un emploi de bureau ou un emploi salarié. Pour ceux qui recherchent un poste de cadre, une grande annonce bien rédigée et bien présentée, même si cela coûte plus cher, s'impose plutôt. Le texte doit en être préparé par un spécialiste qui sait comment mettre en évidence les points forts pour qu'il y ait une réponse.
   [Pour les particuliers, la méthode de l'encadré n'est pas très fréquente sur le marché du travail contemporain. C'est la raison pour laquelle, si vous savez exactement quel type de poste vous voulez, une petite annonce bien écrite et bien présentée, vous mettant bien en valeur, et insérée dans un organe commercial adéquat, pourrait être la solution. Toutefois, si c'est la méthode que vous choisissez, attendez-vous à ce que cela vous revienne cher. En effet, vous aurez

pénétré dans le monde de la publicité où l'une des règles de base est qu'une seule annonce donne rarement un résultat. Il faut en général s'y reprendre à plusieurs fois avant que l'acheteur (l'employeur potentiel) ne soit motivé pour acheter (embaucher) un produit (vous).

3. *Lettres personnelles de candidature.* Elles sont à adresser à des sociétés ou des personnes particulières qui pourraient être intéressées par le genre de service ou d'expérience que vous avez à offrir. Elles doivent être dactylographiées avec soin et signées de votre main. Il faut y joindre un C.V. complet montrant que vous avez le profil. La lettre de candidature et le C.V. doivent être préparés par un spécialiste.
[Dans le marché du travail d'aujourd'hui, envoyer une lettre de candidature à un poste qui n'a pas fait l'objet d'une annonce par voie de presse peut, en fait, se révéler une démarche couronnée de succès, mais à condition que les candidats sachent exactement ce qu'ils veulent et prennent le temps de rédiger une lettre de motivation convaincante.
Les chefs d'entreprise qui cherchent à recruter sont toujours à l'affût de bons employés potentiels. S'ils reçoivent une lettre de motivation bien construite et qui retienne leur attention, et si vous y précisez que vous êtes intéressé par un poste chaque fois qu'il s'en libérera un, elle ne sera pas mise au panier. Et la première chose que fait un dirigeant sérieux quand un poste se libère, c'est de consulter ses dossiers. Lorsque cela se produit, si votre lettre de motivation a fait une bonne impression et a été convaincante, elle s'y trouvera.
La seule question est de savoir si vous êtes prêt à vous rendre disponible quand on sera prêt à vous embaucher. Si vous vous contentez d'envoyer un flot de lettres stéréotypées dans tous les azimuts, il y a peu de chances pour que ça marche. La méthode de la lettre personnelle n'est pas pour quelqu'un qui cherche un emploi, elle est pour quelqu'un qui est vraiment à la recherche d'un poste bien précis.]

4. *Demande d'entretien.* Il peut arriver qu'il soit plus efficace de venir en personne offrir ses services à un employeur potentiel. Dans ce cas de figure, il faudra remettre un document écrit exposant avec précision que vous avez le profil du poste, car les employeurs potentiels souhaitent souvent s'entretenir de votre dossier avec leurs collaborateurs.
[Demander à être reçu pour un entretien d'embauche alors qu'aucune vacance n'a été annoncée par voie de presse signifie encore plus nettement que vous savez ce que vous voulez et que vous tenez sérieusement à travailler dans un secteur d'activité particulier. Si vous vous engagez dans cette démarche, n'oubliez pas que vous demandez à quelqu'un de vous donner de son temps. Certains chefs d'entreprise ne reçoivent pas parce que cela ne fait pas partie du mode de fonctionnement de la maison. D'autres seront tout simplement agacés. Cette démarche n'aboutira que si vous êtes sûr de faire, par votre présence, une impression exceptionnelle. Si vous faites cette forte impression positive, on s'en souviendra quand un poste se libèrera.
5. *Candidature présentée par une personne de connaissance.* Quand cela est possible, ce serait une bonne formule que le candidat contacte l'employeur potentiel par l'intermédiaire d'une personne que l'un et l'autre connaissent. Cette procédure présente des avantages pour ceux qui recherchent un emploi de cadre et ne veulent pas donner l'impression qu'ils font leur propre promotion.

Renseignements à faire figurer dans un curriculum vitae

Un C.V. bien fait se prépare avec tout le soin que met un avocat à préparer un dossier qu'il va plaider au tribunal. Sauf si le candidat a l'expérience de ce genre de document, il faut qu'il s'adresse à un spécialiste. Lorsque des entreprises florissantes veulent faire de la publicité pour un produit, elles louent les services de spécialistes de la psychologie de la publicité pour vendre ce produit. Quand vous « vendez » vos services personnels, vous devriez faire de même.

COMMENTAIRE

Le marché du travail en Amérique n'avait jamais été aussi mauvais qu'il l'était lorsque Hill a rédigé le paragraphe précédent. À cause de la grande dépression, de nombreux adultes n'avaient jamais d'emploi stable d'aucune sorte, et, à plus forte raison, ils n'avaient pas cherché à suivre une carrière. Depuis cette époque, de nombreux ouvrages excellents ont été publiés sur ce sujet, et les sociétés qui proposent une aide de caractère professionnel pour rédiger des C.V. sont devenues chose courante. Cependant, ni les livres ni les rédacteurs publicitaires ne possèdent la potion magique. Tout commence par ce que vous avez à offrir.

Les auteurs des commentaires de cette édition suggèrent que vous commenciez par rassembler les éléments de votre lettre de motivation en utilisant les indications données ci-dessous. Une fois que vous avez une première ébauche, vous devriez consulter au moins l'un des ouvrages sur le sujet pour voir s'il ne contient pas une idée qui vous permettrait de mieux vous vendre que ce à quoi vous avez déjà pensé. Puis, selon que vous êtes satisfait ou non, vous allez peut-être souhaiter prendre conseil auprès d'un spécialiste de lettres de motivation.

Permettez deux mises en garde. En premier lieu, assurez-vous que votre lettre de motivation n'a pas l'air de sortir d'une usine à lettres de motivations. Ayant reçu de nombreux C.V. au cours des années, nous attirons votre attention sur le fait que certains professionnels utilisent les mêmes formules stéréotypées, les mêmes mots à la mode et la même présentation, quel que soit le client. Que le C.V. ait été préparé par quelqu'un d'autre ou que vous l'ayez copié dans un livre, cela peut être mortel pour vous. Ce qu'il faut que vous cherchiez à faire, c'est une lettre de motivation qui se détache du lot.

Seconde mise en garde. N'en faites pas trop pour essayer de vous distinguer. Il y a un équilibre à trouver entre le désir de capter l'attention d'un employeur et le risque de passer pour quelqu'un qui en fait trop.

Par exemple, si vous êtes un cadre du marketing à New York qui a fait acte de candidature dans une société de Los Angeles et que vous envoyez un sac de baguels frais par FedEx le lendemain matin, cela fera probablement bonne impression tandis que si vous envoyez une cible de jeu de fléchettes avec votre photo au milieu, on trouvera peut-être que vous faites un peu trop le malin et que vous y allez un peu fort. Être astucieux est une bonne chose, mais demeurer professionnel est absolument indispensable. Ne soyez jamais astucieux au point de ne plus paraître professionnel.

Ci-dessous, vous trouverez une série d'indications pour composer votre C.V. Du fait que, dans votre recherche d'une situation, vous allez devoir répondre à des petites annonces d'offres d'emplois, et que c'est maintenant pratique courante de répondre en faxant les lettres de candidature et les C.V., les indications que donne Napoleon Hill doivent servir à préparer deux lettres de motivation différentes. Comme il le suggère plus bas, vous devriez préparer une lettre de motivation développée que vous enverrez par courrier ou que vous remettrez personnellement. Mais vous devriez également en préparer une seconde, plus courte, conçue spécialement pour être faxée. Veillez à ce que la version faxée soit complète et intéressante, mais il ne faut pas qu'elle dépasse trois pages.

Votre lettre de motivation devrait comporter les renseignements suivants :

1. *Études*. Brièvement, mais en étant précis, indiquez quel a été votre parcours scolaire, en quelles matières vous vous êtes spécialisé, et pour quelles raisons.
   [N'exagérez jamais. C'est un conseil très sérieux, et qui vaut non seulement pour la scolarité, mais également pour les deux rubriques suivantes, l'expérience et les références.
   Les employeurs avisés effectueront des vérifications dans ces trois domaines.
   La législation du travail est devenue si tatillonne que, lorsqu'ils pourvoient à des postes de responsabilité, les employeurs, prudents, commencent par s'informer sur la personne qu'ils recrutent. Il y a, par exemple, des lois sur la différence entre un emploi salarié et un emploi payé à l'heure, sur le harcèlement sexuel, sur ce qui constitue un motif de licenciement, sur les questions qu'il est permis de poser lors d'un entretien d'embauche, et sur celles qu'il est interdit de

poser, et sur un tas d'autres choses qui exposent l'employeur à des poursuites. C'est ce qui explique qu'un employeur avisé, le type d'employeur pour lequel vous voulez travailler, vérifiera vos déclarations sur vos études, votre expérience et vos références.
N'oubliez pas non plus que les renseignements que vous fournissez vous suivront le reste de votre carrière. Si vous vous tenez au courant de l'actualité, vous savez que, récemment, même des cadres promis aux plus hautes responsabilités, ont été licenciés, que des militaires qui s'étaient déshonorés,ont démissionné, que des politiciens ont été destitués, que des professeurs ont été contraints à la démission, et tout cela parce que quelqu'un a fouillé dans leur passé et s'est aperçu qu'ils avaient forcé sur leurs titres et leurs diplômes.

2. *Expérience*. Si vous avez eu une expérience professionnelle dans des postes de même nature que celui pour lequel vous êtes candidat, décrivez-la en détail. Donnez les noms et adresses de vos anciens employeurs. N'oubliez pas de préciser clairement tout ce qui, dans votre parcours passé, vous qualifie pour occuper le poste auquel vous aspirez.
3. *Références*. Pratiquement toutes les entreprises veulent en savoir le plus possible sur le passé professionnel des employés potentiels qui aspirent à des postes de responsabilité. Joignez des copies des lettres de recommandation de vos anciens employeurs, de vos anciens professeurs, et de personnages importants dont le jugement est sûr.
4. *Photo de vous*. Joignez, dans votre lettre de motivation, une photo récente prise par un professionnel.

   [Sur le marché du travail, de nos jours, ce n'est pas du tout une pratique courante. Cependant, d'après leur expérience personnelle, les auteurs des commentaires de cette édition savent que cela peut présenter des avantages. Nous n'avons reçu qu'une seule lettre de candidature avec photo, mais c'est incontestablement la photo qui nous a incités à convoquer le candidat pour un entretien.
   Si vous croyez que votre apparence fait bonne impression d'un point

de vue professionnel, vous pouvez envisager cette solution peu habituelle. Le risque étant que vous passiez pour vaniteux et égocentrique, mais cela peut aussi vous donner un avantage.

5. *Soyez candidat à un poste précis.* Ne postulez jamais « simplement un emploi ». C'est le signe que vous n'avez aucune spécialité.
6. *Précisez en quoi vous êtes qualifié pour occuper le poste précis auquel vous êtes candidat.* Expliquez en détail pourquoi vous estimez avoir le profil de l'emploi que vous postulez. C'est le détail le plus important de votre demande. C'est, plus que toute autre chose, ce qui déterminera l'attention que l'on portera à votre demande.
7. *Proposez de commencer à l'essai.* Cette suggestion peut paraître radicale, mais l'expérience a prouvé qu'il est rare que cette démarche n'aboutisse pas au moins à un essai. Si vous êtes sûr d'avoir le profil, un essai vous conviendra parfaitement. Accessoirement, une telle proposition indique que vous êtes sûr de posséder les capacités pour occuper le poste auquel vous aspirez. C'est un élément tout à fait convaincant. Faites bien comprendre que votre proposition signifie que vous êtes sûr d'avoir le profil du poste, que vous êtes sûr que votre futur employeur décidera de vous embaucher après la période d'essai et que vous êtes bien décidé à obtenir le poste.

   [Comme vous le verrez au chapitre 10, quand vous lirez le récit de la demande d'emploi que Hill adressa à Rufus Ayers, Hill donne ce conseil en se fondant sur son expérience personnelle. C'est, malheureusement, un cas où les temps ayant tellement changé, la méthode préconisée n'est plus guère applicable. Dans le contexte d'aujourd'hui, la législation moderne du travail et la pratique des affaires peuvent empêcher un employeur de donner suite à votre proposition, mais de nombreuses entreprises ont des programmes de stages qui permettent aux employeurs de faire faire des essais pour voir si le postulant peut s'intégrer.]
8. *Connaissance des activités de votre employeur potentiel.* Avant de postuler un emploi, faites des recherches pour bien vous

familiariser avec les activités de l'entreprise et indiquez ce que vous en savez. Cela impressionnera parce que c'est le signe que vous avez de l'imagination et que vous vous intéressez vraiment au travail que vous espérez obtenir.

[Si vous faites cela, et je vous recommande vivement de le faire, n'oubliez pas que vous allez parler à des gens qui connaissent vraiment ces activités. Même en faisant des recherches approfondies, au mieux, vous n'aurez qu'une connaissance extérieure de l'entreprise. Si vous essayez de paraître trop bien documenté ou trop bien au courant, cela peut se retourner contre vous et révéler une vision superficielle des activités de l'entreprise. Sauf si vous travaillez déjà dans ce secteur particulier et si vos connaissances sont fondées sur l'expérience, ne soyez pas présomptueux. Servez-vous de ce que vous savez pour montrer que vous avez pris le temps de vous documenter et que vous êtes vraiment intéressé, mais n'essayez pas de dire à un employeur potentiel comment vous dirigeriez l'affaire.]

Souvenez-vous que l'avocat qui gagne un procès n'est pas celui qui connaît le plus de droit, mais celui qui prépare le mieux son dossier. Si votre « dossier » est convenablement préparé et présenté, votre victoire est, dès le départ, plus qu'à moitié assurée.

N'ayez pas peur de faire une lettre de motivation trop longue. Ça intéresse autant les employeurs d'acheter les services de candidats qualifiés que ça vous intéresse d'obtenir un emploi. En fait, la réussite des employeurs qui réussissent le mieux tient au fait qu'ils savent choisir des lieutenants qualifiés. Ils veulent disposer de tous les renseignements.

[Comme nous l'avons fait remarquer plus haut, un C.V. faxé ne devrait pas dépasser trois pages, mais précisez que vous vous ferez un plaisir d'en fournir un plus détaillé si on vous le demande.]

Souvenez-vous d'une autre chose : le soin avec lequel vous préparerez votre C.V. et votre lettre de candidature montrera que vous êtes quelqu'un de minutieux. Les représentants qui réussissent sont soignés de leur personne. Ils savent que la première impression reste. Votre lettre de motivation est votre représentant. Veillez à ce qu'elle ait un costume bien coupé afin qu'elle se détache nettement de tout ce que votre employeur potentiel a déjà vu. Si le poste que vous convoitez vaut la peine, donnez-vous de la peine pour essayer de l'obtenir. Plus important encore, si vous vous vendez de manière à faire valoir votre personnalité, vous obtiendrez probablement un salaire de départ supérieur à celui que vous auriez obtenu si vous aviez présenté votre candidature d'une façon traditionnelle et classique.

Lorsque tous vos documents sont prêts, faites-en des copies personnalisées pour chacune des sociétés ou des personnes destinataires. Cette personnalisation retiendra assurément l'attention. Veillez à ce que l'ensemble soit dactylographié, relu, imprimé et relié avec soin et que le papier soit de la meilleure qualité possible. Quant à votre photo, il faut qu'elle soit collée sur l'une des pages. Préparez un classeur séparé sur lequel figure le nom de chaque société si les documents doivent être présentés à plusieurs.

Si vous passez par une agence de placement, veillez à ce qu'elle dispose d'exemplaires de votre lettre de motivation quand elle cherchera à vendre vos services. Cela contribuera à ce que l'agence, comme votre employeur potentiel, donnent la priorité à votre demande.

J'ai aidé à préparer des lettres de motivation qui étaient si remarquables et si originales qu'elles ont eu pour résultat l'embauche des candidats sans entretien personnel. Si vous voulez parvenir au même résultat, suivez les instructions à la lettre en les améliorant selon l'inspiration de votre imagination.

COMMENTAIRE

Aujourd'hui, on trouve dans tous les magasins d'articles de bureau un grand choix de papier, de chemises, de classeurs et de tout ce qu'il faut pour que la présentation soit à la fois originale et professionnelle. Si, malgré toutes ces facilités, vous vous contentez de présenter vos documents sur des feuilles de papier standard agrafées dans un coin, la réponse sera vraisemblablement, elle aussi, standard.

> *Si vous faites preuve d'un peu de créativité, vous ne devriez pas avoir de mal à composer une lettre de motivation qui soit adaptée à la société à laquelle vous vous adressez et au poste que vous convoitez, et qui reflète parfaitement votre personnalité et votre style.*

Comment obtenir le poste précis que vous désirez

Chacun aime faire le genre de travail pour lequel il est le mieux fait. Un peintre aime travailler avec des pinceaux, un artisan avec ses mains, un écrivain aime écrire. Ceux qui ont moins de talents particuliers ont une préférence pour certains domaines d'activités. S'il y a quelque chose de bien en Amérique, c'est que toute une gamme de métiers s'offre à vous.

1. Sachez exactement quel genre de travail vous voulez. Si le métier n'existe pas, peut-être pouvez-vous le créer.
2. Choisissez la société ou le particulier pour lesquels vous souhaitez travailler.
3. Documentez-vous sur les orientations de votre employeur potentiel, sur le personnel de sa société et sur les possibilités de promotion.
4. Analysez votre personnalité, vos talents et vos capacités pour bien voir ce que vous pouvez donner. Faites l'inventaire de ce que vous êtes certains d'avoir à offrir comme avantages, comme services, comme évolutions ou comme idées.
5. Ne pensez plus que c'est « un emploi » que vous recherchez. Ne vous demandez plus s'il y a, ou non, un poste pour vous. Oubliez la question rituelle du genre « Avez-vous quelque chose pour moi ? » Concentrez-vous sur ce que vous pouvez donner.
6. Une fois que vous avez votre plan en tête, mettez-le soigneusement par écrit et n'oubliez aucun détail.
7. Présentez-le à la personne qu'il faut, faites-le avec autorité et le reste suivra automatiquement. Toutes les sociétés recherchent des gens qui peuvent leur apporter quelque chose de valeur, que

ce soit en termes d'idées, de services, ou de « contacts ». Dans une société, il y a toujours place pour la personne qui a un plan d'action bien précis avantageux pour cette société.

Cette démarche peut vous demander quelques jours de plus, voire quelques semaines, mais la différence en termes de revenus, de promotion et de reconnaissance de votre valeur, vous épargnera plusieurs années de travail ardu et de salaire modeste. Parmi les nombreux avantages de cette démarche, le principal est qu'elle vous permettra souvent d'atteindre votre objectif de un à cinq ans plus tôt.

Toute personne qui commence, ou « démarre », à mi-échelle le fait grâce à un plan délibéré et méticuleux.

La nouvelle façon de vendre ses services

Il faut que les hommes et les femmes qui mettent leurs services sur le marché comprennent qu'il s'est produit un changement dans la relation employeur / employé. À l'avenir, cette relation devrait davantage prendre la forme d'un partenariat entre, d'une part, l'employeur et l'employé et, d'autre part, le public au service de qui ils sont.

Autrefois, employeurs et employés négociaient entre eux sans se rendre compte qu'en réalité ils négociaient aux dépens du troisième partenaire, le public. Employeurs et employés devraient se considérer comme employés associés dont la mission est de servir le public avec efficacité.

COMMENTAIRE

Dans le paragraphe précédent, et ci-dessous, Napoleon Hill, une fois de plus, fait la démonstration de sa capacité à prévoir les orientations futures des affaires en Amérique. Comme vous le noterez, sa remarque à propos des compagnies du charbon et du gaz s'appliquera plus tard aux monopoles du téléphone et, encore plus tard, aux fabricants de logiciels informatiques, à Internet, et aux prestataires de la télévision par câble lorsque la concurrence commencera à offrir la télévision par satellite. Ce rapide aperçu des raisons de ce changement et de la forme qu'il a pris devrait vous guider dans vos comportements si vous voulez parvenir à la réussite à laquelle vous aspirez.

Pendant la dépression, j'ai passé plusieurs mois dans la région des mines d'anthracite de Pennsylvanie à étudier les raisons de la ruine quasi-totale de l'industrie charbonnière. Les patrons des charbonnages et les syndicats se livrèrent à des négociations acharnées au sujet des contrats de travail. Le coût de ce « marchandage » fut répercuté sur le consommateur, qui dut payer le charbon plus cher. Ils finirent, cependant, par s'apercevoir que leurs agissements se retournaient contre eux. Ce que le temps ainsi perdu et le pris élevé du charbon avaient réussi à faire, c'était ouvrir le marché à la concurrence. Sans le vouloir, ils avaient ouvert un boulevard aux fabricants de poêles et de chaudières à mazout, ainsi qu'aux pétroliers.

La même chose se produisit avec les compagnies du gaz. On a tous en mémoire l'époque où l'employé du gaz, venant relever les compteurs, tambourinait à la porte au point de casser les carreaux. Quand la porte s'ouvrait, il entrait en force sans attendre d'y être invité, l'air mauvais de celui qui a nettement envie de vous dire : « Mais, bon Dieu, pourquoi est-ce que vous m'avez fait attendre comme ça ? » Tout cela a changé. L'employé du gaz se conduit maintenant en gentleman qui est « enchanté d'être à votre service, Monsieur ». Avant que les compagnies du gaz ne comprennent que leurs employés à l'air mauvais choquaient les clients, les représentants courtois des sociétés pétrolières avaient fait un tabac.

Ces exemples sont cités ici pour montrer que, si nous sommes là où nous sommes et ce que nous sommes, c'est notre comportement qui en est responsable. S'il y a un principe de cause à effet qui régit les affaires, la finance et les transports, ce même principe régit les individus et détermine leur statut économique.

« Courtoisie » et « service » sont les mots d'ordre du marchandisage aujourd'hui, et ils s'appliquent à la personne qui met sur le marché ses services personnels encore plus directement qu'ils ne s'appliquent à l'employeur. En dernière analyse, vous êtes l'employé du client. Si vous ne le servez pas bien, votre employeur et vous allez payer en perdant le privilège de le servir.

Quelle est votre cote de « QQS » ?

Ce qui assure la réussite de ceux qui savent bien vendre leurs services de façon permanente a été clairement expliqué dans ce qui précède. Si ces raisons ne sont pas étudiées, analysées, comprises et appliquées, personne ne peut réussir à bien vendre ses services de façon permanente. Chaque homme ou chaque femme doit être sa propre force de vente. La qualité et la quantité du service rendu, et l'esprit dans lequel il est rendu, déterminent le salaire et la durée de l'emploi.

Pour bien vendre vos services personnels (ce qui signifie un marché permanent, un prix satisfaisant, des conditions agréables), il faut que vous adoptiez et suiviez la formule « QQS ». QQS signifie que la Qualité, plus la Quantité, plus l'Esprit (Spirit) de coopération adéquat assurent la perfection dans l'art de la vente des services. N'oubliez pas la formule « QQS », mais faites plus – prenez l'habitude de l'appliquer !

Analysez cette formule pour être sûr que vous comprenez exactement ce qu'elle signifie.

- *Qualité* du service signifie que vous traitez chaque détail qui relève de vos fonctions de la manière la plus efficace possible et en ayant toujours à l'esprit le souci de gagner en efficacité.
- *Quantité* du service signifie l'habitude de rendre tous les services dont vous êtes capable, à tout moment, en cherchant à en augmenter la somme à mesure que vous développerez vos compétences par la pratique et l'expérience. L'accent est de nouveau mis sur le mot *habitude*.
- *Esprit* de service signifie l'habitude d'être aimable et de rechercher l'harmonie, ce qui incitera vos associés et vos collègues à collaborer.

Même si en qualité et en quantité vous faites ce qu'il faut, cela ne suffit pas à maintenir un marché permanent pour vos services. L'esprit dans lequel vous le faites est un facteur déterminant pour ce qui est de votre rétribution aussi bien que de la durée de votre emploi.

C'est un élément sur lequel insiste Andrew Carnegie lorsqu'il décrit les facteurs qui conduisent à la réussite en matière de vente des services personnels. Il ne cesse de souligner la nécessité d'avoir un comportement qui favorise l'harmonie. Il dit sans ambages qu'il ne garderait pas quelqu'un, quelle que soit la besogne qu'il abat et quelle qu'en soit la qualité et l'efficacité, s'il ne travaillait pas dans un esprit d'harmonie. Carnegie tenait absolument à ce que les gens qui étaient sous ses ordres travaillent ensemble en bonne entente. Pour prouver qu'il attachait grand prix à cette qualité, il aida à devenir très riches nombre d'employés qui satisfaisaient à ces critères. Ceux qui ne s'y conformaient pas devaient laisser la place à ceux qui le faisaient.

Si on a souligné l'importance d'une personnalité agréable, c'est qu'elle est essentielle pour que les services soient rendus dans l'esprit qui convient. Si vous êtes aimable et si vous accomplissez vos tâches dans un esprit d'harmonie, ces atouts compensent souvent ce qui vous manque en termes de qualité et de quantité. Rien, cependant, ne peut remplacer avantageusement un comportement agréable.

Le capital que représentent vos services

Ceux dont les revenus dépendent entièrement de la vente de services personnels sont des marchands au même titre que ceux qui vendent des biens durables et ils sont soumis exactement aux mêmes règles.

J'insiste sur ce point parce que nombre de gens qui vivent de la vente de services personnels commettent l'erreur de considérer qu'ils n'ont pas à se soumettre aux règles de conduite ni à assumer les responsabilités de ceux qui font le commerce de marchandises.

Le temps de « l'homme aux dents longues » est terminé, c'est maintenant le temps de « l'homme qui prête la main... »

On peut déterminer la véritable valeur en capital de vos neurones d'après les revenus que vous pouvez rapporter en vendant vos services. On peut faire une évaluation assez juste de la valeur en capital de vos neurones en se fondant sur les hypothèses suivantes : l'argent (le montant du capital) qu'on emprunte à une banque est à un certain taux d'intérêt. L'argent ne vaut pas plus que les neurones et, souvent, beaucoup moins. Donc, si vos neurones (le montant de votre capital) ont la même valeur que l'argent, vous devriez, en fait, les prêter au moins au même intérêt que celui des banques qui prêtent de l'argent, ce qui signifie que ce que vous gagnez en une année (vos revenus) est comparable à ce qu'une banque gagne sur un prêt (l'intérêt qu'elle prend) dans le même temps.

Vous pouvez ensuite calculer la valeur en capital de vos neurones en utilisant cette formule : divisez 100 par le taux d'intérêt actuel que prennent les banques pour prêter de l'argent, puis multipliez le résultat par le montant de vos revenus annuels.

À titre d'exemple, supposez que le taux d'intérêt soit actuellement de 5 % et que votre revenu annuel soit de 50 000 dollars. La formule donnerait ceci : 100 divisé par 5 égale 20, et 20 multiplié par 50 000 dollars égale 1 000 000 de dollars. Donc, si vous prêtez vos neurones (votre capital) au même taux que celui de la banque (5 %), vos neurones valent 1 000 000 de dollars.

Un cerveau compétent, s'il est efficacement mis sur le marché, représente une forme de capital beaucoup plus tentante que l'argent nécessaire pour faire le commerce de marchandises. Ceci s'explique parce que le cerveau est un capital que les dépressions économiques ne peuvent pas définitivement *déprécier*. Cette forme de capital ne peut non plus se faire voler ou s'épuiser. De plus, l'argent indispensable pour diriger une affaire commerciale n'a pas plus de valeur qu'une dune de sable tant que des neurones efficaces n'entrent pas en jeu.

Les trente et une causes principales de l'échec

La plus grande tragédie de la vie, c'est lorsque des hommes et des femmes qui essaient sérieusement échouent. Le tragique réside dans le fait que c'est l'écrasante majorité qui échoue tandis que c'est le petit nombre qui réussit.

J'ai eu le privilège d'étudier le cas de plusieurs milliers d'hommes et de femmes dont 98 pour cent étaient classés dans la catégorie de ceux qui ont échoué.

Mon analyse a prouvé qu'il y a treize grands principes qui permettent aux gens d'amasser une fortune (chacun de ces principes de la réussite fait l'objet d'un chapitre dans ce livre) et qu'il y a trente et une grandes causes d'échec. On en trouvera la liste ci-dessous. Au fur et à mesure que vous en prendrez connaissance, évaluez-vous point par point. Cela vous aidera à découvrir combien de ces causes d'échec sont des obstacles à votre réussite.

1. *Handicap lié à l'hérédité*. On ne peut pas grand-chose, à supposer même que l'on puisse quelque chose, pour ceux qui naissent avec une déficience cérébrale. C'est la seule des trente et une causes à laquelle un individu seul ne peut pas remédier. Mes théories n'ont qu'une méthode à proposer pour compenser cette faiblesse, c'est l'aide du Groupe de Cerveaux.
2. *Absence de but bien défini dans la vie*. Il n'y a aucun espoir pour ceux qui n'ont pas d'objectif central ou de but précis à viser. 98 % des personnes dont j'ai étudié le cas n'avaient pas ce but. C'était peut-être la cause principale de leur échec.
3. *Absence d'ambition de s'élever au-dessus de la médiocrité*. Je n'ai aucun espoir à offrir à ceux dont l'indifférence est telle qu'ils n'éprouvent pas le besoin de progresser dans la vie, et qui ne sont pas prêts à payer le prix.
4. *Niveau d'instruction insuffisant*. C'est un handicap qui peut être surmonté relativement facilement. L'expérience a prouvé que ceux qui ont le meilleur niveau sont souvent ceux qui se sont faits eux-mêmes ou les autodidactes. Un diplôme universitaire

ne suffit pas à faire de vous une personne cultivée. Tous ceux qui ont un niveau de culture ont appris à obtenir ce qu'ils veulent dans la vie sans violer le droit d'autrui.

L'instruction, ce n'est pas tant des connaissances que des connaissances appliquées avec efficacité et persévérance. On ne vous paie pas seulement pour ce que vous savez, mais pour ce que vous faites avec ce que vous savez.

5. *Manque d'autodiscipline*. C'est la maîtrise de soi qui apporte la discipline. Cela signifie qu'il vous faut maîtriser tous les éléments négatifs de votre personnalité. Avant de pouvoir maîtriser les situations, vous devez commencer par vous maîtriser vous- même. La maîtrise de soi est la tâche la plus difficile à laquelle vous serez jamais confronté. Si vous n'arrivez pas à vous vaincre, vous serez vaincu par vous-même. En vous plaçant devant votre miroir, vous pouvez voir à la fois votre meilleur ami et votre plus grand ennemi.
6. *Mauvaise santé*. Personne ne peut connaître une réussite exceptionnelle s'il n'est pas en bonne santé. Parmi les causes de mauvaise santé, nombreuses sont celles auxquelles il est possible de porter remède. En gros, ce sont celles-ci :
   - La suralimentation n'est pas bonne pour la santé.
   - De mauvaises habitudes de pensée, ou des pensées négatives.
   - Une sexualité désordonnée ou débridée.
   - Le manque de bon exercice physique.
   - L'apport insuffisant d'air frais, en raison de problèmes de respiration.
7. *Mauvaise influence du milieu durant l'enfance*. « Dis-moi qui tu fréquentes, je te dirais qui tu es. » La plupart des tendances criminelles sont acquises pendant l'enfance ou la jeunesse en raison de la mauvaise influence du milieu ou des fréquentations.
8. *Tendance à tout remettre au lendemain*. C'est l'une des causes d'échec les plus fréquentes. Elle se tapit dans l'ombre de chaque être humain, attendant l'occasion de lui gâter ses

chances de réussite La plupart d'entre nous ratons notre vie parce que nous attendons « le moment propice » pour entreprendre quelque chose qui en vaut la peine. N'attendez pas ! Le moment ne sera jamais « vraiment propice ». Lancez-vous de là où vous êtes, utilisez les outils dont vous disposez, et vous en trouverez de meilleurs chemin faisant.

9. *Manque de persévérance*. Quand nous entreprenons quelque chose, la plupart d'entre nous sommes bons « au départ », mais, « au finish », ça n'est pas brillant. Les gens ont tendance à renoncer aux premiers signes annonciateurs de défaite. Rien ne peut remplacer la persévérance. Celui qui fait de la persévérance son mot d'ordre découvre que « l'échec » finit par se fatiguer et tire sa révérence. L'échec n'est pas de taille à lutter avec la persévérance.
10. *Personnalité négative*. Il n'y a aucun espoir de réussite pour celui qui, du fait d'une personnalité négative, rebute les autres. C'est le pouvoir qui assure la réussite et le pouvoir s'obtient grâce aux efforts de coopération des autres. Une personnalité négative n'incite pas à la coopération.
11. *Manque de contrôle des pulsions sexuelles*. L'énergie sexuelle est l'un des plus puissants stimuli de l'action. De ce fait, si elle est maîtrisée, elle peut être orientée vers d'autres canaux de créativité.
12. *Désir non maîtrisé de « quelque chose pour rien »*. L'instinct du jeu pousse des millions de gens à l'échec. On en trouve la preuve dans le krach boursier de Wall Street en 1929, lorsque des millions de gens ont essayé de gagner de l'argent en jouant à découvert.

COMMENTAIRE

Pour ceux qui ne sont pas familiers de la bourse et des « achats à découvert », voici une explication simplifiée de ce qui provoqua le krach de 29. La première chose à comprendre est qu'avant la grande dépression, l'économie en expansion avait généré l'optimisme un peu partout. Les entreprises étaient en plein essor et ceux qui avaient investi dans ces sociétés réalisaient des fortunes presque du jour au lendemain. Quand l'homme de la rue voyait tous ces profits, il voulait sa part du gâteau. Et il y avait un moyen de l'obtenir.

Même celui qui n'avait pas assez de disponibilités pour acheter des actions pouvait le faire parce que les courtiers autorisaient les clients à acheter des actions « à découvert », c'est-à-dire moyennant un acompte. Cependant une clause du contrat stipulait que, lorsque les courtiers demandaient le remboursement des comptes de marge, ce qu'ils pouvaient faire à tout moment, les clients devaient trouver immédiatement de quoi payer le solde dû sur le prix d'achat.

C'est la raison pour laquelle Hill emploie le verbe « jouer » quand il évoque la bourse. L'homme de la rue n'investissait pas dans des sociétés, il pariait sur une future hausse des valeurs. Il se disait qu'en raclant les fonds de tiroir, il arriverait bien à payer la marge, qui représentait un petit pourcentage du prix d'achat total. Il se disait aussi que, lorsque les actions monteraient, il vendrait, ce qui lui rapporterait plus qu'il ne fallait pour payer au courtier le solde dû sur le prix d'achat, et il empocherait a différence.

Ce système a bien fonctionné tant que les actions continuaient de monter. Mais quand le marché s'effondra, les courtiers demandèrent le paiement des marges et les gens qui avaient acheté à des prix nettement au-dessus de leurs moyens, s'aperçurent brusquement qu'il leur fallait trouver l'argent. Et c'est la raison pour laquelle tant d'Américains moyens furent anéantis par le krach de 29. Ils avaient joué de l'argent qu'ils ne possédaient pas en achetant à découvert.

13. *Manque de netteté dans le pouvoir de décision.* Ceux qui réussissent prennent rapidement leurs décisions et sont lents à en changer. Ceux qui échouent sont lents à prendre leurs décisions et en changent fréquemment, et rapidement. L'indécision et la tendance à tout remettre au lendemain sont sœurs jumelles. Lorsqu'on en trouve une, on trouve généralement l'autre. Éliminez-les toutes deux avant qu'elles ne vous entraînent complètement dans l'engrenage de l'échec.

14. *Une ou plus des six peurs fondamentales* (peur de la pauvreté, de la critique, de la mauvaise santé, de la perte d'amour, de la vieillesse et de la mort). Vous trouverez une analyse approfondie de ces six peurs fondamentales au dernier chapitre. Il faut les maîtriser avant de pouvoir vendre vos services efficacement.
15. *Erreur dans le choix de l'époux ou de l'épouse*. C'est une des causes d'échec les plus courantes. La relation dans le mariage crée un contact intime entre les êtres. Si cette relation n'est pas harmonieuse, l'échec est probable. À cela s'ajoute que cette forme d'échec tue l'ambition.
16. *Prudence excessive*. Celui qui ne prend aucun risque doit généralement se contenter de ce qui reste quand les autres ont fini leurs choix. L'excès de prudence est aussi mauvais que l'insuffisance de prudence. Ce sont deux extrêmes contre lesquels il faut se prémunir. La vie est faite de risques.
17. *Erreur dans le choix des associés en affaires*. C'est l'une des causes d'échec les plus courantes en affaires. Lorsque vous mettez vos services personnels sur le marché, prenez grand soin de choisir un employeur qui sera une inspiration, qui est intelligent et qui réussit. On cherche à imiter ceux qui nous sont les plus proches. Choisissez un employeur qui mérite d'être imité.
18. *Superstition et préjugés*. La superstition est une forme de peur. C'est également un signe d'ignorance. Les gens qui réussissent ont l'esprit ouvert et n'ont peur de rien.
19. *Erreur dans le choix d'un métier*. Vous ne pouvez pas avoir une réussite exceptionnelle si vous faites un travail qui ne vous plaît pas. Lorsque vous mettez vos services personnels sur le marché, la démarche essentielle consiste à choisir un métier dans lequel vous pouvez vous jeter corps et âme. L'argent et les circonstances peuvent vous contraindre un temps à faire quelque chose que vous n'aimez pas, mais personne ne peut vous empêcher de concevoir des plans qui vous permettront d'atteindre le but que vous vous fixez dans la vie.

COMMENTAIRE

La plupart des experts contemporains sont de l'avis de Napoleon Hill lorsqu'il dit que trouver le travail que vous aimez est d'une importance capitale pour parvenir à une réussite qui soit vraiment gratifiante. C'est une idée qui correspond si bien à la mentalité moderne qu'elle a inspiré un certains nombre de livres, dont Feel the Fear and Do It Anyway *de Susan Jeffers,* Wishcraft *de Barbara Sher, et* Do What you Love, The Money Will Follow *de Marsha Sinetar. Ces ouvrages sont devenus des bestsellers rien qu'en développant cette idée.*

20. *Manque de concentration dans l'effort.* Celui qui sait tout faire est rarement bon à quelque chose. Concentrez tous vos efforts sur un but principal bien défini.
21. *Habitude de faire des dépenses inconsidérées.* Vous ne pouvez pas réussir si vous vivez constamment dans la peur de la pauvreté. Prenez l'habitude d'économiser systématiquement en mettant de côté un pourcentage précis de ce que vous gagnez. Avoir de l'argent à la banque vous rassure et vous donne du courage pour négocier la mise sur le marché de vos services personnels. Sans argent, vous êtes condamné à prendre ce qu'on vous offre, et à vous estimer heureux.
22. *Manque d'enthousiasme.* Sans enthousiasme, vous ne pouvez pas convaincre. De plus, l'enthousiasme est contagieux et celui qui en a (et le maîtrise) est généralement bien accueilli par les autres.
23. *Intolérance.* Celui qui se ferme l'esprit sur un sujet quelconque réussit rarement. L'intolérance signifie que vous avez cessé d'acquérir des connaissances. Les formes d'intolérance les plus dommageables sont celles qui ont trait à la religion, à la race et aux différences d'opinions politiques.
24. *Intempérance.* C'est en matière de nourriture, d'alcool, de drogue et de sexe que l'on trouve les formes d'intempérance les plus dommageables. Tout abus dans ces domaines peut être fatal à la réussite.

25. *Incapacité à coopérer avec les autres.* Il y a plus de gens qui perdent leur situation et les grandes opportunités que leur offre la vie à cause de ce défaut plus que pour toutes les autres raisons réunies. C'est un défaut qu'aucun chef d'entreprise ou aucun dirigeant bien informé ne peut tolérer.
26. *Pouvoir qui n'a pas été acquis par des efforts personnels* (enfants de parents riches et autres personnes qui héritent d'une fortune qu'ils n'ont pas gagnée). Un pouvoir aux mains de quelqu'un qui ne l'a pas acquis lui-même petit à petit est souvent fatal à la réussite. La richesse rapidement acquise est plus dangereuse que la pauvreté.
27. *La malhonnêteté intentionnelle.* Rien ne peut remplacer l'honnêteté. Il peut vous arriver d'être un temps malhonnête en raison de circonstances indépendantes de votre volonté ; cela ne cause pas de dommages irréparables. Mais vous êtes fichu si vous êtes malhonnête de façon délibérée. Tôt ou tard, vos actes vous rattraperont et le prix à payer sera la perte de votre réputation et peut-être même votre liberté.
28. *Égocentrisme et vanité.* Ces traits de caractère sont des clignotants qui avertissent les autres qu'ils doivent se tenir à l'écart. Ils sont fatals à la réussite.
29. *Deviner au lieu de penser.* La plupart des gens sont trop apathiques ou paresseux pour s'informer sérieusement afin de penser juste. Ils préfèrent agir selon leurs « convictions », qui résultent de pures conjectures ou de jugements irréfléchis.
30. *Manque de capitaux.* C'est une cause fréquente d'échec parmi ceux qui lancent une première affaire. Il vous faut un fond de réserves suffisant pour absorber le choc de vos erreurs et vous permettre de tenir jusqu'à ce que votre réputation soit établie.
31. Ajoutez ici toute cause d'échec dont vous avez personnellement souffert et qui ne figure pas dans liste ci-dessus.

À peu près tous ceux qui essaient et échouent se retrouveront dans le tableau de ces trente et une causes principales d'échec. Ce serait une bonne chose de demander à quelqu'un qui vous connaît bien de revoir cette liste avec vous et de vous aider à vous analyser au regard de chacune des causes d'échec. La plupart des gens ne se voient pas comme les autres les voient. Vous êtes peut-être l'un de ceux-là.

Savez-vous ce que vous valez ?

La plus ancienne recommandation est « Connais-toi toi-même ». Pour vendre avec succès une marchandise, il faut la connaître. Il en va de même quand il s'agit de vendre des services personnels. Il faut que vous connaissiez toutes vos faiblesses afin de les compenser ou de les éliminer définitivement. Il faut que vous connaissiez vos points forts afin de les faire valoir quand vous vendrez vos services. Vous ne pouvez vous connaître que si vous vous analysez avec précision.

Il y a cette histoire d'un jeune homme, candidat à un emploi, qui faisait bonne impression jusqu'au moment où le directeur lui demanda quel salaire il espérait. Il répondit qu'il n'avait aucune somme en tête (absence de but précis). Le directeur lui dit : « Nous vous paierons en fonction de votre valeur après un essai d'une semaine. »

« Je ne peux pas accepter, répondit le postulant, on me donne déjà plus là où je suis actuellement. »

Cette histoire peut paraître drôle, mais elle mérite réflexion. Avant même que vous ne commenciez à négocier une augmentation là où vous travaillez actuellement ou que vous ne vous mettiez à chercher un emploi ailleurs, assurez-vous que vous valez plus que ce que l'on vous donne.

C'est une chose de vouloir de l'argent – tout le monde en veut plus – mais c'en est une autre totalement différente de valoir plus. Nombre de gens confondent ce qu'ils veulent et ce qu'ils valent. Votre valeur est entièrement fonction de votre capacité à rendre des services utiles ou à inciter d'autres à en rendre.

Évaluez-vous vous-même

Une autoanalyse annuelle est essentielle si voulez mettre vos services sur le marché de façon efficace, de même que vous feriez un inventaire annuel si vous étiez dans le commerce. De plus, cette analyse annuelle devrait montrer une diminution de vos défauts et une augmentation de vos qualités. Dans la vie, on avance, on reste immobile ou on recule. Votre objectif devrait être d'avancer. L'autoanalyse révèlera si vous avez avancé, et, si oui, dans quelle proportion. Elle révèlera également toute régression. Pour que vos services se vendent bien, il faut que vous avanciez, même si le progrès est lent.

Cette autoanalyse, vous devriez la faire à la fin de chaque année afin de pouvoir faire figurer dans vos résolutions pour la nouvelle année toute amélioration dont l'analyse vous a révélé la nécessité. Faites cet inventaire en vous posant les questions suivantes et, pour vérifier vos réponses, faites-vous aider par quelqu'un qui ne vous laissera pas vous abuser.

Questionnaire d'autoanalyse

1. Ai-je atteint l'objectif que je m'étais fixé pour cette année ? (Vous devriez vous fixer un objectif annuel précis comme faisant partie de votre principal but dans la vie.)
2. Est-ce que, compte tenu de mes capacités, les services que j'ai rendus étaient de la meilleure qualité possible, ou est-ce que j'aurais pu faire mieux dans un domaine ?
3. Est-ce que, en termes de quantité, j'ai fait le maximum dont je suis capable ?
4. Est-ce que, en toutes occasions, mon comportement a été de nature à créer l'harmonie et à faciliter la coopération ?
5. Ai-je laissé l'habitude de remettre tout au lendemain diminuer mon efficacité et, si oui, dans quelle proportion ?

6. Me suis-je amélioré et, si oui, de quelle manière ?
7. Ai-je eu la persévérance de faire aboutir mes plans ?
8. Ai-je pris mes décisions rapidement et irrévocablement en toutes occasions ?
9. Ai-je laissé l'une des six peurs principales diminuer mon efficacité ?
10. Ai-je fait preuve d'une prudence excessive ou insuffisante ?
11. Mes relations avec les gens avec qui je travaille ont-elles été agréables ou désagréables ? Si elles ont été désagréables, est-ce partiellement ou entièrement ma faute ?
12. Ai-je gaspillé une partie de mon énergie par manque de concentration dans l'effort ?
13. Ai-je fait preuve d'ouverture d'esprit et de tolérance dans tous les domaines ?
14. En quoi ai-je amélioré ma capacité à rendre service ?
15. Ai-je fait preuve d'intempérance dans l'une de mes habitudes de vie ?
16. Ai-je manifesté de l'égocentrisme dans ce que j'ai dit ou pensé ?
17. Mon comportement à l'égard de ceux avec qui je travaille m'a-t-il valu le respect de leur part ?
18. Ai-je formé mes opinions et pris mes décisions au petit bonheur ou après analyse et réflexion précise ?
19. Ai-je pris l'habitude de bien gérer mon temps, mes dépenses et mes revenus, et ai-je été prudent dans cette gestion ?
20. Ai-je consacré à des efforts inutiles un temps que j'aurais pu mettre à profit autrement ?
21. Comment pourrais-je réorganiser mon temps et changer mes habitudes pour être plus efficace dans l'année qui vient ?
22. Ai-je fait des choses que ma conscience n'a pas approuvées ?
23. Dans quelles circonstances ai-je rendu de plus nombreux et de meilleurs services que ceux pour lesquels j'étais payé ?
24. Ai-je été injuste envers quelqu'un et, si oui, de quelle manière ?

25. Si j'avais été celui qui a acheté mes services cette année, serais-je satisfait de mon achat ?
26. Est-ce que le métier que j'exerce me convient et, si ce n'est pas le cas, pourquoi ?
27. Est-ce que l'acheteur de mes services a été satisfait et, si ce n'est pas le cas, pourquoi ?
28. Où est-ce que je me classe sur l'échelle des principes fondamentaux de la réussite ? (Établissez ce classement honnêtement et franchement, et faites-le vérifier par quelqu'un d'assez courageux pour le faire avec exactitude.)

Quand vous aurez fini de lire ce livre, au moins une première fois, et que vous serez sûr d'avoir assimilé le contenu du présent chapitre, vous serez en mesure d'établir un plan pratique pour vendre vos services. Dans ce chapitre, vous avez dû trouver la description précise de chacun des principes essentiels nécessaires à l'élaboration du plan de vente de vos services. Ces principes portent notamment sur les principales qualités qui font le chef, sur les causes d'échec les plus fréquentes dans l'exercice du commandement, sur les circonstances dans lesquelles cet art peut s'exercer, sur les causes principales de l'échec dans toutes les activités de la vie et sur les questions importantes qu'il faut se poser au moment de l'autoanalyse.

Si cette description complète et détaillée figure dans ce livre, c'est qu'elle vous sera nécessaire si vous voulez devenir riche en vendant vos services. Ceux qui ont perdu leur fortune et ceux qui commencent simplement à gagner de l'argent n'ont rien d'autre à offrir que leurs services en échange de richesses. Aussi est-il nécessaire que l'information dont vous aurez besoin pour vendre au mieux vos services soit solide et pratique.

Si vous avez bien assimilé et compris cette information, cela vous aidera à mettre vos services sur le marché et à affiner votre pouvoir d'analyse et votre aptitude à juger les autres. Cette information vous sera très précieuse si vous êtes cadre et avez donc à choisir des employés.

Où et comment trouver les occasions d'amasser la richesse

Maintenant que nous avons analysé les principes qui permettent d'amasser la richesse, il est naturel que vous vous demandiez : « Où puis-je trouver les occasions d'appliquer ces principes ? » Soit ! Alors passons-les en revue et voyons ce que les États-Unis offrent à ceux qui veulent devenir riches.

En premier lieu, n'oubliez pas que nous vivons dans un pays où tout citoyen respectueux de la loi jouit d'une liberté de pensée et d'une liberté d'action uniques au monde. La plupart d'entre nous n'avons jamais fait l'inventaire des avantages que procure cette liberté. Nous n'avons jamais fait la comparaison entre notre liberté, qui est illimitée, et celle des autres pays, qui est limitée.

Ici nous jouissons de la liberté de pensée, de la liberté de choix en matière d'éducation, de la liberté religieuse et politique, de la liberté de choisir une activité, un métier, une profession, de la liberté d'acquérir tous les biens que nous voulons, de la liberté de choisir notre lieu de résidence, de nous marier avec qui nous voulons, de la liberté que l'égalité des chances donne à toutes les races, de la liberté d'aller d'un état à l'autre, de choisir notre alimentation, d'aspirer à la situation sociale pour laquelle nous nous sommes préparés, fût-ce la présidence des États-Unis.

Nous avons d'autres libertés, mais cette liste recense les plus importantes qui vous offrent la possibilité de vous engager sur les *Chemins de la Richesse*. Les États-Unis sont le seul pays à garantir à tout citoyen, qu'il soit né ou naturalisé américain, une liste de libertés aussi large et variée.

En second lieu, refaisons le compte des avantages que toute cette gamme de libertés place entre nos mains. Prenez une famille américaine moyenne, à revenu moyen et faites l'inventaire des bienfaits dont chaque membre peut bénéficier dans ce pays où tout est possible, dans ce pays de l'abondance !

• *L'alimentation*. Après la liberté de pensée et d'action, vient la liberté dans les domaines suivants : alimentation, habillement, logement – ces trois choses indispensables à la vie. Du fait de cette liberté générale, la famille américaine moyenne a à sa disposition un choix de produits alimentaires les meilleurs du monde et à des prix en rapport avec ses moyens financiers.

• *Le logement*. La famille habite un appartement ou une maison confortable qui a l'électricité, le chauffage, l'eau, et de nombreuses commodités. Les toasts du petit déjeuner sont grillés dans un grille-pain électrique, qui ne coûte que quelques dollars ; le ménage de l'appartement est fait avec un aspirateur qui fonctionne à l'électricité. Il y a de l'eau chaude et de l'eau froide à tout moment, dans la cuisine et dans la salle de bains. Les aliments sont gardés au frais dans le réfrigérateur, les vêtements sont lavés et séchés, la vaisselle lavée et il y a de nombreux appareils ménagers qu'il suffit de brancher. La famille reçoit des programmes d'information et de divertissement du monde entier, si elle le veut, rien qu'en appuyant sur un bouton de son poste de radio *[ou de télévision, ou de son ordinateur]*.

  Il y a d'autres commodités, mais la liste ci-dessus donne une idée assez juste de certaines, qui sont la preuve concrète des libertés dont nous jouissons en Amérique.

• *L'habillement*. Partout aux États-Unis, la famille qui a des besoins raisonnables dans ce domaine, peut s'habiller comme il faut en ne dépensant qu'une petite partie de ses revenus.

N'ont été mentionnées jusqu'à présent que les trois choses indispensables à la vie, à savoir l'alimentation, l'habillement et le logement. Il y a d'autres possibilités et d'autres avantages dont l'Américain moyen peut bénéficier au prix d'un effort raisonnable.

Ses droits de propriété sont garantis mieux qu'en aucun autre pays du monde. Nous pouvons placer en banque notre excédent d'argent avec l'assurance que le gouvernement le protègera et nous dédommagera si la banque fait faillite. Celui qui veut aller d'un État dans un autre n'a besoin ni de passeport ni de la permission de qui que ce soit. Vous pouvez partir quand bon vous semble et voyager en auto, en train, en bus, en avion, en bateau, ou par tout autre moyen.

Le « miracle » qui a rendu possibles ces bienfaits

On entend souvent les politiciens proclamer que l'Amérique est un pays de liberté, mais ils prennent rarement le temps ou la peine d'analyser la source de cette « liberté ». N'ayant aucun intérêt particulier à défendre, aucune raison d'en vouloir à qui que ce soit, aucune arrière-pensée, je vais vous livrer franchement mon analyse de ce « quelque chose » de mystérieux, d'abstrait, largement méconnu, grâce à quoi tout citoyen américain bénéficie de plus de bienfaits, a plus de possibilités d'amasser de la richesse et jouit de plus de libertés de toute sorte que dans n'importe quel autre pays.

J'ai le droit d'analyser la source et la nature de ce pouvoir parce que je connais, et que je les connais depuis plus d'un demi-siècle, nombre d'hommes qui ont organisé ce pouvoir et nombre de ceux qui ont actuellement charge de le préserver.

Ce mystérieux bienfaiteur de l'humanité s'appelle *le capital*.

Le capital, ce n'est pas seulement de l'argent, ce sont aussi des groupes d'individus intelligents, extrêmement bien organisés, qui conçoivent les voies et les moyens d'utiliser l'argent efficacement pour le bien de tous, et pour leur profit personnel également.

Ces groupes, ce sont des scientifiques, des éducateurs, des chimistes, des inventeurs, des analystes du monde des affaires, des publicitaires, des spécialistes des transports, des comptables, des hommes de loi, des médecins et d'autres hommes et femmes qui ont des connaissances hautement spécialisées dans tous les secteurs d'activité et dans tous les domaines des affaires. Ce sont des pionniers qui expérimentent et ouvrent de nouvelles voies de recherche. Ils apportent leur soutien aux universités, aux hôpitaux et aux écoles. Ils construisent de bonnes routes, éditent des journaux, paient la majeure partie des dépenses de fonctionnement de l'État, et s'occupent de nombreux détails essentiels au progrès humain. En bref, les capitalistes sont le cerveau de la civilisation parce qu'ils fournissent tout le tissu de l'éducation, du progrès intellectuel, moral et humain.

L'argent sans l'intelligence est dangereux. Convenablement utilisé, c'est le facteur essentiel de la civilisation.

Pour vous donner une idée de l'importance d'un système capitaliste organisé, essayez d'imaginer que c'est votre travail d'assurer et de préparer un petit déjeuner familial simple, mais il vous faut le faire sans support du système capitaliste.

Pour vous procurer le thé, vous devrez aller jusqu'en Chine ou en Inde. Sauf si vous êtes un excellent nageur, vous serez plutôt fatigué avant d'entreprendre le trajet de retour. Puis vous serez confronté à un autre problème. À supposer que vous ayez l'endurance physique pour traverser l'océan à la nage, comment paierez-vous ?

Pour vous procurer le sucre, il vous faudra effectuer une autre traversée à la nage, aller jusqu'aux Caraïbes, ou alors entreprendre une longue marche jusqu'à cette région de l'Utah où l'on cultive la betterave à sucre. Mais, même dans cas, vous reviendrez peut-être sans sucre parce que, pour produire du sucre, il faut des efforts organisés et de l'argent, sans parler de tout ce qui est nécessaire pour le raffinage, le transport et la livraison jusqu'à la table du petit déjeuner n'importe où aux États-Unis.

Les œufs, vous pourrez assez facilement vous les procurer dans des fermes proches, mais, avant de pouvoir servir du jus de pamplemousse, il vous faudra aller à pied jusqu'en Floride ou en Californie, et en revenir.

Quant aux céréales, il faudra vous en passer parce, pour les fabriquer, il faudrait de la main d'œuvre formée et un outillage spécial, ce qui demande des capitaux.

Après vous être reposé, vous pourrez repartir à la nage jusqu'en Amérique du Sud où vous prendriez deux ou trois bananes. En rentrant, vous pourrez faire un saut jusqu'à la ferme la plus proche qui a une laiterie et prendre du beurre et de la crème. Alors, votre famille serait prête à s'asseoir et à savourer son petit déjeuner.

Tout cela semble absurde, n'est-ce pas ? Eh bien, les démarches qui viennent d'être décrites seraient la seule façon de se procurer ces aliments tout simples si le système capitaliste n'existait pas.

Le capital, pierre angulaire de notre vie

Les sommes d'argent qu'il faut pour la construction et la maintenance des avions, des camions et des cargos utilisés pour livrer ce simple petit déjeuner sont si énormes que cela dépasse l'imagination. Cela atteint des milliards de dollars, sans parler des armées d'employés spécialement formés qu'il faut pour conduire ces avions, ces camions, ces bateaux et ces trains. Mais le transport n'est qu'une partie de ce qu'exige la civilisation moderne dans l'Amérique capitaliste. Avant qu'il puisse y avoir quoi que ce soit à transporter, il faut cultiver, fabriquer et préparer pour le marché. Cela demande encore des milliards de dollars pour le matériel, les machines, le conditionnement, la commercialisation et pour payer des millions d'hommes et de femmes.

Les systèmes de transport ne jaillissent pas des entrailles de la terre et ne fonctionnent pas automatiquement. Ils répondent à l'appel de la civilisation. Ils résultent du travail, de l'ingéniosité, du sens de l'organisation de gens qui ont l'imagination, la foi, l'enthousiasme, la volonté de décider et la persévérance. Ces hommes et ces femmes, ce sont ce qu'on appelle des capitalistes. Ils sont motivés par le désir de bâtir, de construire, de réaliser, de se rendre utiles, de faire des bénéfices et d'amasser des richesses. Et parce qu'ils rendent des services sans lesquels il n'y aurait pas de civilisation, ils gagnent énormément.

Pour dire les choses simplement et de façon compréhensible, j'ajouterai que ces capitalistes sont les mêmes hommes et les mêmes femmes souvent dénoncés comme étant « les dirigeants cupides » ou « Wall Street ».

Je n'essaie pas de défendre ou d'accuser un groupe quelconque ou un système économique. L'objectif de ce livre – objectif auquel j'ai fidèlement consacré plus d'un demi-siècle de ma vie – est de présenter à tous ceux que cela intéresse une philosophie de la vie fiable qui permette à chacun d'accumuler toute la richesse qu'il veut.

Si j'ai analysé les avantages économiques du système capitaliste, c'est pour les raisons suivantes :

1. Faire observer que tous ceux qui cherchent à devenir riches doivent reconnaître le système dont dépendent tous les accès à la fortune, petite et grande, et s'y adapter.
2. Présenter une image à l'opposé de celle que présentent les politiciens et les démagogues *[et les médias]* qui parlent du capitalisme organisé comme si c'était un poison.

Nous sommes un pays capitaliste, c'est-à-dire un pays qui s'est développé grâce au capital. Nous qui revendiquons le droit de prendre notre part des bienfaits de la liberté et des opportunités qu'offre la vie, nous qui voulons amasser des richesses ici-bas, nous devrions savoir que ni la richesse ni les opportunités de la vie ne seraient à notre portée si le système capitaliste organisé n'y avait pas pourvu.

Il n'y a qu'une seule façon sûre d'amasser la richesse et de la détenir légalement, c'est en rendant des services. Dans aucun système, il n'est possible d'acquérir la richesse dans la légalité par la seule force du nombre, ou sans donner en échange une valeur équivalente, sous une forme ou une autre.

Vos chances parmi toutes les richesses

L'Amérique donne toute la liberté et toutes les possibilités d'amasser autant de richesse que peut le désirer toute personne honnête. Quand vous allez à la chasse, vous choisissez un terrain où le gibier est abondant. La même règle s'applique si vous êtes en quête de richesse.

Si c'est la richesse que vous cherchez, ne négligez pas les possibilités qu'offre un pays dont les citoyens sont si riches que les femmes, à elles seules, dépensent des milliards de dollars chaque année en cosmétiques et autres produits de beauté.

Ne vous hâtez pas trop de quitter un pays dont les hommes investissent cent autres milliards de dollars dans le football, le basket, le baseball et tous les produits associés à ces sports et aux autres événements sportifs.

Il n'a été jusqu'à présent fait état que de quelques produits de luxe et d'autres, qui sont du superflu, mais n'oubliez pas que les entreprises qui produisent et commercialisent ces quelques produits fournissent des emplois réguliers à des millions d'hommes et de femmes qui reçoivent en échange des millions de dollars par mois et les dépensent librement en achats de produits de luxe et de première nécessité.

N'oubliez surtout pas que, derrière tous ces échanges entre marchandises et services, il y a une foule d'occasions de s'enrichir. C'est là que notre liberté américaine vous vient en aide. Rien, ni personne, ne vous empêche de prendre votre part de l'effort nécessaire pour faire marcher ces entreprises. Si vous avez des talents, une formation et une expérience de premier ordre, vous avez la possibilité d'amasser de vastes richesses. Ceux qui n'ont pas cette chance ont la possibilité d'un enrichissement plus modeste. Chacun peut gagner sa vie en échange d'une somme de travail insignifiante.

Voilà la situation ! La vie a étalé ses marchandises sous vos yeux. Mettez-vous au premier rang, choisissez ce que vous voulez, élaborez votre plan, mettez-le à exécution et ayez la persévérance de le mener à bonne fin. L'Amérique capitaliste fera le reste. Vous pouvez être sûr de ceci : l'Amérique capitaliste donne à chacun l'occasion de se rendre utile et de récolter des richesses en proportion de la valeur des services rendus.

Le « système » ne refuse ce droit à personne, mais il ne promet rien pour rien, car il ne peut pas le faire. Pour ce système, soumis aux lois de l'économie, recevoir sans donner n'a aucun sens et il ne peut tolérer cela longtemps.

LA VANITÉ ENVELOPPE D'UNE BRUME

LA VRAIE PERSONNALITÉ D'UN HOMME

ET LE REND MÉCONNAISSABLE

À SES PROPRES YEUX.

ELLE AFFAIBLIT SES CAPACITÉS NATURELLES

ET RENFORCE TOUTES SES INCOHÉRENCES.

CHAPITRE

9

LA DÉCISION

APPRENDRE À NE PAS REMETTRE À DEMAIN CE QUE L'ON PEUT FAIRE LE JOUR MÊME

Septième étape sur le chemin de la richesse

Une analyse portant sur plus de vingt-cinq mille hommes et femmes qui avaient essuyé des échecs révèle que l'incapacité à se décider arrive presque en tête de la liste des trente et une causes principales d'échec.

La procrastination, qui est le contraire de l'esprit de décision, est un ennemi répandu que chacun doit vaincre.

Vous aurez l'occasion de tester votre capacité à prendre des décisions rapides et définitives quand vous aurez achevé la lecture de ce livre et que vous commencerez à en appliquer les principes.

Mon analyse du cas de plusieurs centaines de personnes qui avaient amassé des fortunes qui dépassaient le million de dollars m'a révélé que chacune d'elle avait l'habitude de prendre rapidement ses décisions et de ne pas en changer facilement. Les gens qui ne réussissent pas à faire fortune ont, sans exception, l'habitude de prendre leurs décisions, quand ils en prennent, très lentement, et d'en changer très rapidement et souvent.

L'une des qualités les plus marquantes de Henry Ford était l'habitude qu'il avait de prendre des décisions rapides et de s'y tenir, et de ne pas en changer facilement. Cette qualité était chez lui si prononcée qu'elle lui valait la réputation d'être entêté. C'est cette qualité qui l'incita à poursuivre la fabrication de son célèbre modèle M (la voiture la plus laide du monde) alors que tous ses conseillers et nombre d'acheteurs de cette voiture le pressaient de changer de modèle.

Peut-être que Ford tarda trop, mais toujours est-il que sa fermeté de décision lui rapporta une immense fortune avant que le changement de modèle ne s'impose. Certains ont dit que son refus de revenir sur une décision était de la pure obstination, mais cela vaut quand même mieux que d'être lent à se décider et prompt à changer d'avis.

COMMENTAIRE

Cette fermeté dans les résolutions et cette constance dans les idées se manifestèrent jusque dans la couleur du Modèle T, dont les quinze millions fabriqués en dix-neuf ans, de 1908 à 1927, étaient tous noirs.

Peu de temps après que cette voiture fut apparue sur le marché, Napoleon Hill rencontra Ford pour parler des principes de la réussite. D'après Hill, si l'on en croit ce qu'écrit Michael Ritt dans son livre, A Lifetime of Riches : The Biography of Napoleon Hill (Une vie de richesse : Biographie de Napoleon Hill), *Henry Ford était « froid, indifférent, peu enthousiaste et ne parlait que lorsqu'il était forcé », sauf s'il était question de « sa voiture ». Au début, il y avait peu de gens, en dehors de Carnegie, qui pouvaient prévoir la réussite de Ford, que Hill attribua par la suite à la maîtrise de soi et à la concentration dans l'effort. Lorsque Hill rencontra Ford pour la première fois, celui-ci ne voulait parler que du Modèle T. Après qu'il lui eut « fait faire le tour » de l'usine, Hill lui acheta une voiture qu'il paya 680 dollars.*

PRENEZ VOS DÉCISIONS VOUS-MÊME

La majorité des gens qui ne réussissent pas à amasser l'argent dont ils ont besoin se laissent généralement influencer facilement par l'opinion d'autrui. Ils permettent aux commérages, aux rumeurs, à l'opinion des autres et aux colporteurs de nouvelles, de penser à leur place. Les opinions sont la marchandise la moins chère de la terre. Chacun a une foule d'avis à la disposition de qui veut l'écouter. Si vous vous laissez trop influencer par les autres au moment de prendre vos décisions, vous ne réussirez dans aucune de vos entreprises, et certainement pas dans celle qui consiste à transformer votre désir en argent.

Si vous êtes influencé par autrui, vous n'aurez aucun désir qui vous soit propre.

Gardez vos projets pour vous. Ne comptez que sur vous-même pour prendre vos décisions quand vous commencerez à appliquer ces principes et, quand vous en aurez pris une, allez jusqu'au bout. Ne vous confiez à personne, sauf aux membres de votre Groupe de Cerveaux et veillez bien à ne choisir que des gens qui seront en parfait accord avec votre objectif.

Les amis proches et la famille, même si ce n'est pas intentionnel, vous handicapent souvent en exprimant leurs « opinions » et, se croyant drôles, en vous tournant en ridicule. Des milliers d'hommes et de femmes traînent toute leur vie un complexe d'infériorité parce qu'une personne bien intentionnée, mais ignorante, a, par ses propos et par le ridicule, anéanti la confiance qu'ils avaient en eux.

Vous avez un cerveau et un esprit bien à vous. Servez-vous-en et prenez vos décisions vous-même. Si, pour vous aider à décider, vous avez besoin de faits ou de renseignements que détiennent les autres, informez-vous discrètement sans révéler votre objectif.

Ce qui caractérise les gens qui n'ont qu'un savoir très superficiel, c'est qu'ils essaient de donner l'impression qu'ils en savent plus. En général, ils parlent trop et n'écoutent pas assez. Gardez ouverts les yeux et les oreilles – mais n'ouvrez pas la bouche – si vous voulez prendre l'habitude de décider promptement. Ceux qui parlent trop ne font guère autre chose. Si vous parlez plus que vous n'écoutez, vous risquez de rater une information importante qui aurait pu vous être utile. En parlant trop vous risquez également de révéler vos plans et vos objectifs à des gens qui se feront un malin plaisir de vous faire échouer parce qu'ils vous envient.

N'oubliez pas ceci : chaque fois que vous ouvrez la bouche en présence de quelqu'un qui est vraiment bien informé, vous vous découvrez et montrez à cette personne l'état réel de vos connaissances, ou bien vous révélez vos lacunes. Les marques de la vraie sagesse sont la modestie et le silence.

Gardez présent à l'esprit que tous les gens cherchent comme vous à amasser de l'argent. Si vous parlez trop librement de vos plans, vous risquez d'avoir la surprise d'apprendre que quelqu'un vous a devancé en utilisant les plans dont vous vous êtes vanté.

Que l'une de vos premières décisions soit : bouche cousue, mais oreilles et yeux grands ouverts.

Comme pense-bête, copiez la maxime suivante en grosses lettres et placez-la dans un endroit où vous la verrez tous les jours : « Dites au monde ce que vous avez l'intention de faire, mais d'abord montrez-le. »

Cela revient à dire : « Les actes, et non les mots, voilà ce qui compte. »

La valeur d'une décision est fonction du courage qu'elle a demandé. Les grandes décisions qui furent des actes fondateurs de la civilisation furent prises au prix de gros risques, parfois souvent au péril de la vie.

Lorsque Lincoln prit la décision de publier sa célèbre Proclamation de l'Émancipation, qui accordait la liberté aux Noirs américains, il avait pleinement conscience qu'à la suite de cet acte, ses amis et ceux qui soutenaient sa politique allaient, par milliers, se retourner contre lui.

Lorsque les dirigeants d'Athènes donnèrent à Socrate le choix entre le reniement de son enseignement et la condamnation à mort, sa décision de boire la coupe de poison plutôt que de transiger avec ce à quoi il croyait personnellement, fut une décision de courage qui avait mille ans d'avance sur l'époque et qui donnait aux hommes à venir la liberté de pensée et de parole.

LES CINQUANTE-SIX QUI RISQUÈRENT LA POTENCE

La plus grande décision de tous les temps, en ce qui concerne les citoyens américains, fut prise à Philadelphie le 4 juillet 1776, lorsque cinquante-six hommes apposèrent leur signature au bas d'un document dont ils savaient parfaitement qu'il allait apporter la liberté à tous les Américains ou les condamner, eux les cinquante-six, à finir au bout d'une corde.

Vous avez entendu parler de ce célèbre document, la Déclaration d'Indépendance, mais avez-vous retenu sa grande leçon, qui montre de façon éclatante ce qu'un individu peut accomplir.

Nous avons tous en mémoire la date de cette décision d'une importance capitale, mais peu d'entre nous ont conscience du courage qu'elle a demandé. Nous avons en mémoire notre histoire, telle qu'elle nous fut enseignée. Nous nous souvenons de Valley Forge et de Yorktown, de George Washington et de Lord Cornwallis. Mais nous savons peu de choses sur les forces réelles derrière ces noms et ces lieux. On en sait encore moins sur ce pouvoir immatériel qui assura la liberté longtemps avant que les armées de Washington n'atteignent Yorktown.

C'est une véritable tragédie qui a complètement échappé aux historiens ; ils ne font pas même la moindre allusion à ce pouvoir irrésistible qui donna naissance à cette nation destinée à établir de nouveaux critères d'indépendance pour tous les peuples et qui lui apporta la liberté. Je dis que c'est une tragédie parce que c'est précisément ce pouvoir qui permet à un individu de surmonter les difficultés de la vie et de la contraindre à payer le prix demandé.

Passons brièvement en revue les événements qui ont donné naissance à ce pouvoir. Tout commence avec l'incident de Boston le 5 mars 1770. Les soldats britanniques patrouillaient dans les rues, menaçant ouvertement les habitants par leur présence. Les colons ne supportaient pas que des soldats en armes défilent parmi eux. Ils se mirent à exprimer ouvertement leur mécontentement, jetant des pierres contre les soldats et leur lançant des injures jusqu'au moment où le commandant donna cet ordre : « Baïonnette au canon... Chargez ! »

La bataille était engagée. Il y eut de nombreux morts et de nombreux blessés. Cet incident provoqua un tel ressentiment que l'Assemblée Provinciale (composée d'éminents colons) se réunit pour décider des mesures à prendre. John Hancock et Samuel Adams étaient tous deux membres de cette Assemblée. Ils s'exprimèrent avec courage et déclarèrent qu'il fallait prendre des mesures pour chasser de Boston tous les soldats britanniques.

Souvenez-vous de ceci : on pourrait tout à fait dire qu'une décision prise par deux hommes marqua le début de la liberté dont nous jouissons maintenant aux États-Unis. Souvenez-vous également que cette décision demandait foi et courage parce qu'elle était dangereuse.

Avant que l'Assemblée ne lève la séance, Samuel Adams fut chargé de se rendre chez le gouverneur de la province, Hutchinson, et d'exiger le retrait des troupes britanniques.

La demande fut exaucée et les troupes se retirèrent de Boston, mais l'incident n'était pas clos. Il avait créé une situation qui devait changer le cours de la civilisation.

Richard Henry Lee joua un rôle important dans cette affaire parce que lui et Samuel Adams correspondaient fréquemment, s'entretenant librement de leurs craintes et de leurs espoirs concernant le bien-être du peuple de leurs provinces. Cette habitude donna à Adams l'idée qu'un échange de lettres entre les treize colonies pourrait contribuer à instaurer la coordination des efforts dont ils avaient tant besoin pour trouver la solution de leurs problèmes. En mars 1772, deux ans après l'affrontement avec les soldats à Boston, Adams fit cette proposition à l'Assemblée : il présenta une motion visant à instaurer un comité de correspondance pour l'ensemble des colonies, chacune d'elles nommant un représentant à ce comité, « l'objectif étant de promouvoir une amicale coopération dans l'intérêt de l'Amérique britannique ».

C'était le début de l'organisation d'un vaste pouvoir qui devait nous apporter la liberté, à vous et à moi. Un Groupe de Cerveaux avait déjà été constitué. Il était composé d'Adams, de Lee et de Hancock.

Le Comité s'organisa. Les citoyens des colonies avaient jusqu'alors livré une guerre désorganisée contre les soldats britanniques par des incidents semblables à l'émeute de Boston, mais ils n'en avaient tiré aucun avantage. Ils n'avaient pas de Groupe de Cerveaux pour donner corps et cohérence à leurs revendications individuelles. Ils n'avaient pas su unir les forces de leurs cœurs, de leurs esprits, de leurs âmes et de leurs corps pour se regrouper et régler définitivement leurs difficultés avec les Britanniques – jusqu'au jour où Adams, Hancock et Lee se rassemblèrent.

Pendant ce temps, les Britanniques ne restaient pas inertes. Eux aussi faisaient des plans et « regroupaient leurs Cerveaux ». Et ils avaient l'avantage d'avoir de l'argent et des forces armées organisées.

Une décision qui changea le cours de l'histoire

La Couronne nomma Gage en remplacement de Hutchinson comme gouverneur du Massachussets. L'un des premiers actes du nouveau gouverneur fut de dépêcher un messager auprès de Samuel Adams dans l'espoir de réussir à arrêter l'opposition – par la peur.

Cet extrait de la conversation entre le colonel Fenton (le messager envoyé par Gage) et Adams vous fera mieux saisir l'esprit dans lequel s'est déroulée cette rencontre.

Le colonel Fenton : « Mr Adams, j'ai été autorisé par le gouverneur Gage à vous donner l'assurance, que celui-ci a été habilité à vous accorder des avantages qui vous donneront toute satisfaction *tentative d'acheter Adams]* à condition que vous vous engagiez à ne plus vous opposer aux mesures du gouvernement. Le conseil que vous donne le gouverneur, Monsieur, est de ne plus encourir le mécontentement de Sa Majesté. Votre comportement vous expose à des peines en vertu d'une loi de Henry VIII selon laquelle une personne peut être déportée en Angleterre, à la discrétion du gouverneur de la province, pour y être jugée pour trahison ou pour non-dénonciation d'actes de trahison. Mais, en changeant votre orientation politique, vous recevrez non seulement de grands avantages personnels, mais vous ferez la paix avec le Roi. »

Samuel Adams avait le choix entre deux décisions. Il pouvait cesser son opposition et recevoir des pots-de-vin, ou il pouvait continuer et risquer la pendaison.

Il était clair que le moment était venu où Adams devait prendre immédiatement une décision qui pouvait lui coûter la vie. Il insista pour que le colonel lui donne sa parole d'honneur qu'il répéterait mot pour mot au gouverneur la réponse qu'il allait lui donner.

Voici cette réponse : « Je crois j'ai depuis longtemps fait la paix avec le Roi des Rois. Aucune considération d'ordre personnel ne me fera abandonner la cause juste de mon pays. Et dites au gouverneur Gage que le conseil que lui donne Samuel Adams est de ne plus blesser les sentiments d'un peuple exaspéré. »

Lorsque le gouverneur Gage prit connaissance de la réponse caustique d'Adams, il entra dans une rage folle et publia la proclamation suivante : en vertu des pouvoirs qui me sont conférés, j'offre et promets le gracieux pardon de Sa Majesté à toute personne qui déposera immédiatement les armes et remplira à nouveau ses devoirs de sujet pacifique. Sont toutefois exclus de ce pardon Samuel Adams et John Hancock dont les crimes sont si odieux que la seule chose qu'ils appellent est un châtiment approprié. »

Adams et Hancock se trouvaient dans une situation difficile. La menace du gouverneur en courroux contraignit les deux hommes à prendre une décision, tout aussi dangereuse. Ils organisèrent en toute hâte une réunion secrète de leurs partisans les plus sûrs. Après qu'il eut déclaré la séance ouverte, Adams ferma la porte à clef, mit la clef dans sa poche, et déclara aux présents qu'il était impératif que les colons se réunissent en congrès et que personne ne quitterait la salle tant que n'aurait pas été prise la décision de tenir ce congrès.

Cela provoqua une grande effervescence. Certains évaluèrent les conséquences possibles d'une telle radicalisation. D'autres mirent sérieusement en doute la sagesse de cette décision de braver ouvertement la Couronne. Enfermés dans cette salle, il y avait deux hommes imperméables à la peur et aveugles à la possibilité de l'échec : Hancock et Adams. Par la force de leur argumentation, ils persuadèrent les autres d'accepter que, par le truchement du Comité de Correspondance, des dispositions soient prises pour que se réunisse le Premier Continental Congress (Congrès Continental) à Philadelphie, le 5 septembre 1774.

Souvenez-vous de cette date. Elle est plus importante que le 4 juillet 1776. S'il n'y avait pas eu cette décision de tenir un Congrès Continental, la Déclaration d'Indépendance n'aurait pas pu être signée.

Avant cette première réunion du nouveau Congrès, un autre leader, dans une région différente du pays, était en train de publier « a Summary View of the Rights of British America » (un Résumé des Droits de l'Amérique britannique). C'était Thomas Jefferson, de la province de Virginie, dont les relations avec Lord Dunmore (représentant de la Couronne en Virginie) étaient aussi tendues que celles de Hancock et d'Adams avec leur gouverneur.

Peu après la publication de son célèbre Summary of Rights, Jefferson fut informé qu'il était poursuivi pour haute trahison contre le gouvernement de Sa Majesté. En réaction à cette menace, un collègue de Jefferson, Patrick Henry, dit ce qu'il en pensait avec beaucoup de courage et conclut son intervention par une formule qui restera à jamais un classique du genre : « Si c'est de la trahison, tirons-en le meilleur parti. »

C'était des hommes comme eux qui, sans pouvoir, sans autorité, sans force militaire, sans argent, commencèrent à réfléchir solennellement à la destinée des colonies à l'ouverture du Premier Congrès Continental et continuèrent, par intervalles, pendant deux ans, jusqu'au jour où, le 7 juin 1776, Richard Henry Lee se leva, s'adressa au Président et, à la stupéfaction de l'Assemblée, présenta cette motion :

« Messieurs, je mets cette motion aux voix. Ces Colonies Unies sont, et devraient être de droit, des États libres et indépendants. Elles sont déliées de toute allégeance à l'égard de la Couronne britannique et tous les liens politiques entre elles et l'État de Grande-Bretagne sont, et devraient être, totalement dissous. »

La décision la plus importante jamais mise par écrit

La motion stupéfiante de Lee donna lieu à un débat très vif qui s'éternisa tellement que Lee commença à perdre patience. Finalement, après des jours de discussion, il reprit la parole et déclara d'une voix claire et ferme : « Monsieur le Président, voilà des jours que nous débattons cette question. C'est la seule ligne de conduite que nous ayons. Pourquoi, alors, tarder davantage ? Pourquoi continuer à délibérer ? Que ce jour heureux voie la naissance d'une République américaine. Levons-nous, non pas pour détruire et conquérir, mais pour restaurer le règne de la paix et de la loi. »

Avant que cette motion ne soit finalement soumise au vote, Lee fut rappelé en Virginie, quelqu'un de sa famille étant gravement malade. Mais, avant de partir, il confia sa cause à son ami Thomas Jefferson, qui lui promit de se battre jusqu'à ce que soit trouvée une issue favorable. Peu après, le président du Congrès (Hancock) nomma Jefferson président d'une commission chargée d'élaborer une Déclaration d'Indépendance.

La commission travailla très longuement à la rédaction d'un document qui, une fois adopté par le Congrès, aurait signifié l'arrêt de mort de tous ceux qui l'auraient signé si les colonies avaient perdu le combat qui allait forcément s'engager contre la Grande-Bretagne.

Le document fut rédigé et, le 28 juin, la version originale fut lue devant le Congrès. Pendant plusieurs jours, elle fut débattue, modifiée et finalement mise au point. Le 4 juillet 1776, Thomas Jefferson se leva pour lire à l'Assemblée, sans la moindre peur, la décision la plus importante jamais mise sur le papier.

« Lorsque dans le cours des événements humains, il devient nécessaire pour un peuple de dissoudre les liens politiques qui l'ont attaché à un autre, et de prendre, parmi les puissances de la Terre, la place séparée et égale à laquelle les lois de la nature et de Dieu lui donnent droit, le respect dû à l'opinion de l'humanité oblige à déclarer les causes qui le déterminent à la séparation. »

Quand Jefferson eut terminé, le document fut soumis au vote, adopté et signé par les cinquante-six hommes, chacun risquant sa propre vie en décidant d'apposer sa signature. Cette décision donna naissance à une nation destinée à apporter pour toujours à l'humanité le privilège de décider.

Si vous analysez les événements qui ont conduit à la Déclaration d'Indépendance, vous serez convaincu que cette nation, qui est maintenant en situation d'inspirer le respect à toutes les nations du monde et qui jouit d'un grand pouvoir parmi elles, est née d'une décision prise par un Groupe de Cerveaux composé de cinquante-six hommes. Notez bien que c'est leur décision qui assura le succès des armées de Washington, parce que l'esprit de cette décision était dans le cœur de tous les soldats qui combattaient sous ses ordres et les dotaient d'une puissance spirituelle qui nie l'existence de l'échec.

Notez également (pour votre grand profit personnel) que le pouvoir qui donna sa liberté à notre nation est du même ordre que le pouvoir que doit utiliser tout individu qui veut accéder à l'autonomie. À la base de ce pouvoir, il y a les principes décrits dans ce livre. Il n'est pas difficile de déceler, dans les événements qui ont abouti à la Déclaration d'Indépendance, au moins six de ces principes : le désir, la décision, la foi, la persévérance, le Groupe de Cerveaux et la planification.

SI VOUS SAVEZ CE QUE VOUS VOULEZ, EN GÉNÉRAL, VOUS L'OBTENEZ

Toute cette philosophie donne à entendre que la pensée, appuyée par un puissant désir, se transmue en son équivalent matériel. L'exemple de la fondation de l'Amérique et de la constitution de la United States Steel Corporation illustre parfaitement la méthode par laquelle la pensée effectue cette extraordinaire transformation.

Dans votre quête du secret de cette méthode, ne cherchez pas un miracle, parce que vous n'en trouverez pas. Vous ne trouverez que les lois éternelles de la nature. Ces lois sont à la disposition de tous ceux qui ont le courage de les utiliser et la foi pour le faire. Elles peuvent servir à apporter la liberté à une nation, ou à amasser de la richesse.

Ceux qui prennent des décisions promptement et de manière définitive savent ce qu'ils veulent et, en général, l'obtiennent. Les leaders, dans tous les secteurs d'activité, décident rapidement et fermement. C'est la raison principale pour laquelle ils sont leaders. Le monde a l'habitude de faire place à ceux dont les paroles et les actes montrent qu'ils savent où ils vont.

L'indécision est une habitude qui se contracte dans la jeunesse. Elle s'affirme quand le jeune est à l'école élémentaire, puis dans le secondaire et même dans le supérieur, et qu'il ne poursuit pas un objectif bien défini.

Cette habitude, l'étudiant ou l'étudiante la conservent dans le métier qu'ils choisissent. En général, au sortir de l'école, un jeune cherche n'importe quel travail. S'il prend le premier emploi qui se présente, c'est parce qu'il a pris l'habitude de l'indécision. Dans l'immense majorité des cas, si les gens exercent aujourd'hui tel métier plutôt que tel autre, c'est parce qu'il leur a manqué le ferme pouvoir de décision qui permet de se fixer un objectif professionnel précis et qu'ils n'ont pas su comment choisir un employeur.

La clarté et la fermeté dans la décision demandent toujours du courage, parfois un très grand courage. Les cinquante-six hommes qui ont signé la Déclaration d'Indépendance ont risqué leur vie en décidant d'apposer leur signature au bas du document. Ceux qui prennent la décision claire et ferme de chercher un emploi précis et d'exiger de la vie qu'elle paie le prix demandé ne jouent pas leur vie en prenant cette décision, ils jouent leur liberté économique. L'indépendance financière, la richesse, la situation convoitée dans le monde des affaires sont hors de portée de ceux qui négligent ou refusent de croire ces choses possibles, d'établir un plan pour les obtenir et de les exiger. Ceux qui désirent la richesse avec le même esprit que Samuel Adams désirait la liberté pour les colonies, ceux-là sont sûrs d'amasser de l'argent.

AUCUNE RÉUSSITE

N'EST POSSIBLE

SANS SACRIFICES PERSONNELS

CHAPITRE

10

LA PERSÉVÉRANCE

L'EFFORT SOUTENU POUR SUSCITER LA FOI

Huitième étape sur le chemin de la richesse

La persévérance est un facteur essentiel dans la transmutation du désir en son équivalent pécuniaire. À la base de la persévérance, il y a la volonté.

La volonté et le désir, lorsqu'ils sont convenablement associés, forment un couple irrésistible. On dit parfois de ceux qui amassent de grandes fortunes qu'ils sont insensibles et impitoyables. C'est souvent, tout simplement, parce que ceux qui les critiquent ne voient pas que ce qu'ils ont, c'est un puissant désir soutenu par la volonté alliée à la persévérance. C'est cette association qui assure la réalisation de leurs objectifs.

La majorité des gens est prête à abandonner intentions et objectifs et à renoncer au premier signe d'opposition ou de revers. Quelques-uns persistent malgré toutes les oppositions jusqu'à ce qu'ils aient atteint leur but.

Le mot *persévérance* n'a sans doute pas une connotation héroïque, mais la persévérance est au caractère ce que le carbone est au fer – elle le durcit jusqu'à en faire l'acier.

Pour se constituer une fortune, il faut appliquer dans leur totalité les treize préceptes de cette philosophie. Tous ceux qui amassent de l'argent doivent les comprendre et les appliquer avec persévérance.

Comment tester votre persévérance

Si vous lisez ce livre avec l'intention d'appliquer sérieusement son enseignement, la première épreuve se situera lorsque vous commencerez à parcourir les six étapes décrites au troisième chapitre, intitulé le Désir. Sauf si vous faites partie de ce petit nombre qui a déjà un but bien défini dans la vie et un plan pour l'atteindre, vous lirez les instructions mais vous ne les appliquerez peut-être jamais dans votre vie de tous les jours.

Le manque de persévérance est l'une des principales causes d'échec. En outre, si j'en juge d'après les milliers de cas que j'ai rencontrés, le manque de persévérance est une faiblesse commune à la majorité. Toutefois, c'est une faiblesse que l'effort permet de surmonter. La facilité avec laquelle peut être combattu le manque de persévérance dépend entièrement de l'intensité de votre désir.

Le point de départ de toute réussite est le désir. Ne perdez jamais cela de vue. Des désirs faibles donnent des résultats faibles exactement comme une petite quantité de feu donne une petite quantité de chaleur. Si vous manquez de persévérance, il est possible de remédier à cette faiblesse en attisant vos désirs.

Achevez la lecture de ce livre, puis revenez au chapitre 3 et mettez-vous immédiatement à exécuter les instructions qui jalonnent les six étapes. L'empressement avec lequel vous suivrez ces instructions indiquera clairement dans quelle mesure vous désirez vraiment amasser de l'argent. Si vous constatez que cela vous indiffère, vous pouvez être sûr que vous n'êtes pas encore habité par cette « obsession de l'argent » qui doit vous hanter avant que vous ne puissiez avoir la certitude de réaliser une fortune.

Les fortunes vont à ceux qui se sont préparés en esprit à les attirer, tout comme l'eau va à l'océan.

Si vous manquez de persévérance, concentrez-vous sur les instructions du chapitre 11, intitulé Pouvoir du Groupe de Cerveaux. Entourez-vous d'un groupe de cet ordre, et grâce à la coopération de ses membres, vous pouvez développer votre persévérance. Vous trouverez des instructions complémentaires à cet égard au chapitre 5, intitulé l'Autosuggestion, et au chapitre 13, intitulé le Subconscient. Suivez les instructions de ces chapitres jusqu'à ce que vous ayez pris des habitudes qui transmettent à votre subconscient une image claire de l'objet de votre désir. À partir de là, vous ne serez plus handicapé par un manque de persévérance.

Votre subconscient fonctionne continuellement, que vous soyez éveillé ou que vous dormiez.

Êtes-vous « obsédé par l'argent » ou par la pauvreté ?

Un effort épisodique pour appliquer les règles ne vous servira à rien. Pour obtenir des résultats, il vous faut appliquer toutes les règles jusqu'à ce qu'elles deviennent une habitude solidement ancrée en vous. C'est la seule façon de laisser l'indispensable « obsession de l'argent » vous envahir.

Tout comme l'argent est attiré par ceux qui ont délibérément décidé d'en acquérir, la pauvreté est attirée par ceux qui lui ouvrent leur esprit. Et s'il faut une intention pour que l'obsession de l'argent prenne corps, en revanche l'obsession de la pauvreté se développe sans l'intervention consciente d'habitudes propices. L'obsession de la pauvreté s'empare de l'esprit qui n'est pas sous l'emprise de l'obsession de l'argent.

Si vous avez saisi le sens du précédent paragraphe, vous saisirez l'importance de la persévérance dans la construction d'une fortune. Sans persévérance, vous serez vaincu avant même de commencer. Avec la persévérance, vous gagnerez.

S'il vous est jamais arrivé de faire un cauchemar, vous prendrez conscience de la valeur de la persévérance. Vous êtes couché, à moitié éveillé et vous avez la sensation que vous allez étouffer. Vous êtes incapable de vous retourner ou de bouger un muscle. Vous vous rendez compte qu'il faut que vous commenciez à reprendre le contrôle de vos muscles. Par un effort de volonté obstiné, vous finissez par réussir à bouger les doigts d'une main. En continuant à remuer les doigts, vous arrivez à contrôler les muscles d'un bras, que vous parvenez finalement à lever. Puis vous retrouvez la maîtrise de l'autre bras et enfin, la maîtrise des muscles d'une jambe, puis de l'autre. Alors – par un effort suprême de volonté – vous retrouvez la maîtrise de tout votre système musculaire et vous vous arrachez au cauchemar. Vous l'avez fait étape par étape.

Vous vous rendrez peut-être compte qu'il faut que vous vous arrachiez à votre inertie mentale de la même manière, d'abord avec lenteur, puis plus rapidement, jusqu'à ce que vous soyez complètement maître de votre volonté. Soyez persévérant, même s'il vous faut procéder avec lenteur au début. La persévérance est la clef du succès.

Arrachez-vous à votre inertie mentale

Si vous choisissez votre Groupe de Cerveaux avec soin, il y aura au moins une personne qui vous aidera à développer votre persévérance. Parmi les gens qui ont amassé de grandes fortunes, il y en a qui ont développé leur persévérance par nécessité, parce que les circonstances les y ont contraints.

Ceux qui ont cultivé l'habitude de la persévérance donnent l'impression de ne pas craindre l'échec. Quelles que soient les défaites qu'ils ont pu subir, ils finissent par s'approcher du sommet de l'échelle. Il semble parfois qu'il y ait un guide caché dont la mission est de nous éprouver par toute une série d'expériences décourageantes. Ceux qui se ressaisissent après une défaite et continuent d'essayer finissent par arriver, et le monde leur dit « Je savais que vous pouviez y arriver. » Le guide caché ne laisse aucun individu connaître de grandes réussites sans le soumettre à l'épreuve de la persévérance. Ceux qui ne peuvent pas passer ce test ne sont tout simplement pas à la hauteur.

Ceux qui le peuvent sont récompensés pour leur persévérance et, en échange, ils parviennent au but qu'ils visaient. Mais ce n'est pas tout ! Il leur échoit quelque chose d'infiniment plus important qu'une compensation matérielle – ils savent dorénavant que « tout échec porte en lui le ferment d'un bien équivalent. »

PERSÉVÉREZ APRÈS VOS ÉCHECS

Les gens qui, par expérience, apprennent l'importance de la persévérance n'acceptent la défaite que comme quelque chose de passager. Ils stimulent leurs désirs avec une telle persévérance que la défaite se change finalement en victoire.

On constate que l'écrasante majorité des gens ne se relève jamais après avoir connu l'échec. Mais il y a également le petit nombre qui puise dans la défaite la force de redoubler d'effort. Ce que nous ne nous voyons pas, ce que la plupart d'entre nous ne soupçonnent pas, c'est le pouvoir silencieux mais irrésistible qui vient au secours de ceux qui continuent à se battre face au découragement. Si on évoque tant soit peu ce pouvoir, appelons-le persévérance et n'en parlons plus. Une chose est certaine : si vous manquez de persévérance, vous ne connaîtrez aucune réussite digne de ce nom dans aucun métier.

Tandis que j'écris ces lignes, je regarde par la fenêtre et vois, à moins d'un pâté de maisons, Broadway la magnifique, Broadway la mystérieuse, le « Cimetière des Espoirs Perdus » et « La porte d'entrée de toutes les occasions ».

À Broadway, des gens sont venus du monde entier, à la recherche de la célébrité, de la fortune, du pouvoir, de l'amour ou de tout ce que les êtres humains appellent le succès. En de rares occasions, quelqu'un se dégage de cette longue cohorte des gens en quête de succès et le monde apprend que Broadway a de nouveau été conquise. Mais

Broadway ne se laisse conquérir ni facilement ni rapidement. Broadway discerne le talent, reconnaît le génie et ne récompense à proportion que ceux qui ont refusé de renoncer. Le secret de la réussite est indissolublement lié à un mot : *persévérance*.

COMMENTAIRE

Aujourd'hui, pour nous, réussir à Broadway, c'est réussir au théâtre, mais ici, Hill emploie métaphoriquement Broadway pour désigner l'industrie des arts, de l'édition et du spectacle en général. Dans l'édition originale des Chemins de la Richesse, *Hill a utilisé cette introduction pour évoquer le cas de Fanny Hurst, l'une des meilleures auteurs à succès du moment, qui a battu le pavé de New York pendant quatre ans et essuya trente-six refus du même éditeur avant que sa persévérance ne finisse par payer et qu'elle ne soit publiée.*

Bien que Napoleon Hill ait choisi Fanny Hurst pour illustrer sa théorie sur la façon de vaincre la pauvreté et l'adversité, il avait personnellement souffert de l'une comme de l'autre. L'histoire de sa vie est celle de quelqu'un qui a connu de très humbles débuts et des échecs cinglants qui auraient abattu la plupart des gens. Ce n'est que grâce à son extraordinaire persévérance que fut publiée l'édition originale du livre que vous avez en main, et c'est pour cette raison que les auteurs de ces commentaires y ont inclus une brève biographie de Napoleon Hill.

Ce qui suit est une adaptation de l'ouvrage de Michael Ritt et Kirk Landers, A Lifetime of Riches : The Biography of Napoleon Hill (Une Vie de Richesse : la Biographie de Napoleon Hill). *Nous avons également puisé dans le premier bestseller de Hill, son chef-d'oeuvre en quatre volumes,* Law of Success (Les Lois de la Réussite). *Dans cet ouvrage, Hill parle des sept tournants de sa vie et, dans les extraits reproduits, nous avons conservé la même police de caractères que celle du texte original.*

Né pauvre au fond de la Virginie, le jeune Nap, comme on l'appelait, était un sauvageon du coin, qui aimait jouer du pistolet. Il aurait probablement fini par commettre des crimes si son père, qui était veuf, n'avait pas rencontré, puis épousé, Martha Ramey Banner. Sa nouvelle belle-mère entreprit de changer les manières de vivre de ces montagnards, et elle commença par échanger le pistolet à six coups de Napoleon contre une machine à écrire. Elle lui dit : « Si tu réussis à te servir de la machine à écrire aussi bien que tu manies le pistolet, tu pourras devenir riche, célèbre et connu du monde entier. » La confiance et l'encouragement de cette femme retournèrent le jeune Nap, et il avait à peine quinze ans qu'il proposait des histoires aux journaux locaux et faisait tout son possible pour échapper à sa condition précaire.

Après avoir achevé ses études secondaires et passé un an dans une école de commerce, il eut l'audace d'écrire à Rufus Ayers, l'un des hommes les plus puissants de l'industrie charbonnière. Hill posait sa candidature à un emploi, mais il précisait qu'il ne voulait pas de salaire. En fait, disait-il, c'est lui qui paierait Ayers ! Ce qu'il proposait, c'est qu'Ayers lui demande la somme qu'il voulait par mois, mais que, si, au bout de trois mois, il avait fait la preuve de sa valeur, Ayers lui verserait le même salaire mensuel. Ayers admira ce style et il embaucha Hill – avec salaire.

PREMIER TOURNANT

Après avoir suivi les cours d'une école de commerce, je trouvai un emploi de sténographe et de comptable. Comme j'avais pris l'habitude de travailler plus et mieux que ce pour quoi j'étais payé, j'eus rapidement de l'avancement. On me confia des responsabilités et je perçus un salaire sans commune mesure avec mon âge.

Hill se révéla si sérieux dans son travail et si honnête qu'Ayers le nomma en remplacement du directeur – ce qui, à dix-neuf ans, faisait de lui le plus jeune directeur de mine et plaçait sous ses ordres trois cent cinquante hommes.

Puis le Destin se manifesta et me bouscula un peu. Mon employeur perdit sa fortune et moi, je perdis ma situation. Ce fut ma première véritable défaite et, bien que je ne fusse pour rien dans ce qui l'avait provoquée, je n'en tirai la leçon que bien des années plus tard.

SECOND TOURNANT

Mon deuxième emploi fut comme directeur commercial dans une entreprise de bois de construction dans le Sud. J'eus rapidement de l'avancement et je réussis tellement bien que mon employeur me prit comme associé. Nous commençames à gagner de l'argent et je commençai à me sentir aux anges.

Comme un coup de tonnerre dans un ciel bleu, la panique de 1907 s'abattit sur nous, et, du jour au lendemain, elle me rendit durablement service en anéantissant notre affaire et en me délestant de tous les dollars que je possédais.

La panique dont Hill fait état débuta à l'été 1907 lorsqu'un certain nombre de banques et de maisons de courtage se déclarèrent en faillite. La nouvelle se répandit dans le grand public ; cela provoqua une « ruée sur les banques », et l'on vit des files de ceux qui venaient réclamer la restitution de l'argent qu'ils y avaient déposé. Pour faire face à cette demande d'argent liquide, les banques exigèrent le remboursement des emprunts, mais, les emprunteurs étant dans l'incapacité de trouver des acheteurs pour leurs marchandises ou leurs biens, n'étaient pas en mesure de rembourser leurs prêts. Lorsque les banques ne pouvaient pas récupérer l'argent qu'elles avaient prêté, elles saisissaient les biens immobiliers ou les entreprises que les emprunteurs avaient remis en nantissement. Des entreprises furent fermées, des fermiers furent expulsés de leurs terres, des emplois disparurent, si bien qu'il y eut encore de plus en plus de banques contraintes à la fermeture et que la situation ne fit qu'empirer.

L'Amérique était prise dans une spirale de baisse qui ne s'inversa que lorsque les banquiers et les responsables financiers de Wall Street, qui étaient eux-mêmes menacés, décidèrent d'intervenir pour soutenir les banques en difficulté.

C'est en grande partie en raison de la panique bancaire de 1907 que, par une loi de 1913, fut créé le Système de réserve fédérale des États-Unis.

TROISIÈME TOURNANT

Ce fut mon premier revers sérieux. Je fis alors l'erreur de le prendre pour un échec. Ce n'était pas le cas, et avant d'en finir avec cette leçon, je vous expliquerai pourquoi. Il fallut la panique de 1907, et le revers qu'elle me causa, pour que je réoriente mes efforts et que, de l'entreprise de bois de construction, je passe à l'étude du droit.

Je m'inscrivis en faculté de droit avec la ferme conviction que j'en sortirais doublement préparé pour rattraper l'extrémité de l'arc-en-ciel et réclamerai ma part du gâteau.

Napoleon Hill avait prévu de payer ses études de droit et celles de son frère en écrivant des articles pour le Magazine de Bob Taylor *et c'est par l'intermédiaire de ce magazine qu'il organisa sa rencontre décisive avec Carnegie, qui est décrite au début de ce livre. Comme cela fut alors indiqué, Carnegie lui suggéra d'écrire une philosophie de la réussite, en lui précisant qu'il lui faudrait subvenir à ses propres besoins.*

Je suivais les cours de droit le soir et, dans la journée, j'étais vendeur de voitures. Ce travail me permit de constater qu'on avait besoin de mécaniciens formés, et j'ouvris dans l'usine un département de la formation où je commençai à former de simples ouvriers au montage et à la réparation des automobiles. Cette initiative fut une réussite et me rapporta un bénéfice net de plus de mille dollars par mois.

Mon banquier savait que ma situation financière était florissante ; aussi me prêta-t-il l'argent pour développer mon affaire. L'une des caractéristiques des banquiers est qu'ils nous prêtent de l'argent quand nos affaires marchent bien.

Mon banquier me prêta l'argent jusqu'au moment où je fus endetté jusqu'au cou. Il reprit alors mon affaire avec autant de naturel que si elle lui appartenait, ce qui était maintenant le cas.

Moi qui avais des revenus de plus de mille dollars par mois, je me retrouvais tout d'un coup réduit à la pauvreté.

Pour la troisième fois, Hill subissait une défaite, mais il n'était pas vaincu. Il trouva un autre emploi et continua pendant tout ce temps à travailler au projet Carnegie.

QUATRIÈME TOURNANT

La famille de ma femme ayant de l'influence, je me fis nommer assistant de l'avocat principal d'une des plus grandes compagnies minières du monde. Je me trouvais alors au milieu d'amis et de parents, et j'avais une situation que je pouvais conserver aussi longtemps que je voulais, sans me fatiguer. Que me fallait-il de plus ? Rien, commençai-je à me dire.

Puis, sans consulter mes amis et sans prévenir, je démissionnai. C'était le premier tournant de ma propre initiative. Personne ne me l'imposait. Je partais parce que le travail était trop facile et qu'il me demandait trop peu d'efforts. Il apparut que cette décision était le deuxième tournant le plus important de ma vie, même si les dix années d'efforts suivantes m'apportèrent toutes les afflictions qui peuvent frapper le cœur d'un homme.

Je choisis Chicago comme terrain de mon nouveau départ. J'avais la conviction que, si je réussissais à me faire reconnaître à Chicago, cela prouverait qu'il y avait en moi quelque chose qui pouvait devenir une véritable compétence.

CINQUIÈME TOURNANT

Mon premier emploi à Chicago fut celui de directeur publicitaire d'un important établissement d'enseignement par correspondance. Je réussis tellement bien que le président de cette école me poussa à démissionner et à m'engager avec lui dans une entreprise de fabrication de bonbons. Nous constituâmes la Betsy Ross Candy Company dont je devins le premier président. L'affaire prit rapidement de l'extension, et nous eûmes bientôt une chaîne de magasins dans dix-huit villes différentes.

Ils réussirent effectivement si bien que les associés de Hill voulurent s'emparer de l'affaire. Ils le firent arrêter sous une inculpation fabriquée de toutes pièces, puis lui proposèrent de retirer leur plainte s'il acceptait de leur céder les intérêts qu'il avait dans l'affaire. Scandalisé par cette suggestion, Hill refusa.

Quand l'affaire vint devant le tribunal, ses associés ne se présentèrent pas à l'audience. Hill intenta une action contre eux pour dommage causé avec intention de nuire. Le juge donna entièrement raison à Hill et lui offrit la possibilité de faire jeter ses associés en prison.

À l'époque, c'était, semblait-il, un terrible déshonneur de se faire arrêter, même si le chef d'accusation était faux. Ce n'était pas une expérience agréable et je ne souhaiterais pas en revivre une, mais je dois reconnaître que le chagrin qu'elle me causa en valait la peine car elle me donna l'occasion de m'apercevoir que la vengeance ne faisait pas partie de mon caractère.

SIXIÈME TOURNANT

Il se produisit peu après l'échec de mes rêves de réussite dans l'affaire des bonbons.

Je m'étais alors tourné vers l'enseignement de la publicité et des techniques de vente dans un département que j'avais créé dans une université du Midwest.

Cet enseignement connut le succès dès le début. J'avais un poste fixe et également des cours par correspondance dans pratiquement tous les pays de langue anglaise.

C'était en 1917, et, en avril de cette année-là, le président Woodrow Wilson déclara que les États-Unis allaient entrer en guerre contre l'Allemagne. Hill prit contact avec le président, qu'il avait déjà rencontré par l'intermédiaire d'Andrew Carnegie, et proposa ses services pour participer à l'effort de guerre. Il fut chargé de rédiger des documents de relations publiques et de faire vendre des titres d'emprunt de guerre. Quand il n'était pas pris par son enseignement, il se jetait dans ses activités de guerre, pour lesquelles il ne voulait recevoir qu'un dollar par an.

Puis, avec le second appel sous les drapeaux, mon école disparut presque complètement étant donné que la plupart de mes étudiants furent incorporés. D'un seul coup, je dus faire une croix sur plus de 75 000 dollars de frais de scolarité.

Une fois de plus je me retrouvais sans un sou.

Malgré le fait qu'il lui fallait se débrouiller pour s'en sortir, Napoleon Hill continua à travailler pour le président Wilson en continuant à refuser la moindre rétribution.

Bien qu'il eût une famille à faire vivre et que le ridicule dont l'accablaient les membres de sa famille occasionnât de terribles tensions dans les relations, Hill continuait à travailler au projet Carnegie. Il déclara plus tard :

Croyez-moi, il y avait des moments où, entre les sarcasmes de ma famille et les épreuves que je traversais, il n'était pas facile de conserver le moral et de persévérer. Parfois, dans de lugubres chambres d'hôtel, j'en étais presque à croire que ma famille avait raison. Ce qui me donnait le courage de continuer, c'était la conviction qu'un jour, non seulement je mènerais à bonne fin mon travail, mais que je serais fier de le voir quand il serait terminé.

SEPTIÈME TOURNANT

Pour décrire le septième tournant de ma vie, il me faut revenir au 11 novembre 1918 – l'Armistice, la fin de la guerre mondiale. Cette guerre m'avait, comme je l'ai déjà dit, laissé sans un sou, mais j'étais heureux de savoir que la boucherie était terminée et que la raison allait ramener la civilisation dans le droit chemin.

Le temps d'un autre tournant était venu.

Je m'assis devant ma machine à écrire et, à mon grand étonnement, mes mains se mirent à jouer sur le clavier. Je n'avais jamais écrit aussi rapidement et aussi facilement avant. Je rédigeais sans plan et sans réfléchir – j'écrivais simplement tout ce qui me venait à l'esprit.

Ce que Hill écrivit, c'était un long essai dans lequel il décrivait un nouvel idéalisme fondé sur la Règle d'Or qui, pensait-il, pourrait sortir de la guerre. Il déclarait qu'il aiderait à répandre la bonne parole et s'engageait à trouver, d'une manière ou d'une autre, l'argent nécessaire au lancement d'un nouveau magazine qui s'appellerait La Règle d'Or de Hill.

Il porta son essai à George Williams, un imprimeur de Chicago dont il avait fait la connaissance quand il travaillait à la Maison Blanche et, dès le début de janvier 1919, la Règle d'Or de Hill *était dans les kiosques.*

Le premier numéro comportait quarante-huit pages. Au début, comme il n'avait pas d'argent pour rétribuer quelqu'un, Hill rédigea lui-même la totalité des articles ; il changea de style à chaque article et utilisa divers pseudonymes. Plus tard, il recruta du personnel, ce qui ne tarda pas à créer des problèmes internes et externes, et Williams tenta de racheter les parts de Hill dans l'affaire. Cependant, lorsque Hill se rendit compte que l'une des clauses du rachat lui interdisait de participer à une publication concurrente, en octobre 1920, il décida tout simplement de partir.

Dès avril 1921, il avait trouvé l'argent nécessaire au lancement d'une nouvelle publication, le Magazine de Napoleon Hill, *dont le point de départ était encore la Règle d'Or, mais qui présentait en plus les principes de la réussite qui constitueraient la base de ses ouvrages ultérieurs. L'accueil réservé à ce magazine et sa réussite valurent également à Hill de remporter un succès comme conférencier et comme inspirateur, ce qui accrut encore le succès du magazine.*

Au même moment, Hill travaillait avec un détenu pour mettre en place des cours par correspondance afin de faciliter la réinsertion. La plupart des choses que Hill entreprit à cette période furent des réussites et le programme pour les prisons connut un succès considérable. Mais l'appât du gain de deux membres du conseil d'administration, dont l'aumônier de la prison, finit par provoquer, en 1923, la disparition non seulement du programme éducatif de réinsertion, mais également du magazine et de nombreuses autres ramifications prospères.

« La cruelle ironie, comme l'observe Michael Ritt, dans A Lifetime of Riches (une Vie de Richesse), *était que peu d'entreprises auraient pu faire preuve de plus d'idéalisme et d'esprit humanitaire... et que, cependant, en cherchant à faire appel à ce qu'il a de bon dans l'âme humaine, ces entreprises avaient réveillé chez les hommes en proie au mal une soif de sang qui détruisait tout. »*

Ayant perdu son magazine, Hill retourna à l'enseignement et aux conférences, et il fit alors la connaissance d'un homme de presse militant, Don Mellet, qui lui proposa de l'aider à publier les résultats de son travail sur le projet Carnegie.

À la même époque, Mellet apprit que des gangsters de la Prohibition vendaient des stupéfiants et de l'alcool de contrebande aux enfants des écoles à Canton et que des membres de la police locale étaient soudoyés pour ne pas intervenir. Mellet était scandalisé et il révéla l'affaire dans son Canton Daily News *tandis que Hill prenait contact avec le gouverneur pour qu'il diligente une enquête sur la corruption des services de police de l'État.*

Une semaine avant que Hill et Mellet aient mis au point le financement nécessaire à la publication du livre de Hill, Don Mellet tomba dans une embuscade devant son domicile et fut assassiné par un gangster et par un policier ripou.

Ils essayèrent également de tuer Hill mais, par un véritable coup de chance, il leur échappa et s'enfuit dans les Smoky Mountains, où il resta terré dans une cabane au fond des bois pendant presque une année. Sans ressources et craignant pour sa vie, il sombra dans une profonde dépression.

Puis, au cours d'une extraordinaire nuit d'autoanalyse, il réussit, au prix d'un effort surhumain, à s'arracher à la dépression et résolut d'en terminer avec le défi que lui avait lancé Carnegie près de vingt ans auparavant. Il se rendit à Philadelphie et convainquit un éditeur de financer la publication de son livre et, pendant près de quatre mois, il travailla nuit et jour pour terminer le manuscrit. En mars 1928, Hill publia le résultat de ses efforts – une œuvre maîtresse en plusieurs volumes intitulée Law of Success (Les Lois de la Réussite). *Personne n'avait jamais vu rien de tel. C'était phénoménal. Un succès de librairie éclatant.*

Un peu plus d'un an plus tard, alors que Hill profitait du fruit de ses années de labeur, la crise boursière de 29 éclata. Tout s'effondra, y compris le marché des livres.

Mais il ne cessa jamais de croire en sa conception de la vie. Comme toute l'Amérique, il se battit tout au long de la dépression. Il fit des conférences, il écrivit, il donna tous les cours qu'il pouvait, mais ce n'était pas facile de prêcher la réussite personnelle à un pays qui avait perdu confiance en ses possibilités. Napoleon se fixa comme mission personnelle de renverser le cours des choses en lançant toute une série de programmes d'entraide, mais il devint, hélas, évident qu'un homme seul n'y suffirait pas.

Lorsque Franklin Delano Roosevelt fut élu président, il fit appel à Hill. Bien que ce dernier fût un capitaliste déclaré, il avait assez confiance dans l'objectif ultime de la politique de FDR pour venir en aide à la nouvelle administration. Tout au long de la dépression, il fut très proche du président, qu'il aida de ses conseils à orienter ses efforts pour remettre l'Amérique sur pied. On dit que c'est Hill qui suggéra Roosevelt la célèbre formule : « Nous n'avons rien à craindre sauf la peur elle-même. » Bien que Hill fût fauché comme les blés, tout comme il avait fait avec le président Wilson, il refusa d'accepter plus d'un dollar par an pour son travail.

En 1937, alors que l'Amérique commençait enfin à entrevoir des lueurs d'espoir que la Grande Dépression allait se terminer, Hill convainquit son éditeur que le pays avait maintenant besoin d'un livre qui contribuerait à effacer, dans les esprits et dans les cœurs, les stigmates de ces temps de grande épreuve. Il avait raison. Dès qu'il fut en librairie, Les Chemins de la Richesse *connut un succès si retentissant qu'il s'en vendit plus d'un million avant même la fin de la dépression. Au moment où ces lignes sont écrites, il s'en est vendu plus de 60 millions dans le monde entier, et aujourd'hui encore, il s'en vend plus d'un million par an dans ses diverses éditions.*

FAÎTES VOUS-MÊME « L'INVENTAIRE DE VOTRE PERSÉVÉRANCE »

La persévérance étant un état d'esprit, on peut la cultiver. Comme dans tous les états d'esprit, il y a dans la persévérance des composantes précises, dont les suivantes :

- *Précision de l'objectif*. Savoir ce que vous voulez est la première et la plus importante étape dans le développement de la persévérance. Une motivation forte vous obligera à surmonter les difficultés.
- *Le désir*. Il est relativement facile d'acquérir de la persévérance, et de la maintenir, s'il y a un intense désir dans notre poursuite de l'objectif.
- *Autonomie*. Si vous avez confiance en votre capacité à mettre en œuvre un plan, vous vous sentirez encouragé à persévérer pour le mener à bonne fin. (L'autonomie se développe en appliquant le principe décrit au chapitre 5, consacré à l'autosuggestion.)

- *Précision des plans.* Des plans structurés, même s'ils sont faibles ou irréalisables, favorisent la persévérance. « Deviner » au lieu de « savoir » détruit la persévérance.
- *Exactitude des connaissances.* Savoir que vos plans sont solides, qu'ils reposent sur l'expérience ou l'observation favorise la persévérance.
- *Coopération.* Solidarité, compréhension et coopération avec les autres contribuent au développement de la persévérance.
- *Volonté.* L'habitude de concentrer vos pensées sur l'élaboration de plans pour atteindre votre objectif bien défini vous rend persévérant.
- *Habitude.* L'habitude est la source directe de la persévérance. L'esprit absorbe les expériences quotidiennes dont il se nourrit et s'y intègre. La peur, qui est le pire de tous les ennemis, peut être surmontée si vous vous forcez à accomplir et à répéter des actes de courage. Tous ceux qui ont fait la guerre le savent.

Faites votre propre inventaire et déterminez quelles sont les composantes de la persévérance, cette qualité essentielle, qui vous manquent. Évaluez-vous, point par point, et voyez combien des huit facteurs précédents vous font défaut. Cette analyse vous amènera peut-être à faire des découvertes qui vous donneront une nouvelle vision de vous-même et vous feront comprendre ce qu'il vous faut pour aller de l'avant.

Ci-dessous une liste des véritables ennemis de votre réussite. Ce ne sont pas seulement des « symptômes » qui traduisent une insuffisance de persévérance, ce sont des causes de cette faiblesse profondément ancrées dans votre subconscient. Étudiez soigneusement cette liste et regardez-vous bien en face si vous voulez vraiment savoir qui vous êtes et ce dont vous êtes capable. Voici les faiblesses que doivent absolument maîtriser ceux qui veulent vraiment amasser des richesses.

1. Incapacité à formuler clairement ce que vous voulez exactement.
2. Tendance à tout remettre au lendemain, avec ou sans raison. (Avec, à l'appui, une longue liste d'alibis et d'excuses.)

3. Manque d'intérêt pour le savoir spécialisé.
4. L'indécision et l'habitude de se défausser sur quelqu'un d'autre au lieu de se colleter franchement avec les problèmes. (Là encore, alibis et excuses à l'appui.)
5. L'habitude de chercher des excuses au lieu d'élaborer des plans précis pour résoudre vos problèmes.
6. L'autosatisfaction. Il n'y a pas grand-chose à faire et il n'y a aucun espoir pour ceux qui en sont atteints.
7. L'indifférence, qui se traduit généralement par l'empressement à accepter le compromis au lieu d'affronter les obstacles et de se battre.
8. L'habitude de rendre les autres responsables de vos erreurs et de considérer que tout ce qui arrive est inévitable et de vous y résigner.
9. Faiblesse du désir parce que vous avez négligé de vous donner des raisons qui poussent à agir.
10. Tendance à renoncer au premier signe d'échec (vous succombez au moins à une des six peurs fondamentales).
11. Absence de plans structurés rédigés par vous pour qu'ils puissent être analysés.
12. L'habitude de ne pas traduire vos idées en actes ou de ne pas saisir l'occasion favorable lorsqu'elle se présente.
13. Simple souhait au lieu de volonté affirmée.
14. L'habitude de se résigner à la pauvreté au lieu de chercher à devenir riche. Manque d'ambition dans tous les domaines : dans ce qu'on est, dans ce qu'on fait, dans ce qu'on possède.
15. Chercher tous les raccourcis pour devenir riche, essayer d'avoir sans donner le juste équivalent, ce qui se traduit généralement par l'habitude du jeu ou par la malhonnêteté en affaires.
16. Peur de la critique, avec comme conséquence l'incapacité à élaborer des plans et à les mettre en œuvre à cause de ce que les autres pourraient penser, faire ou dire. C'est l'une de vos ennemies les plus redoutables parce qu'elle est souvent tapie

dans votre subconscient et vous ne le savez peut-être même pas. (Voir les Six Peurs Fondamentales au dernier chapitre.)

SI VOUS AVEZ PEUR DES CRITIQUES

Ci-dessous une description des symptômes de la peur de la critique. Les gens, dans leur immense majorité, se laissent influencer par la famille, les amis et les autres en général, si bien qu'ils sont incapables de vivre leur vie par peur de la critique.

Il y a beaucoup de gens dont le mariage est une erreur mais qui restent mariés et sont malheureux toute leur vie parce qu'ils craignent la critique. Quiconque a été en proie à cette forme de peur sait les dommages irréparables qu'elle cause en tuant l'ambition et le désir de réussir.

Des millions de gens négligent de reprendre leurs études après avoir quitté l'école par peur de la critique.

Un nombre incalculable d'hommes et de femmes se laissent gâcher la vie par des parents au nom du devoir de famille parce qu'ils craignent la critique. Le devoir n'impose pas que vous acceptiez que soit ruinée votre ambition personnelle, ni que vous renonciez au droit que vous avez de vivre votre vie à votre guise.

Les gens refusent de prendre des risques en affaires parce qu'ils craignent les critiques qui pourraient être formulées après un échec. La peur de la critique est, en l'occurrence, plus forte que le désir de réussir.

Trop de gens refusent de se fixer des objectifs ambitieux parce qu'ils craignent les critiques des membres de leur famille ou d'amis qui pourraient dire : « Ne vise pas si haut, les gens vont penser que tu es fou. »

Lorsque Andrew Carnegie suggéra que je consacre vingt ans de ma vie à élaborer une philosophie de la réussite personnelle, ma première réaction fut la peur de ce que les gens pourraient dire. Ce qu'il me proposait dépassait de loin tout ce que j'avais pu imaginer pour moi. Mon premier réflexe fut de chercher des excuses qui, toutes, étaient inspirées par la peur des critiques. Quelque chose en moi me disait : « Tu ne pourras pas y arriver – c'est une tâche qui te dépasse et qui demandera trop de temps – qu'est-ce que ta famille va penser de toi ? – Comment est-ce que tu vas gagner ta vie ? – Personne n'a jamais élaboré une philosophie de la réussite, de quel droit te crois-tu capable de le faire ? – Pour qui donc te pends-tu pour viser si haut ? – Souviens-toi de tes humbles origines – et que sais-tu de la philosophie ? – les gens vont penser que tu es fou (et c'est ce qui arriva) – pourquoi est-ce que personne d'autre n'a encore entrepris cela ? »

Ces questions, et bien d'autres, m'assaillaient. J'avais l'impression que le monde entier avait les yeux fixés sur moi pour me ridiculiser et m'obliger à renoncer à tout désir de suivre la suggestion de Carnegie.

Plus tard dans la vie, après que j'eus étudié le cas de milliers de gens, je me rendis compte que la plupart des idées sont mort-nées. Pour se développer, les idées ont besoin du souffle de vie que leur communiquent des plans précis d'action immédiate. C'est au moment où elle prend naissance qu'il faut soigner une idée. Chaque minute de vie augmente ses chances de survie. La peur des critiques est ce qui tue la plupart des idées et les empêche de parvenir au stade du plan et de l'action.

UN « COUP DE VEINE », ÇA SE COMMANDE

Beaucoup de gens croient que la réussite tient à « des coups de veine. » Il y a peut-être un peu de ça, mais si vous comptez sur la chance, vous serez déçu pratiquement à tous les coups. Le seul coup de veine sur lequel chacun peut se permettre de compter est celui qu'il se fait lui-même et qui est le fruit de la persévérance. Au départ, il faut avoir un but bien défini.

COMMENTAIRE

En 1999, Marc Myers, rédacteur d'un des plus influents guides pratiques *du pays,* Bottom Line/Personal (Dernière ligne du bilan/Personnel) *publia un livre intitulé How to Make Luck : 7 Secrets Lucky People Use to Succeed (Comment fabriquer la chance : 7 secrets utilisés par ceux qui ont de la chance). Dans ce livre, il présente les résultats d'une étude faite dans le département de psychologie de l'université du Hertfordshire, près de Londres. Cette étude portait sur un groupe de gens, dont la moitié s'estimaient chanceux ou bien étaient considérés comme chanceux par les autres. L'autre moitié du groupe estimait qu'elle n'avait pas de chance. On les regroupa sur le campus pour qu'ils puissent regarder une partie de pile ou face sur ordinateur. Chacun regardait un lutin de bande dessinée apparaître à l'écran et lancer une pièce. Chaque membre devait dire si c'était pile ou face.*

Les résultats de l'expérience démontrèrent que le groupe des « malchanceux » avait deviné juste à peu près autant de fois que le groupe des « chanceux ». Au cours des entretiens qui suivirent, les chercheurs conclurent que la seule différence entre les soi-disant chanceux et les soi-disant malchanceux était que les premiers avaient tendance à se souvenir des bonnes choses qui leur étaient arrivées dans la vie tandis que ceux qui s'estimaient malchanceux avaient tendance à ruminer les mauvaises choses. La vérité scientifique, c'est que la chance, quand il s'agit de tirer à pile ou face, de faire tourner une roue ou de retourner une carte, est pur hasard et qu'on ne peut rien y faire. Les seules choses dont nous ayons la maîtrise sont nos paroles et nos actes. Tout ce qui nous arrive d'autre dépend des actions des autres ou du monde de hasard dans lequel nous vivons.

Alors pourquoi y a-t-il des gens qui semblent avoir tellement de chance, qui semblent avoir tous les coups de veine ?

Myers dit que, à la différence de la chance, le coup de veine est quelque chose dont on a la maîtrise. Et les gens qui ont de la chance ont, sciemment ou non, fait ce qu'il fallait pour provoquer leur chance. Il y a deux façons de peser sur les coups de veine : il faut vous placer sur le chemin de la chance et donner aux gens l'envie de vous aider – parce qu'ils pensent que vous méritez leur aide.

Une fois que vous avez fait comprendre au monde que vous êtes prêt à avoir un coup de veine, la chance, c'est en grande partie les occasions que vous offriront les gens qui vous « ouvrent des portes ». Myers les appelle les « portiers ». Les portiers ne vous proposent pas de vous aider uniquement par bonté, mais parce qu'ils espèrent que vous les aiderez en retour quand vous serez en mesure de le faire. Les gens qui ont de la chance se font un devoir d'impressionner leurs portiers pour être les premiers à qui ceux-ci penseront lorsque des occasions se présenteront.

Vos portiers doivent être persuadés que vous méritez un coup de chance et que cela vaut la peine pour eux de vous le donner. L'une des meilleures façons de le faire est tout simplement de vous comporter et d'agir en homme ou en femme qui a de la chance. Si vous agissez en perdant, les gens pensent que vous êtes un perdant. Si vous vous percevez comme quelqu'un qui a de la chance, il sera plus facile aux autres de vous voir ainsi. Et si on vous considère comme quelqu'un de chanceux, vos chances de bénéficier d'occasions favorables augmenteront, en partie parce que les autres espèreront qu'un peu de votre chance déteindra sur eux.

C'est le plus grand secret que connaissent les gens qui ont de la chance. Ils savent que s'ils donnent l'impression d'avoir de la chance, davantage de gens auront envie de les aider. Il y a des gens qui attendent l'occasion de changer quelque chose dans votre vie si vous leur montrez que vous êtes prêt à faire un effort et que vous avez de l'enthousiasme. Le livre de Marc Meyers est consacré à vous expliquer comment faire.

Comme le dit Hill : « Le seul coup de veine sur lequel chacun peut se permettre de compter est celui qu'il se fait lui-même, et qui est le fruit de la persévérance. Au départ, il faut avoir un but bien défini. »

Si vous abordiez les cent premières personnes que vous rencontrez dans la rue et leur demandiez ce qu'elles attendent le plus de la vie, quatre-vingt-dix-huit d'entre elles seraient incapables de vous répondre. Si vous insistez, certaines vous diront la sécurité, beaucoup l'argent, un petit nombre le bonheur, et d'autres, la célébrité et le pouvoir. Certaines vous diraient peut-être la reconnaissance sociale, l'aisance, le don du chant, de la danse ou de l'écriture ; mais aucune ne sera en mesure de vous donner la moindre indication quant au plan par lequel elles espèrent réaliser ces souhaits vaguement formulés. La richesse ne répond pas aux souhaits. Elle ne répond qu'à des plans bien définis, soutenus par des désirs affirmés, et demande une persévérance de tous les instants.

COMMENT DÉVELOPPER LA PERSÉVÉRANCE

Il y a quatre choses qui contribuent à créer l'habitude de la persévérance. Elles ne demandent pas une intelligence extraordinaire, ni un niveau d'instruction particulier, ni beaucoup de temps, ni beaucoup d'efforts. Il faut :

1. Un but bien précis soutenu par un désir brûlant de le réaliser.
2. Un plan bien défini, qui se traduit par une action continue.
3. Un esprit absolument imperméable aux influences négatives et décourageantes, parmi lesquelles les suggestions négatives de la famille, des amis et des relations.
4. La coopération amicale d'au moins une personne pour vous encourager à exécuter votre plan et à atteindre votre but.

Ces quatre choses sont essentielles pour la réussite, quelles que soient les activités. Les treize principes de cette philosophie ont notamment pour objectif de vous permettre de prendre l'habitude d'accomplir ces quatre choses.

Elles vous permettront de prendre en main votre destinée économique.

Elles sont la voie de la liberté et de l'autonomie de pensée.

Elles sont le chemin qui mène à la richesse, en petite ou en grande quantité.

Elles ouvrent la voie du pouvoir, de la célébrité et permettent d'être reconnu en ce bas monde.

Elles garantissent des « coups de chance ».

Elles convertissent les rêves en réalités concrètes.

Elles permettent également de surmonter la peur, le découragement et l'indifférence.

Il y a une magnifique récompense pour tous ceux qui apprennent à accomplir ces quatre choses. Vous aurez ainsi le privilège d'écrire votre propre histoire et d'obtenir de la vie ce que vous lui demanderez.

COMMENT SURMONTER LES DIFFICULTÉS

Quel est ce pouvoir mystique qui donne à ceux qui persévèrent la capacité de vaincre les difficultés ? Est-ce que la persévérance déclenche dans votre esprit une certaine forme d'activité spirituelle, mentale ou chimique qui vous donne accès à des forces surnaturelles ? Est-ce que l'intelligence infinie se jette dans la bataille aux côtés de la personne qui continue à se battre alors que le monde entier s'est ligué contre elle ?

Ces questions, et bien d'autres du même ordre, me tourmentaient tandis que je voyais Henry Ford repartir de zéro et bâtir un empire industriel avec guère plus d'atouts que la seule persévérance. Ou Thomas Edison qui, ayant fréquenté l'école à peine trois mois, devint le plus grand inventeur du monde. Il transforma sa persévérance en machines à enregistrer et à reproduire le son, en caméras et en projecteurs de cinéma, en lumière à incandescence, sans compter une cinquantaine d'autres inventions utiles.

J'ai eu l'occasion de faire porter mon étude sur les cas d'Edison et de Ford de près et individuellement, année après année, sur une longue période. Donc je parle en connaissance de cause quand je dis que chez l'un comme l'autre, il n'y avait pas d'autre qualité que la persévérance pour expliquer un tant soit peu leur extraordinaire réussite.

Si vous faites une étude objective des prophètes, des philosophes et des chefs religieux du passé, vous conclurez inévitablement que la persévérance, la concentration dans l'effort et la précision de l'objectif ont été les principales raisons de leur réussite.

Prenez, par exemple, l'histoire fascinante de Mahomet. Analysez sa vie, comparez-le aux hommes qui, de nos jours, réussissent dans le monde de l'industrie et de la finance et vous remarquerez qu'ils ont tous en commun un trait de caractère exceptionnel : la persévérance. Si vous souhaitez mieux comprendre le pouvoir de la persévérance et savoir comment elle fonctionne, je vous conseille vivement la lecture d'une biographie de Mahomet.

COMMENTAIRE

Au début du vingt et unième siècle, on a observé un regain d'intérêt pour l'islam à la suite des attentats contre le World Trade Center et de la guerre contre le terrorisme qui s'en est suivie. De ce fait, le lecteur moderne n'aura aucune difficulté à trouver de bons ouvrages sur Mahomet.

À l'époque où Hill écrivait la première édition des Chemins de la Richesse, *l'une des meilleures biographies de Mahomet était due à Essad Bey, qui était né à Bakou, en Azerbaïdjan, et qui était le fils d'un homme d'affaires juif du nom de Nussimbaum. Il changea plus tard de nom lorsqu'il se convertit à l'islam. Pendant la révolution russe, il s'enfuit à Berlin, où il vécut jusqu'à ce que l'avènement de Hitler le contraigne à partir, d'abord pour l'Autriche, et finalement pour l'Italie. Certains pensent qu'il écrivit également sous le pseudonyme de Kurban Said, et que, il était, en fait, l'auteur de ce roman très apprécié,* Ali et Nino.

Il est manifeste que Napoleon Hill fut très impressionné par cette biographie, si l'on en juge par cette recommandation :

Je vous conseille vivement la lecture d'une biographie de Mahomet, en particulier celle de Essad Bey. La brève critique de cet ouvrage parue dans le *Herald Tribune* donnera un avant-goût du plaisir exceptionnel qui attend ceux qui prendront le temps de lire dans son intégralité le récit du pouvoir de la persévérance le plus incroyable qu'ait connu l'humanité.

LE DERNIER DES GRANDS PROPHÈTES
Thomas Sugrue

Mahomet était un prophète, mais il n'a jamais accompli de miracle. Ce n'était pas un mystique ; il n'avait pas fait d'études à proprement parler ; il ne commença pas sa mission avant quarante ans. Lorsqu'il annonça qu'il était le messager de Dieu et qu'il était porteur de la parole de la vraie religion, on se moqua de lui et il fut étiqueté comme fou. Les enfants lui faisaient des croche-pieds et les femmes lui lançaient des grossièretés. Il fut banni de sa ville natale, La Mecque, et ses fidèles furent dépouillés de leurs biens matériels et, à leur tour, chassés dans le désert. Alors qu'il prêchait depuis dix ans, il n'avait à son actif que le bannissement, la pauvreté et le ridicule. Et pourtant, à peine dix ans plus tard, il était le dictateur de toute l'Arabie, il gouvernait La Mecque et était à la tête d'une nouvelle religion mondiale qui devait déferler jusqu'au Danube et aux Pyrénées avant que ne retombe l'élan qu'il lui avait donné. Cet élan était de trois ordres : le pouvoir de la parole, l'efficacité de la prière et la proximité de l'homme avec Dieu.

Il eut un parcours qui échappe à la compréhension. Mahomet appartient à la branche très pauvre d'une famille dominante de La Mecque. Carrefour du monde, pays de la pierre magique, dans la Ka'ba, grande cité commerciale et centre des routes commerciales, La Mecque était une ville insalubre, les enfants étaient envoyés dans le désert pour y être élevés par les Bédouins. C'est ainsi que Mahomet fut nourri au lait de mères nomades adoptives et qu'il acquit force et santé. Il garda des moutons et fut bientôt embauché par une riche veuve pour conduire ses caravanes. Il voyagea dans toutes les régions de l'Orient, s'entretint avec de nombreux hommes aux croyances diverses et observa le déclin du christianisme et son éclatement en sectes rivales. Quand il eut vingt-huit ans, la veuve Khadija lui porta intérêt et l'épousa. Comme son père à elle se serait opposé à un tel mariage, elle l'enivra et le retint jusqu'à ce qu'il donne sa bénédiction paternelle. Les douze années suivantes, Mahomet mena la vie d'un riche commerçant respecté et très malin. Puis il se mit à errer dans le désert et, un jour, il revint avec le premier verset du Coran et dit à Khadija que l'archange Gabriel lui était apparu et lui avait dit qu'il était le Messager de Dieu.

Le Coran, la parole de Dieu révélée, c'est ce qui se rapprochait le plus d'un miracle dans la vie de Mahomet. Ce n'était pas un poète ; il n'avait pas le don de la parole. Pourtant les versets du Coran, tels qu'il les reçut et les récita à ses fidèles étaient bien autre chose que les vers que pouvaient produire les poètes professionnels des tribus. Pour les Arabes, c'est cela qui était un miracle. Pour eux, le don de la parole était le don suprême, le poète était tout-puissant. En outre, le Coran disait que tous les hommes étaient égaux devant Dieu, que le monde devait être un état démocratique : l'islam. C'est cette hérésie politique, ainsi que le désir de Mahomet de détruire les 360 idoles qui se trouvaient dans la cour de la Ka'ba, qui lui valurent d'être banni. Les idoles attiraient à La Mecque les tribus du désert, ce qui signifiait du commerce. C'est pourquoi les hommes d'affaires de La Mecque, les capitalistes, dont il avait fait partie, s'en prirent à Mahomet. Il se retira alors dans le désert et prétendit régner sur le monde.

Ce fut le début de la montée de l'islam. Du désert vint une flamme qui ne s'éteindrait pas – une armée démocratique qui se battait et qui était prête à mourir sans broncher. Mahomet avait invité les juifs et les chrétiens à se joindre à lui ; car il ne fondait pas une nouvelle religion. Il appelait tous ceux qui croyaient en un seul Dieu à se rassembler dans une seule foi. Si les juifs et les chrétiens avaient répondu à son invitation, l'islam aurait conquis le monde. Ils ne le firent pas. Ils ne voulurent même pas se rallier à l'idée novatrice de la guerre humanitaire. Lorsque les armées du prophète entrèrent à Jérusalem, il n'y eut pas un seul tué à cause de sa foi. Quand les croisés pénétrèrent dans la ville des siècles plus tard, pas un seul musulman, homme, femme ou enfant, ne fut épargné. Mais, en revanche, les chrétiens empruntèrent une idée aux musulmans – la place accordée au savoir, l'université.

IL N'Y A JAMAIS FOULE

AU SOMMET

DE L'ÉCHELLE DE LA RÉUSSITE.

CHAPITRE

11

POUVOIR DU GROUPE DE CERVEAUX

LE MOTEUR

Neuvième étape sur le chemin de la richesse

Le pouvoir est essentiel pour réussir à amasser de l'argent. Les plans ne servent à rien s'il n'y a pas un pouvoir assez fort pour les transformer en actes. Ce chapitre décrit la méthode qui permet à quelqu'un d'acquérir du pouvoir et de l'utiliser.

On peut définir le pouvoir comme « un savoir organisé et intelligemment orienté ». Le pouvoir, au sens où il est utilisé ici, fait référence à un effort organisé, assez puissant pour permettre à une personne de transmuer le désir en son équivalent pécuniaire. L'effort organisé, c'est une action coordonnée d'au moins deux personnes qui travaillent en harmonie pour parvenir à un objectif bien défini.

Le pouvoir est indispensable pour amasser de l'argent. Il est nécessaire pour conserver cet argent une fois qu'il a été amassé.

Comment le pouvoir peut-il s'acquérir ? Si le pouvoir est du « savoir organisé », examinons les sources du savoir :

- *L'intelligence infinie*. C'est l'imagination créatrice qui donne accès à cette source du savoir par l'intermédiaire du subconscient, tel qu'il a été décrit dans les chapitres précédents qui ont trait à la foi, à l'autosuggestion et à l'imagination, et tel qu'il est décrit en détail au chapitre 13, le Subconscient, et au chapitre 14, le Cerveau.

- *L'expérience accumulée*. L'expérience que l'humanité a accumulée se trouve dans les bonnes bibliothèques. Une partie importante de cette expérience est enseignée dans les écoles publiques et à l'université, où elle et classée et organisée.
  [La révolution informatique et Internet ont profondément changé la quantité de cette information disponible, la facilité d'accès et la possibilité de l'organiser.]
- *Expérimentation et recherche*. Dans le domaine de la science, et pratiquement dans tous les secteurs d'activité, les gens recueillent, classent et organisent des faits nouveaux tous les jours. C'est vers cette source qu'il faut vous tourner quand les connaissances ne se trouvent pas dans « l'expérience accumulée ». Là également, l'imagination créatrice peut se révéler utile.
  [Aujourd'hui, la révolution informatique et Internet permettent de publier et de diffuser l'information si rapidement qu'il n'y a presque pas de décalage entre le moment de l'expérimentation et le moment où les résultats sont intégrés dans le corpus des connaissances disponibles.]

Le savoir peut se puiser aux sources ci-dessus mentionnées. Il peut se convertir en pouvoir si on sait le structurer pour en faire des plans bien précis et si on met ces plans à exécution.

Si vous examinez ces trois sources de savoir, vous verrez à quel point vous auriez du mal, si vous ne deviez compter que sur vos propres efforts, à rassembler toutes les connaissances dont vous avez besoin pour les transformer ensuite en plans d'action bien définis. Si vos plans sont d'importance et exhaustifs, il vous faudra obtenir la coopération d'autres personnes pour pouvoir structurer vos connaissances de telle sorte que vous puissiez transformer vos plans en pouvoir.

ACQUÉRIR DU POUVOIR AVEC L'AIDE DU GROUPE DE CERVEAUX

On peut définir le Groupe de Cerveaux comme « la coordination des connaissances et des efforts, dans un esprit d'harmonie, par au moins deux personnes en vue d'atteindre un but bien précis ».

Personne ne peut avoir un grand pouvoir sans recourir au Groupe de Cerveaux. Au chapitre 8, Planification, j'ai expliqué comment élaborer des plans pour traduire le désir en son équivalent pécuniaire. Si vous exécutez ces instructions avec persévérance et intelligence et si vous faites preuve de discernement lorsque vous constituerez votre Groupe de Cerveaux, votre objectif sera à moitié atteint avant même que vous vous en aperceviez.

COMMENTAIRE

Dans la partie suivante, Hill décrit deux sortes de pouvoir qu'une personne peut acquérir en constituant un Groupe de Cerveaux et en travaillant avec celui-ci. Le premier de ces pouvoirs est le pouvoir économique, qui n'appelle aucune remarque de la part des auteurs de ce commentaire. Mais, pour décrire le second, Hill utilise, faute d'un meilleur terme, le mot parapsychique. *Comme ce mot a pris des connotations qui n'étaient pas dans l'esprit de Hill, ce concept mérite d'être clarifié avant de poursuivre.*

Comme il est évident tout au long de ce livre, Hill était un homme très pratique. Le sens qu'il donne au mot parapsychique *dans ce chapitre n'a rien à voir avec les séances de spiritisme, la magie ou tout autre phénomène paranormal. Il définit ainsi le terme : « ce qui se rapporte à l'esprit humain », et il l'emploie pour décrire des phénomènes qui sont en rapport avec l'esprit et que tout lecteur de ce livre a éprouvés. C'est, par exemple, ce que vous ressentez quand vous travaillez avec d'autres personnes, que chacun est concentré au maximum sur le même objectif, et que tout marche si bien qu'on a l'impression que tous les membres sont en phase les uns avec les autres. Quand cela se produit, non seulement vous travaillez mieux avec les autres, mais vous avez le sentiment que votre travail et vos idées sont meilleurs et que vous vous situez à un niveau plus élevé que d'habitude.*

Dans ces conditions, vous pouvez mieux comprendre quel pouvoir potentiel vous apporte un Groupe de Cerveaux convenablement choisi. Je vais vous expliquer les deux caractéristiques du principe qui gouverne ce groupe. L'un des pouvoirs est économique, l'autre est parapsychique.

- *Le pouvoir économique.* La caractéristique économique est évidente. Les avantages d'ordre économique s'offrent à tous ceux qui s'entourent des avis, des conseils et de la coopération de chacun des membres d'un groupe disposé à leur apporter une aide sans réserve, et dans un esprit de parfaite harmonie. Cette forme de coopération est à la base de presque toutes les grandes fortunes. C'est la compréhension de cette profonde vérité qui peut, à coup sûr, déterminer votre situation financière.
- *Le pouvoir parapsychique.* Ce que j'entends par phase parapsychique, quand je parle du principe du Groupe de Cerveaux, est une notion un peu plus difficile à comprendre. Vous en saisirez mieux le sens si je vous dis ceci : « Deux esprits ne peuvent pas s'entendre vraiment sans que se créée une troisième force, une force invisible et immatérielle qui peut être comparée à un troisième esprit. » L'esprit humain est une forme d'énergie. Lorsque les esprits de deux personnes sont en synergie dans un esprit d'harmonie, l'énergie de l'un semble se renforcer au contact de l'énergie de l'autre. C'est cela la phase « parapsychique » du Groupe de Cerveaux.

C'est Andrew Carnegie qui, le premier, attira mon attention sur le principe du Groupe de Cerveaux, ou plutôt sur son aspect économique. C'est la découverte de ce principe qui a orienté mes choix de vie.

Le Groupe de Cerveaux de Carnegie se composait d'une équipe d'une cinquantaine de personnes dont il s'était entouré, l'objectif étant la fabrication et la commercialisation de l'acier. C'était un domaine qu'il ne connaissait pas bien. Sa force, c'était qu'il avait su amener des gens à travailler ensemble, en parfaite harmonie, à la réalisation d'un objectif commun. Il estimait qu'il devait toute sa fortune au pouvoir que lui avait apporté le Groupe de Cerveaux.

Si vous vous analysez le parcours de tous ceux qui ont amassé une grande fortune et de ceux dont la fortune est modeste, vous vous rendrez compte qu'ils ont, consciemment ou inconsciemment, mis à profit le principe du Groupe de Cerveaux.

C'est le seul principe qui permet d'acquérir un grand pouvoir.

Comment décupler la puissance de votre cerveau

On peut comparer le cerveau à une batterie. Il est certain qu'un groupe de batteries fournira plus d'énergie qu'une seule. Il est également certain que la somme d'énergie que dégage chaque batterie individuelle est fonction du nombre et de la puissance de chacun des éléments qui la composent.

Le cerveau fonctionne d'une manière semblable. Certains cerveaux sont plus efficients que d'autres.

Un groupe de cerveaux coordonnés (ou reliés) dans un esprit d'harmonie dégagera plus d'énergie de pensée qu'un seul cerveau, tout comme un groupe de batteries dégagera plus d'énergie qu'une seule.

Cette métaphore montre bien que le principe du Groupe de Cerveaux est le secret du pouvoir dont disposent ceux qui savent s'entourer d'autres personnes douées d'une grande puissance de pensée.

Ce qui suit définira d'une manière plus précise ce que j'entends par phase parapsychique : lorsqu'un groupe d'esprits est mis en synergie et fonctionne harmonieusement, chacun de ces esprits, pris séparément, bénéficie du surcroît d'énergie produit par cette alliance.

Au début de sa carrière, Henry Ford souffrait du handicap de la pauvreté, de l'absence d'instruction et de l'ignorance. En un temps record de moins de dix ans, il surmonta ces trois handicaps et, en moins de vingt-cinq ans, il se constitua l'une des plus grosses fortunes d'Amérique.

Comment est-ce qu'il y parvint ? Voici un élément de réponse important : l'amélioration extrêmement rapide de sa situation devint perceptible dès le moment où il se lia d'amitié avec le célèbre inventeur, Thomas A. Edison. Dans le parcours de réussite de Ford, ce n'est là que la première indication de ce que peut accomplir l'influence d'un esprit sur un autre. Si vous vous intéressez aux étapes suivantes de sa vie, vous découvrirez d'autres preuves du pouvoir qui peut émaner d'une association amicale d'esprits. C'est un fait que les réussites les plus éclatantes de Ford furent encore plus marquées ultérieurement, après qu'il eut fait la connaissance de Harvey Firestone, de John Burroughs et de Luther Burbank (chacun de ces hommes étant d'une grande stature intellectuelle).

Les gens adoptent la nature de la pensée, les habitudes de pensée et la puissance de pensée de ceux avec qui ils sont associés par affinités et dans un esprit d'harmonie. En s'associant avec Edison, Burbank, Burroughs et Firestone, Ford ajoutait à la puissance de son cerveau l'intelligence, le savoir et les forces spirituelles de ces quatre hommes. Il appliquait le principe du Groupe de Cerveaux exactement comme il est indiqué dans ce livre.

Ce principe est à votre disposition.

J'ai déjà évoqué le cas du Mahatma Gandhi. Permettez-moi de revenir sur la méthode qui lui permit d'acquérir cet extraordinaire pouvoir. On peut l'expliquer en quelques mots. Il est arrivé au pouvoir en persuadant plus de deux cents millions de gens de coordonner leurs actions et leurs pensées pour réaliser ensemble, dans un esprit d'harmonie, un objectif bien défini.

En résumé, Gandhi avait accompli un miracle, car c'est un miracle de réussir à persuader – et non de forcer – deux cents millions de gens à coopérer harmonieusement pendant un certain temps. Si vous ne croyez pas que c'est un miracle, essayez donc d'amener à coopérer harmonieusement pendant un certain temps ne fût-ce que deux personnes.

Tout chef d'entreprise sait combien il est difficile d'amener des employés à travailler ensemble dans un esprit même fort éloigné de l'harmonie.

COMMENTAIRE

Lorsque vous constituez votre Groupe de Cerveaux, la première chose qui compte est que vous sachiez clairement ce que vous voulez. C'est votre désir qui vous dira ce dont vous avez besoin. Le groupe peut être petit, comme ce fut le cas lorsque Steven Jobs et Steve Wozniak fondèrent Apple, lorsque Bill Gates et Paul Allen lancèrent Microsoft, ou que Steven Spielberg, Jeffrey Katzenberg et David Greffen créèrent Dreamworks. Ce peut être également un grand groupe, par exemple celui de Century 21 Real Estate (réseau d'agences immobilières) constitué de trente directeurs régionaux, dont le fondateur, Arthur Barlette, estimait que ce nombre était essentiel à la réussite de la société. De l'avis de Napoleon Hill, un groupe devrait, dans la plupart des cas, compter au maximum une douzaine de personnes, car, en général, plus il est petit, mieux cela vaut.

Choisir les membres, cela signifie trouver ceux qui, non seulement partagent votre vision, mais ont les mêmes idées, les mêmes informations et les mêmes contacts que vous. Ils vous laisseront profiter de toute la force de leur expérience, de leur formation et de leur savoir, comme si c'étaient les vôtres. Et ils le feront dans un esprit de parfaite harmonie.

La question qui vient immédiatement à l'esprit de tout lecteur est celle-ci : « Où trouver les gens qui m'aideront à ce point ? » Napoleon Hill ne peut pas répondre pour vous à cette question, mais, en revanche, il vous dit ce qu'il faut chercher. C'est à vous de savoir où chercher. Et si vous avez vraiment le désir de réussir, vous vous mettrez en quête et vous n'abandonnerez pas tant que vous n'aurez pas trouvé les gens qu'il vous faut.

La description du Groupe de Cerveaux que donne Napoleon Hill est citée ci-dessous, mais augmentée de matériaux empruntés aux articles qu'il écrivit et aux discours qu'il prononça après la publication des Chemins de la Richesse. *Ces documents ont été compilés pour publication par W.Clement Stone, son ami, son mentor et associé en affaires, et ils apparaissent dans deux livres,* Napoleon Hill's Keys to Success (Les Clefs de la Réussite selon Napoleon Hil) *et* Believe and Achieve (Croire et Réaliser).

Comment trouver les membres de votre Groupe de Cerveaux

Associez-vous avec tous ceux dont vous aurez besoin pour composer un Groupe de Cerveaux qui vous aidera à élaborer et à mettre à exécution votre plan, ou vos plans, conçus pour que vous amassiez de l'argent. Il est absolument essentiel que vous vous conformiez à cette instruction.

Associez-vous avec des gens qui ont en commun des valeurs, des buts et des intérêts, mais qui ont, individuellement, un puissant désir de contribuer à l'effort général. Vous procéderez forcément par tâtonnements, mais il y a deux qualités que vous ne devez jamais perdre de vue.

La première est l'aptitude à faire le travail. Ne choisissez pas des gens simplement parce que vous les connaissez et les trouvez sympathiques. Ils peuvent vous être précieux pour améliorer votre qualité de vie, mais ils ne sont pas forcément faits pour participer à un Groupe de Cerveaux. Votre meilleur ami n'est peut-être pas le plus compétent dans le domaine du marketing, mais il peut vous présenter quelqu'un qui l'est.

La seconde qualité est l'aptitude à travailler en harmonie avec les autres. Il doit régner une entente totale entre les esprits, sans la moindre réserve. Les ambitions personnelles, y compris la vôtre, doivent être subordonnées à la réalisation de l'objectif du groupe.

Il faut également que vous exigiez la confidentialité. Certains peuvent révéler une idée simplement parce qu'ils adorent parler. Vous pouvez vous passer d'eux.

Mettez-vous en phase avec tous les membres. Essayez d'imaginer comment vous réagiriez dans une situation donnée si vous étiez à la place de l'un d'entre eux.

Soyez attentif au langage gestuel. Il arrive que les expressions du visage et les gestes en disent plus sur ce que ressent une personne que les mots qui sortent de sa bouche.

Soyez sensible au non-dit. Il arrive que ce qui est omis soit plus important que ce qui est dit.

N'essayez pas de forcer l'allure du groupe. Tenez compte de ceux qui veulent tester les idées en se faisant les avocats du diable.

Qu'avez-vous à offrir à votre Groupe de Cerveaux ?

Avant de former votre groupe, déterminez les divers avantages que vous pouvez offrir à chacun des membres de votre groupe en échange de sa collaboration. Personne ne travaillera indéfiniment sans une forme de compensation.

La richesse est évidemment ce qui intéressera le plus les membres de votre groupe. Soyez équitable et généreux dans votre offre.

Pour certains, il peut être tout aussi important de se faire reconnaître et d'avoir la possibilité de s'exprimer que d'avoir de l'argent.

Souvenez-vous que, dans des associations de cette nature, en faire plus et le faire mieux, c'est-à-dire ne pas vous limiter à ce pour quoi vous êtes payé, est un principe de première importance. En tant que leader, donnez l'exemple afin que les autres suivent.

Dès le début, il faut que chacun donne son accord sur la nature de sa participation et sur la répartition des formes de compensation. Autrement, vous pouvez être sûr qu'il y aura des dissensions, que vous aurez fait perdre du temps à tout le monde et que votre entreprise sera anéantie.

Réunions de votre Groupe de Cerveaux

Faites en sorte de réunir les membres de votre groupe au moins deux fois par semaine, et plus si possible, jusqu'à ce que vous ayez mis au point en commun le plan, ou les plans, vous permettant d'amasser de l'argent.

La première réunion sera consacrée à recenser les points forts et les points faibles, et à peaufiner vos plans.

Pour réussir, votre association doit être active. Précisez bien les responsabilités de chacun et les phases du travail.

Au fur et à mesure que votre groupe s'affirmera et que l'harmonie se développera entre les membres, vous vous apercevrez que les réunions font venir tout un flot d'idées à l'esprit de chacun.

Veillez à ce que les réunions ne deviennent ni régulières ni formalistes au point de freiner les échanges téléphoniques ou autres contacts moins formels.

Veillez à maintenir la cohésion de votre groupe

Maintenez une harmonie parfaite avec chaque membre de votre groupe. Si vous ne suivez pas cette recommandation à la lettre, vous pouvez vous attendre à l'échec. Le principe du Groupe de Cerveaux n'est pas applicable s'il ne règne pas une harmonie parfaite.

Créez un environnement où la menace n'a pas sa place. Explorez toutes les idées avec un égal intérêt et le souci de ménager les sentiments de ceux qui les proposent. Les relations de chacun à chacun doivent être moralement irréprochables. Personne ne doit chercher à bénéficier d'un avantage injuste au détriment des autres.

En tant que pilote du groupe, vous devez lui inspirer confiance en montrant que votre seule préoccupation est la réalisation du désir qui a motivé la constitution de cette association. Les membres doivent avoir la certitude qu'ils peuvent compter sur vous, que vous êtes digne de confiance et loyal.

Quand vous serez finalement prêt à présenter les résultats de vos efforts à des investisseurs, à des acheteurs ou au public, vos qualités de chef risquent de se trouver confrontées au défi le plus difficile, à savoir préserver l'harmonie au sein du groupe, dont les efforts seront alors jugés par des personnes extérieures, et s'exposer à être jugé demande du courage et de la persévérance. Le courage d'individus pris séparément n'est rien comparé à celui d'une équipe unie. Mieux vous serez capable de préserver l'harmonie, plus fort sera votre pouvoir, et plus fort il sera, mieux vous serez en mesure de vaincre la résistance.

Le mariage et le Groupe de Cerveaux

Associer la personne que vous aimez le plus au Groupe de Cerveaux est d'une importance capitale. Si vous êtes marié(e) et n'avez pas bâti votre relation sur les mêmes principes d'harmonie que ceux qui sont indispensables dans toute alliance, vous risquez de devoir renégocier les termes du contrat avec votre conjoint(e). Gardez-vous du temps chaque jour pour expliquer ce que vous voulez faire et comment vous allez procéder. La précision et la clarté de votre objectif devraient vous permettre d'utiliser au mieux votre pouvoir de persuasion pour convaincre votre conjoint(e) des avantages du travail que vous avez entrepris. Il est peu probable que ce travail n'affecte pas considérablement votre vie de mari ou de femme. Il faut absolument que vous évitiez d'entraîner votre conjoint(e), à son corps défendant, dans une quelconque entreprise.

Intégrez dans votre mariage, dès le début, cette association du Groupe de Cerveaux, et cela vous sera d'un précieux secours aux jours les plus sombres. En fait, c'est toute votre famille qu'il faudrait y incorporer. Le manque d'harmonie chez vous peut facilement s'étendre ailleurs. Une famille unie forme une équipe extraordinaire.

Le Groupe de Cerveaux et l'intelligence infinie

L'intelligence infinie est en tête de la liste des sources où vous pouvez faire provision de pouvoir. Lorsque deux personnes, ou plus, coopèrent dans un esprit d'harmonie et se fixent un objectif bien précis, elles se mettent en situation de puiser directement du pouvoir dans ce formidable réservoir universel que j'appelle l'intelligence infinie. C'est la plus grande de toutes les sources de pouvoir. C'est la source vers laquelle se tournent les génies et les grands leaders (qu'ils en soient conscients ou non).

Au chapitre 13, Le Subconscient, et au chapitre 14, Le Cerveau, vous en trouverez une description plus détaillée.

Ce livre n'est pas un cours de religion. Il ne faudrait pas interpréter ce concept de l'intelligence infinie, ou tout autre concept dont il est question dans ces pages, comme une ingérence dans les croyances religieuses de quiconque, ou comme une adhésion ou un rejet. Ce livre se borne exclusivement à enseigner au lecteur comment transmuer l'objectif précis du désir d'argent en son équivalent pécuniaire.

Lisez, et réfléchissez vraiment à ce que vous êtes en train de lire. Le sujet, dans sa globalité, ne tardera pas à se révéler à vous et il vous apparaîtra dans ses justes proportions. Pour l'instant, vous ne le voyez que sous l'angle des détails de chaque chapitre.

COMMENTAIRE

Ce chapitre ne serait pas complet s'il n'y était fait état d'un Groupe de Cerveaux qui vit le jour près de quinze ans après la publication des Chemins de la Richesse : *l'alliance du propre Groupe de Cerveaux de Napoleon Hill avec l'homme d'affaires multimillionnaire et philanthrope, W.Clement Stone.*

Le 2 mai 1951, à l'âge de 67 ans, Napoleon Hill et sa femme, Annie Lou, estimèrent d'un commun accord qu'il était temps qu'il pense à se retirer. Ils décidèrent de commencer par réduire ses engagements de conférencier après qu'il aurait achevé le cycle des conférences inscrites à son agenda, y compris celle qui était prévue à Chicago quelques semaines plus tard. Pour cette manifestation, W. Clement Stone s'était arrangé, à leur insu, pour être placé à la table d'honneur à côté de Napoleon Hill.

Comme Hill, Stone était né pauvre. À l'âge de six ans, il commença à vendre des journaux pour payer le loyer, et, à treize ans, il possédait son propre kiosque. À seize ans, il plaçait des assurances et, à vingt ans, il avait réussi à réunir à grand-peine 100 dollars qu'il utilisa pour créer sa propre agence d'assurance. Stone était un vendeur consommé, il n'avait pas son pareil pour motiver les gens, et son affaire se développait tout à fait bien. En 1938, il lut Les Chemins de la Richesse *et il trouva ce livre si riche d'inspiration qu'il en acheta un exemplaire pour chacun de ses employés, et continua de faire ainsi chaque fois que quelqu'un de nouveau entrait dans la société. Avec le temps, cela faisait au total des milliers d'exemplaires.*

Lorsque Stone fut présenté à Hill, il lui parla des exemplaires des Chemins de la Richesse *qu'il avait achetés et lui dit qu'il croyait fermement que c'était ce livre qui avait transformé la force de vente de sa société, qui connaissait maintenant une réussite extraordinaire, après des débuts modestes.*

Napoleon Hill et W. Clement Stone constatèrent qu'ils étaient en si complet accord qu'à la fin de cette première rencontre, Hill avait décidé de différer son départ en retraite et de s'associer avec Stone pour fonder une entreprise consacrée à « créer un monde meilleur pour l'actuelle génération et celles de demain ». En moins d'une année, ils lancèrent Napoleon Hill Associates, publièrent de nouveaux ouvrages de Hill, dont How to Raise your Own Salary (Comment Augmenter votre Salaire) *et* The Master Key to Riches (Passe-partout pour la Richesse) ; *ils rééditèrent les premiers bestsellers de Hill,* Success Through a Positive Mental Attitude (Une Attitude Mentale Positive : Clef de la Réussite). *Ils lancèrent également un magazine,* Success Unlimited, *créèrent des cours par correspondance,* PMA Science of Success (Gestion de la Production et du Marketing : Science de la Réussite), *produisirent des émissions de télévision et de radio, un documentaire –* A New Sound in Paris, *qui montrait les changements stupéfiants qui s'étaient produits quand toute la ville de Paris, Missouri, avait fait sienne la philosophie de Napoleon Hill. Ils sillonnèrent l'Amérique pour une tournée de conférences, de cours et d'interviews, et propagèrent cette philosophie auprès du plus grand nombre possible.*

Outre ses activités au sein de la société Napoleon Hill Associates, Napoleon Hill était également consultant pour la société de Clement Stone, Combined Insurance Company of America. Il conçut et mit en œuvre un nouveau programme de formation pour la force de vente, qui connut un tel succès que le monde des affaires fut stupéfait de voir que l'entreprise de Stone était ainsi passée, en moins de dix ans, d'un actif de 30 millions de dollars à 100 millions. À la disparition de Clement Stone, en 2002, sa société, qui s'appelait alors AON Corporation, faisait un chiffre d'affaires annuel de 2 milliards de dollars. W. Clement Stone avait personnellement fait don de 275 millions de dollars à diverses associations caritatives et philanthropiques.

Il n'y a peut-être jamais eu d'exemple plus probant de « coordination des connaissances et des efforts dans un esprit d'harmonie entre deux personnes, ou plus, pour atteindre un objectif précis ». Il suffit de voir la somme de travail que Napoleon Hill et W. Clement ont accomplie en dix ans, et la portée de leur influence, pour n'avoir guère de doute sur le pouvoir et l'importance des Groupes de Cerveaux.

LE POUVOIR DES ÉMOTIONS POSITIVES

L'argent est timide et se dérobe. Il faut le courtiser et gagner ses faveurs par des méthodes qui ne sont pas sans rappeler celles d'un amoureux déterminé. Et le pouvoir dont vous faites usage quand vous faites la cour à l'argent n'est pas tellement différent de votre manière d'agir pour plaire à la personne que vous aimez. C'est le pouvoir des émotions positives. Pour que la poursuite de l'argent soit couronnée de succès, il faut que ce pouvoir soit associé à la foi, au désir, à la persévérance. Il faut qu'il s'exerce au moyen d'un plan, et il faut que ce plan soit mis à exécution.

Lorsque l'argent afflue, il se porte vers ceux qui l'amassent avec la même facilité que l'eau qui coule d'une colline. Le pouvoir, c'est un immense et invisible courant comparable à un fleuve qui coule dans deux directions. D'un côté, il emporte tous ceux qui avancent et montent vers la richesse. De l'autre, il emporte tous ceux qui ont le malheur de se laisser couler vers la pauvreté et la misère sans réussir à s'en sortir. Cet autre côté, celui qui vous fait tomber dans la pauvreté, c'est celui des émotions négatives.

Ceci est un point capital pour ceux qui s'intéressent à ce livre dans le but d'amasser une fortune.

Si vous êtes pris dans le courant qui vous entraîne vers la pauvreté, ce livre sera pour vous une rame avec laquelle vous pourrez vous propulser de l'autre côté. Mais, pour qu'il vous soit utile, il faut que vous en appliquiez les recommandations. Si vous vous contentez de le lire et de formuler un jugement, vous n'en retirerez aucun profit.

Pauvreté et richesse peuvent changer de place. Mais pour que la richesse prenne la place de la pauvreté, il faut des plans bien conçus et soigneusement exécutés. Il n'en va pas de même de la pauvreté. Elle n'a pas besoin de plans. Elle n'a pas besoin qu'on l'aide. Elle est audacieuse et sans pitié. La richesse est timide et craintive. Il faut qu'elle soit « attirée ».

ON A EXTRAIT PLUS D'OR

DES PENSÉES DES HOMMES

QUE DES ENTRAILLES DU SOL

CHAPITRE

12

LA SEXUALITÉ

CHARISME ET CRÉATIVITÉ

Dixième étape sur le chemin de la richesse

COMMENTAIRE

Ce qui motive les êtres humains fait l'objet de recherches scientifiques et de débats philosophiques continuels. On s'accorde généralement à dire que les principaux facteurs de motivation sont les besoins humains fondamentaux, à savoir la nourriture et l'eau, un toit, l'habillement et la sécurité. Outre ces besoins fondamentaux qui permettent de subsister, il y a cependant d'autres facteurs qui poussent les gens à agir. C'est la définition de ces autres facteurs, et leur ordre d'importance, qui continuent de prêter à interprétation.

La théorie la plus connue est probablement celle de la Hiérarchie des Besoins Humains du psychologue Abraham Maslov, qui établit une liste de huit niveaux de forces de motivation : à la base, il y a les besoins physiologiques et le besoin de sécurité, puis, à un niveau plus élevé, le sentiment d'appartenance, l'amour, l'estime, la compréhension, l'esthétique, l'épanouissement de l'être et la transcendance. D'autres psychologues et d'autres sociologues ont donné des définitions et établi des catégories différentes mais, dans presque tous les cas, il y a consensus pour dire qu'une fois satisfaits les besoins fondamentaux vitaux, la sexualité et l'amour sont les forces de motivation qui viennent immédiatement après.

Napoleon Hill a, lui aussi, établi une hiérarchie de ce qu'il appelle les stimuli de l'esprit. Comme Maslow et d'autres chercheurs, Hill considérait la sexualité et l'amour comme les plus importants des facteurs de motivation non essentiels pour subsister. Mais il ne se focalise pas sur la sexualité et l'amour en tant que facteurs de procréation. Il y avait une théorie qui l'intriguait. Si la sexualité et l'amour sont de si puissantes forces qui poussent les humains à l'action, il y a peut-être une corrélation entre ces forces et les réussites exceptionnelles ou la prospérité matérielle. Et si une telle relation est avérée, est-ce que ces forces de motivation ne peuvent pas être canalisées à cet effet ?

Dans l'édition originale du chapitre suivant, Hill utilisait des expressions telles que « émotion sexuelle » et « énergie sexuelle » dans son analyse des rapports entre, d'une part, ces forces de motivation et, d'autre part, le comportement dans la vie et la personnalité. Dans ce contexté, l'emploi du mot « sex » n'était pas la connotation physique qu'il a souvent aujourd'hui. Aujourd'hui, ces concepts se traduiraient par des mots comme « sexualité », « passion » ou « charisme ». Dans la présente édition, les auteurs de ce commentaire ont opté pour l'usage moderne de ces termes et pour d'autres similaires, lorsqu'ils étaient appropriés.

LE CHARISME

Ce sont les émotions humaines qui mènent le monde et qui fixent le destin de la civilisation. Les gens sont plus influencés par les sentiments que par la raison. Votre créativité est entièrement commandée par vos émotions, et non par la froide raison.

L'esprit humain répond aux stimuli, ce qui peut l'amener à un état d'excitation qui se traduit par de l'enthousiasme, de la créativité et un désir intense. Les stimuli auxquels l'esprit répond le plus spontanément sont :

1. Le désir d'expression sexuelle
2. L'amour

3. Un désir brûlant de célébrité, de pouvoir ou de profit financier, d'argent
4. La musique
5. L'amitié et / ou l'admiration
6. La constitution d'un Groupe de Cerveaux fondé sur l'harmonie entre deux personnes, ou plus, qui s'allient pour faire progresser les choses
7. Des souffrances partagées, telles que celles qu'éprouvent des gens persécutés
8. L'autosuggestion
9. La peur
10. L'alcool et la drogue

Le désir d'expression sexuelle arrive en tête de la liste des stimuli qui « accélèrent » l'activité de l'esprit et font démarrer « le moteur » du corps. Les émotions associées à la force de l'instinct sexuel humain mettent l'esprit dans une disposition particulière. Lorsque les gens sont motivés par ce désir, ils font souvent preuve de courage, de volonté, de persévérance, d'imagination, de créativité, qualités qu'ils ne manifestent pas en temps normal. Le désir d'expression sexuelle est si fort et si impérieux que les gens risquent sans hésitation leur vie et leur réputation pour le satisfaire.

On peut endiguer un fleuve et contenir ses eaux pendant un temps, mais il finit par déborder. Il en est de même des émotions liées à l'expression sexuelle. On peut les refouler ou les maîtriser un temps, mais la nature de l'instinct sexuel fait qu'il ne cesse de chercher un moyen d'expression.

Le désir d'expression sexuelle est inné et naturel. Il ne peut pas et ne doit pas être étouffé ou éliminé, mais il peut trouver d'autres exutoires qui enrichissent le corps, l'esprit et l'âme. Lorsqu'elle est maîtrisée et réorientée, cette force de motivation peut devenir une puissante force de création en littérature, en art et dans d'autres domaines ; elle peut, par exemple, permettre d'amasser des richesses.

Un formateur qui avait assuré la formation de plus de trente mille commerciaux en vint à la conclusion que ceux qui étaient les plus sûrs de leur sexualité étaient les plus efficaces comme commerciaux. L'explication est que ce trait de la personnalité qu'on appelle « magnétisme personnel » est une manifestation de l'énergie sexuelle.

COMMENTAIRE

Il y a eu de nombreuses études psychologiques et sociologiques sur les rapports entre la sexualité et la réussite qui semblent bien corroborer les observations de Hill. Parce que les caractéristiques physiques sont les aspects les plus faciles à mesurer, la plupart des études se concentrent sur le sexe (homme ou femme), la beauté, la taille et l'âge et prennent appui sur des paramètres tels que les premières impressions, l'attente de résultats, la perception de ces résultats et la sociabilité. Ces études concluent généralement que, lorsque l'on compare des individus d'égale compétence, on a l'impression que, chez les hommes, les grands réussiront mieux que les petits, que les chevelus seront plus performants que ceux qui ont un début de calvitie et que ceux qui sont beaux et virils écraseront ceux qui sont quelconques et âgés. En ce qui concerne les femmes, les résultats sont comparables. On a le sentiment que celles qui sont séduisantes sont plus performantes que celles qui sont quelconques, que les minces, ou celles qui sont bien faites, ont de meilleurs résultats que celles qui ont des kilos en trop, et que les jeunes sont censées être supérieures.

Ces observations sur les caractéristiques liées à la sexualité peuvent sembler évidentes, mais elles conduisent à une conclusion tout à fait significative. Il va de soi que tous ceux qui réussissent ne sont pas forcément virils, séduisants et bien faits de leur personne. Il est tout aussi certain que la réussite de ceux qui sont petits, atteints de calvitie naissante, rondelets ou sans charme n'est pas toujours due à une compétence supérieure. Il y a manifestement un autre pouvoir de séduction qui se substitue souvent à l'attrait physique.

Cette autre forme de séduction est liée à la sexualité, mais on ne dit pas de ceux qui la possèdent qu'ils sont « sexy ». On parle de « chimie », de « personnalité », de « charme », « d'attirance ». Hill parle de « magnétisme personnel. » Aujourd'hui, le terme le plus couramment employé est charisme.

Aujourd'hui, lorsqu'un bon directeur commercial embauche des représentants, ce qu'il recherche d'abord, c'est le magnétisme personnel, le charisme. Les gens à qui cette forme d'énergie sexuelle fait défaut n'auront jamais d'enthousiasme et n'inspireront jamais l'enthousiasme aux autres. Et l'enthousiasme est la qualité la plus importante pour être un bon vendeur, quoi que vous vendiez.

L'orateur, le prédicateur, l'avocat, ou le commercial qui manque de charisme est nul lorsqu'il s'agit d'influencer les autres. Cela, ajouté au fait que, pour influencer les gens, il faut faire appel à leurs émotions, devrait aisément vous convaincre que le charisme est une composante de l'art de la vente. Ceux qui sont passés maîtres dans l'art de la vente parviennent à ce degré de perfection parce que, consciemment ou non, ils ont transmué leur charisme (leur énergie sexuelle) en un enthousiasme pour la vente.

Voilà qui explique ce qu'on entend vraiment et concrètement par transmutation sexuelle.

Dans la langue courante, le mot *transmuer* signifie « le changement, ou le transfert, d'une forme d'énergie en une autre ». La transmutation de l'énergie sexuelle signifie que les pensées tournées vers l'expression physique s'orientent dans une autre direction.

Les commerciaux qui savent jouer de leur charisme possèdent l'art de la transmutation sexuelle, qu'ils en soient conscients ou non. La majorité de ceux qui opèrent cette transmutation le font sans se rendre compte de ce qu'ils font, ni comment ils le font.

Vous pouvez cultiver et développer cette qualité dans vos rapports avec les autres. Si vous vous appliquez à la cultiver et à la comprendre, vous pouvez puiser dans cette force vitale de motivation et vous en servir avec grand profit dans les relations humaines. Voici comment cette énergie peut se communiquer aux autres :

1. *La poignée de main.* Le contact de la main indique instantanément la présence ou le manque de charisme.
2. *Le ton de la voix.* Le charisme, ou énergie sexuelle, est ce qui peut donner à la voix sa couleur, sa musique et son charme.

3. *Allure et maintien*. Les gens qui ont du charisme se déplacent avec vivacité, grâce et aisance.
4. *Les vibrations de la pensée*. Les gens qui ont du charisme projettent leur sexualité par la voie de leur personnalité d'une manière qui influence leur entourage.
5. *Les vêtements et le style*. Les gens qui sont charismatiques prennent généralement grand soin de leur apparence. Ils choisissent un style de vêtements qui convient à leur personnalité, à leur physique, à leur teint, etc.

COMMENTAIRE

Ayant établi un lien entre la sexualité et la réussite sous la forme du charisme, Napoleon Hill examine, dans le chapitre qui suit, comment la sexualité pourrait également, en intensifiant la créativité, être un facteur de motivation déterminant pour la réussite. Pour illustrer ce lien, il prend appui sur des figures historiques, exemples manifestes de charisme et d'exceptionnelle créativité.

Depuis l'époque où Hill faisait ses recherches, de nombreuses femmes ont accédé à des postes de pouvoir et d'influence. Leur réussite a été décrite dans des études que l'on peut facilement se procurer dans les librairies et les bibliothèques. Mais, quand Hill rassemblait ses données, ce que l'on trouvait, le plus souvent, c'étaient des biographies d'hommes célèbres qui avaient réussi. À cela s'ajoute que les industriels et les leaders politiques dont il avait étudié personnellement le parcours de réussite au cours des trente années précédentes étaient également des hommes.

Cette restriction explique pourquoi Hill n'étudie pas le rôle que les hommes ont pu jouercomme agents de la réussite des femmes. Cette question sera abordée dans un chapitre ultérieur.

LA CRÉATIVITÉ

Je fis une découverte qui me parut tout à fait significative lorsque je constatai que pratiquement tous les grands leaders dont j'avais eu le privilège d'analyser le parcours étaient des hommes dont les réussites étaient en grande partie dues à l'influence d'une femme. Dans la plupart des cas, cette femme était l'épouse dont le public ne savait pas grand-chose, ou même rien. Dans quelques cas, la source d'inspiration était « l'autre femme ».

L'histoire est pleine d'exemples de grands hommes dont les réalisations peuvent être attribuées à l'influence de femmes qui ont stimulé leur créativité. Napoléon Bonaparte est l'un d'entre eux. Lorsque son inspiratrice était Joséphine, sa première femme, il était irrésistible et invincible. Lorsque « la raison » l'incita à écarter Joséphine, ce fut le début du déclin. Sa défaite et son exil à Sainte-Hélène n'étaient pas loin.

Abraham Lincoln est un remarquable exemple de grand leader qui accomplit de grandes choses parce qu'il avait découvert son imagination créatrice et avait su l'utiliser. Dans presque tous les ouvrages qui lui sont consacrés, on note qu'il découvrit et commença à utiliser cette faculté à la suite de sa rencontre avec Anne Rutledge et de l'amour qu'il éprouva pour elle. Il n'y a pas là qu'un fait historique intéressant, cela apporte un éclairage sur la place de la sexualité dans l'étude de la source du génie.

Ci-dessous, une liste d'hommes célèbres qui ont accompli de grandes choses :

George Washington
Napoléon Bonaparte
William Shakespeare
Abraham Lincoln
Ralph Waldo Emerson
Robert Burns
Thomas Jefferson
Elbert Hubbard
Elbert H. Gary
Woodrow Wilson
John H. Patterson
Andrew Jackson
Enrico Caruso

Dans tous les cas où l'on dispose d'éléments sur la vie de ces hommes au parcours réussi, il apparaît de la façon la plus probante que chacun avait, par nature, une sexualité très développée. Une analyse du contenu des biographies et des écrits historiques conduit aux conclusions suivantes :

1. Ceux qui ont accompli les plus grandes choses ont, par nature, une sexualité très développée mais ont appris l'art de la transmutation de l'énergie sexuelle.
2. Ceux qui ont amassé de grandes fortunes et ont acquis un grand renom en littérature, en art, dans l'industrie, en architecture, et dans les professions libérales étaient motivés par l'influence de quelqu'un du sexe opposé.

   Lorsqu'ils sont sous l'emprise de ces émotions, les gens se dotent d'une hyper puissance d'action. Si vous comprenez cela, vous comprendrez également que la transmutation sexuelle contient le secret de la créativité.

COMMENTAIRE

Comme cela a déjà été précisé, bien que les analyses de Hill ne portent que sur les hommes, il y a aujourd'hui toute une série de biographies de femmes qui ont réussi dans tous les domaines, notamment dans les affaires, en politique, dans la sphère religieuse, dans le sport, dans le spectacle et dans les arts. Même si les biographies ont toujours un caractère subjectif, le lecteur dispose maintenant de toute une foule de documents qui lui permettent de voir si la théorie de Hill sur la sexualité comme force de motivation est également valable pour les femmes.

Lorsqu'il était à la recherche d'éléments démontrant la corrélation entre sexualité et réussite, Hill devait analyser les biographies en profondeur. Aujourd'hui, il nous suffit d'allumer la télévision et nous sommes inondés de détails intimes, tant sur des hommes que sur des femmes, qui laissent penser que les plus compétents et les plus brillants sont apparemment aussi les plus attirants sexuellement. Bien que les scandales ne soient pas habituellement cités comme preuves scientifiques, les révélations sur les plus grandes stars du monde du spectacle et du sport, sur les PDG très en vue des grandes sociétés, sur de nombreux hommes politiques, et même sur quelques présidents, fournissent au moins des arguments de bon sens qui viennent étayer la thèse de Hill sur la corrélation entre sexualité et réussite.

Cela ne signifie évidemment pas que tous ceux qui sont hypersexués sont des génies. Ne se hissent au niveau du génie que ceux qui stimulent leur esprit au point de pouvoir puiser, par la voie de l'imagination créatrice, dans ce réservoir de forces. Bien qu'elle soit le plus important des stimuli ou des facteurs de motivation, l'énergie sexuelle, à elle seule, ne suffit pas à produire un génie. Il faut qu'elle soit transmuée du désir de contact physique en une autre forme de désir et d'action avant de vous élever au niveau du génie.

GÉNIE ET IMAGINATION CRÉATRICE

On pourrait donner du génie cette définition : « Quelqu'un qui a découvert comment accroître l'intensité de la pensée à un point tel qu'il peut avoir libre accès aux sources du savoir que le rythme ordinaire de la pensée ne permet pas d'atteindre. »

Cette définition devrait amener le lecteur à se poser quelques questions, dont la première devrait être : « Comment est-ce que je peux avoir accès aux sources du savoir que la pensée ordinaire ne permet pas d'atteindre ? » La question suivante devrait être : « Y a-t-il des sources de savoir connues qui ne sont accessibles qu'aux seuls génies et, si c'est le cas, quelles sont-elles et comment exactement peut-on les atteindre ? »

Je vous présente ci-dessous des méthodes pour que vous puissiez faire des expériences et vous prouver que ceci est vrai. Vous aurez ainsi la réponse aux deux questions.

COMMENTAIRE

Les humains perçoivent les choses par le truchement des cinq sens : la vue, l'odorat, le goût, l'ouïe et le toucher. Dans les chapitres sur le désir, la foi et l'autosuggestion, il a été question d'une autre forme de perception qui se traduit par « J'ai l'impression que..., j'ai le pressentiment que.. ». On parle souvent de cette perception comme d'un sixième sens et, dans ce qui suit, Hill explore les relations entre la sexualité, la motivation, l'imagination créatrice et ce sixième sens.

La réalité d'un « sixième sens » a été assez bien établie. Ce sixième sens, c'est *l'imagination créatrice*. Cette faculté est quelque chose dont la majorité des gens ne se servent jamais au cours d'une vie. Et s'il leur arrive de s'en servir, c'est pur accident. Il n'y a qu'un petit nombre de gens qui l'utilisent délibérément dans un but bien précis. Ceux qui utilisent cette faculté volontairement et en en comprenant les fonctions sont des génies.

L'imagination créatrice est le lien direct entre l'esprit fini et ce que j'ai appelé l'intelligence infinie. Toutes les révélations et toutes les découvertes de principes de base ou nouveaux dans le domaine de l'invention se font par le canal de l'imagination créatrice.

Quand des idées, des concepts ou des intuitions vous viennent brusquement à l'esprit, ils ne peuvent provenir que de l'une des sources suivantes ou de plusieurs :

1. Ce peut être l'esprit d'une autre personne qui a consciemment donné libre cours à cette pensée, cette idée ou ce concept.
2. Ce peut être votre subconscient qui emmagasine toutes les pensées et toutes les impressions qui parviennent à votre cerveau par le truchement de n'importe lequel des cinq sens.
3. Ce peut être l'entrepôt du subconscient d'une autre personne.
4. Ce peut être l'intelligence infinie.

Ce sont les seules sources possibles d'où peuvent provenir les « inspirations » ou les « intuitions ».

Quand l'activité du cerveau a été stimulée par l'un des stimuli de l'esprit dont la liste est donnée au début de ce chapitre, cela a pour effet de vous élever bien au-dessus de l'horizon de la pensée ordinaire. Elle vous permet de saisir la distance, la portée et la qualité des pensées auxquelles vous n'auriez pas accès au niveau inférieur, celui auquel vous résolvez un problème professionnel de routine.

Quand la stimulation de l'esprit vous hisse à un niveau de pensée plus élevé, c'est comme si vous décolliez en avion. Votre vision s'étend alors au-dessus et au-delà de l'horizon qui la limite quand vous êtes au sol. Il y a plus. Quand vous êtes à ce niveau élevé de pensée, vous n'avez même plus conscience qu'il vous faut les trois choses de première nécessité : l'alimentation, l'habillement et le toit. Vous êtes dans un monde de la pensée d'où sont exclues les pensées de tous les jours, de même que, lorsque vous êtes en avion, disparaissent les collines et les vallées qui bouchent votre vision quand vous êtes au sol.

Quand votre pensée est à ce niveau élevé, la créativité de votre esprit a totale liberté d'action. La voie a été dégagée pour que puisse fonctionner le sixième sens. Il devient réceptif à des idées qui ne pourraient vous parvenir en aucune autre circonstance. Le sixième sens est la faculté qui marque la différence entre un génie et un individu ordinaire.

Comment développer votre imagination créatrice

Stimule l'esprit toute influence qui accroît, d'une manière temporaire ou permanente, l'intensité de la pensée. Les dix stimulants principaux qui ont été précédemment mentionnés sont ceux qui sont le plus souvent sollicités. Par leur truchement, vous pouvez communier avec l'intelligence infinie, pénétrer dans l'entrepôt de votre subconscient, et peut-être même dans celui d'une autre personne. C'est cela le génie.

Plus vous utilisez votre faculté créatrice, plus elle devient sensible et réceptive à des éléments qui proviennent d'une zone extérieure à votre champ de conscience. Et plus vous l'utiliserez, plus vous pourrez compter sur elle pour qu'elle vous apporte pensées et idées. Seul l'usage de cette faculté permet de la cultiver et de la développer.

Le fonctionnement de ce que nous appelons habituellement notre « conscience » dépend entièrement de ce sixième sens.

Les grands artistes, les grands écrivains, les grands musiciens et les grands poètes deviennent grands parce qu'ils ont acquis l'habitude d'écouter la « petite voix silencieuse » qui leur parle de l'intérieur par le truchement de leur imagination créatrice. Tous ceux qui sont doués d'une imagination vive savent que certaines de leurs meilleures idées viennent par ce qu'on appelle les « intuitions. »

L'un des orateurs les plus connus reconnaît que ses discours ne sont vraiment très bons que lorsqu'il ferme les yeux et se repose entièrement sur sa faculté d'imagination créatrice. Lorsqu'on lui demandait pourquoi il fermait les yeux avant la péroraison de son discours, il répondait : « Je fais cela parce que j'exprime des idées qui me viennent de l'intérieur. »

L'un des financiers les plus connus, et dont la réussite est parmi les plus éclatantes, a l'habitude de fermer les yeux deux ou trois minutes avant de prendre une décision. Quand on lui demandait pourquoi, il répondait : « Quand j'ai les yeux fermés, je peux puiser à une source d'intelligence supérieure. »

C'est par l'usage de sa faculté créatrice que Le Dr Elmer R.Gates a pu mettre au point plus de deux cents brevets d'invention utiles. Sa méthode est à la fois significative et intéressante pour tous ceux qui souhaitent se hisser au niveau du génie. Le Dr Gates était un des véritables grands savants du monde bien qu'on parlât peu de lui dans la presse.

Dans son laboratoire, il avait ce qu'il appelait sa « salle de communication personnelle ». Elle était pratiquement insonorisée et il était possible d'empêcher toute lumière d'y entrer. Il y avait une petite table sur laquelle il laissait un bloc de papier. Devant la table, sur le mur, il y avait un interrupteur. Lorsque le Dr Gates désirait puiser dans son réservoir de forces par le canal de son imagination créatrice, il allait dans cette pièce, s'asseyait à la table, éteignait les lumières et se concentrait sur les éléments connus de l'invention à laquelle il travaillait. Il restait dans cette position jusqu'à ce que commencent à « jaillir » dans son esprit des idées en relation avec les éléments inconnus de cette invention.

Une fois, les idées lui vinrent si rapidement qu'il fut forcé d'écrire pendant près de trois heures. Quand le flot des pensées s'arrêta, il examina ses notes et s'aperçut qu'elles contenaient, jusque dans les moindres détails, une description de principes qui n'avaient pas d'équivalent dans les données connues du monde scientifique. Et, de surcroît, la solution de son problème se trouvait là devant lui, dans les notes.

Le Dr Gates gagnait sa vie en « restant assis pour chercher des idées ». Il le faisait pour des particuliers ou des sociétés, et il se trouvait des gens tout à fait sensés et des sociétés classiques parmi les plus grosses pour le payer à faire ce travail.

La partie de votre esprit que vous utilisez habituellement pour raisonner peut présenter des imperfections parce qu'elle obéit en grande partie à la somme d'expériences que vous avez accumulées. Tout ce que vous apprenez par l'expérience n'est pas forcément exact. Il arrive bien souvent que les idées de votre créativité soient plus sûres parce qu'elles proviennent de sources plus sûres que celles auxquelles a accès la faculté de raisonnement de votre esprit.

Les méthodes des génies sont à votre disposition

La principale différence entre le génie et l'inventeur lambda est que le premier utilise à la fois son imagination combinatoire et son imagination créatrice. Par exemple, dans le domaine des sciences, l'inventeur commence par solliciter son imagination combinatoire (sa faculté de raisonnement) pour organiser et combiner les idées connues ou les principes accumulés par l'expérience. S'il juge insuffisant ce savoir accumulé, l'inventeur puise aux sources que sa faculté créatrice met à sa disposition. La méthode à laquelle l'inventeur a recours varie selon les individus, mais en voici le fondement :

1. L'inventeur sollicite un ou plusieurs stimulants pour que son esprit puisse fonctionner à un niveau supérieur au niveau moyen.
2. Il se concentre sur les facteurs connus (la partie achevée) de l'invention et il se représente, avec le plus de précision possible,

les facteurs inconnus (la partie inachevée de l'invention). Il garde cette représentation à l'esprit jusqu'au moment où le subconscient l'intègre, puis il se détend en se dégageant l'esprit de toute pensée et il attend que la solution « jaillisse ».

Il arrive que les résultats soient nets et immédiats. À d'autres moments, ils sont négatifs, cela dépend de l'état de développement de votre sixième sens, la faculté créatrice.

Thomas Edison essaya plus de dix mille combinaisons d'idées différentes en sollicitant son imagination combinatoire avant de se « mettre à l'écoute » de sa faculté de créativité et d'obtenir la réponse qui lui permit de mettre au point l'ampoule à incandescence. Cette expérience se répéta quand il inventa le phonographe.

COMMENTAIRE

Synchronicité, précognition, intuition, fulgurances, prémonitions, instinct, rêves symboliques, tels sont tous les aspects du phénomène que Napoleon Hill décrivait sous les deux termes corrélés d'imagination créatrice et d'intelligence infinie. Et le fait qu'il ait sérieusement étudié cette fonction de l'esprit le place en exceptionnelle compagnie.

Les pères de la psychologie moderne, Sigmund Freud et Carl Jung, ont reconnu ce sixième sens et tenté de l'expliquer. Le concept d'inconscient collectif, qui est la base même de la psychologie de Jung, est, à bien des égards, identique au concept d'intelligence infinie cher à Hill. Les savants qui, depuis Archimède jusqu'à Newton, Einstein et l'équipe Watson et Crick qui a déterminé la structure de l'ADN, ont tous admis que l'intuition avait joué un rôle dans leurs découvertes. L'université Duke a créé un département spécial pour que ces phénomènes soient étudiés scientifiquement.

De nombreux savants reconnaissent qu'ils appliquent des techniques personnalisées identiques à la méthode que Hill utilise pour avoir accès à l'intuition et à la créativité. Parmi eux, Friedrich Kekulé, qui a découvert la structure moléculaire du benzène à la suite d'un rêve symbolique, le physiologiste Otto Loewi, qui eut une intuition suivie d'un rêve qui lui valurent le prix Nobel de médecine et, comme cela a été mentionné précédemment, la découverte capitale que fit James Watson sur la structure de l'ADN.

Mozart, Shelley, Coleridge, Huxley, Descartes, Robert Luis Stevenson ont tous affirmé que l'intuition avait joué un rôle dans leurs créations. C'est à la suite d'un rêve que William Blake a découvert le secret du procédé de gravure sur cuivre. Le Premier ministre, Winston Churchill, était persuadé que c'était une prémonition qui l'avait sauvé de la mort lors d'un bombardement pendant le blitz à Londres.

Comme cela a déjà été souligné, la psychiatrie, l'hypnose clinique, et les témoignages ont tous dû faire face à une forte dose de scepticisme avant d'être acceptés. Ce fut également le cas de ces phénomènes que Hill appelle l'intelligence infinie. Toutefois, dans les années 70 et 80, l'intérêt du public fut éveillé par des ouvrages bien documentés tels que The Intuitive Edge *de Philip Goldberg,* Creative Dreaming *de Patricia Garfield et* The Right-Brain Experience *de Marilee Zdenek. Bien que les travaux de laboratoire n'aient toujours pas réussi à apporter des preuves concluantes sur ces anomalies de l'esprit, les chercheurs continuent de publier des résultats qui suscitent l'intérêt.*

La nature a doté le cerveau et l'esprit humain de stimulants internes qui déclenchent sans risque dans le cerveau l'envie de se mettre à l'écoute de pensées subtiles et rares. On n'a encore jamais trouvé de substitut satisfaisant des stimulants de la Nature.

Toutefois, l'histoire ne manque pas d'exemples de gens qui se sont hissés au niveau du génie en ayant recours à des stimulants artificiels. Edgar Allan Poe a composé *Le Corbeau* alors qu'il était sous l'influence de l'alcool « rêvant des rêves qu'un mortel n'osa jamais rêver auparavant ». Samuel Taylor Coleridge a écrit *Kubla Kahn* au cours d'un rêve provoqué par l'opium. Quant à Robert Burns, c'est quand il était en état d'ivresse qu'il écrivait le mieux. « Comme au bon vieux temps, ami, prenons encore le verre de l'amitié, comme au bon vieux temps. » Il est vrai que ces derniers, et d'autres, qui sont reconnus comme génies, comptaient sur les stimulants artificiels, mais la leçon plus importante qu'il faut retenir, c'est que beaucoup se sont détruits à force d'avoir recours à ces stimulants.

COMMENTAIRE

Plus près de nous, jamais le point de vue de Hill sur les dangers des stimulants artificiels n'a été mieux repris que dans la série télévisée Behind the Music *que VH1 diffusait à la fin des années 90. Cette série était censée raconter la vie des stars du rock et célébrer leurs succès mais, après avoir vu deux ou trois de ces émissions, on avait l'impression que tous ces jeunes gens commençaient à se ressembler : un chanteur et un orchestre jeunes, un tube, des millions de dollars, et on plonge dans une vie où règnent le sexe, la drogue et le rock ; tous accros, et ils claquent le fric. À la fin de l'émission, un membre de l'orchestre est en overdose, l'orchestre éclate, le chanteur finit clochard, rencontre quelqu'un qui le persuade d'aller dans un centre de réinsertion, l'ancienne star fait à la télévision un spot publicitaire contre la drogue, proclame sa foi ainsi que son attachement aux valeurs familiales, le tout de fraîche date, tout en annonçant qu'elle va repartir en tournée.*

Ces émissions donnaient sans doute l'impression d'être de mauvaises parodies d'elles-mêmes, mais le fait que ces histoires étaient toutes les mêmes, que tant de chanteurs et de paroliers talentueux, qui étaient toxicodépendants, finissaient par se détruire devrait vous donner à réfléchir, en particulier si ce que vous voulez, ce n'est pas simplement réussir, mais réussir de façon durable et profiter de cette réussite.

Toute personne intelligente sait que l'excès de stimulation par l'alcool et la drogue est une forme d'intempérance destructrice. Pour certains, l'excès d'expression sexuelle peut devenir tout aussi destructeur. Quelqu'un qui est obsédé sexuel n'est pas fondamentalement différent de quelqu'un qui est toxicodépendant ou alcoolique. Ils ont tous deux perdu le contrôle de leur raison et de leur volonté.

La sexualité humaine est un puissant levier, mais ses forces sont comme un cyclone – il est presque impossible de les contrôler totalement. Lorsqu'une personne est sous l'emprise exclusive des émotions liées à la sexualité, elle peut être capable de réaliser de grandes choses, mais ses actions sont souvent désorganisées et destructrices.

Il est vrai qu'une personne peut chercher à réussir dans la finance ou les affaires en exploitant le moteur de l'énergie sexuelle sans exercer de contrôle sur soi. Mais l'histoire nous apprend que ces gens ont probablement des traits de caractère qui les privent de la possibilité de conserver leur fortune ou d'en profiter. Ne pas avoir tenu compte de cet écueil possible a coûté leur bonheur à des milliers de gens, même s'ils possédaient la richesse.

En analysant le cas de plus de vingt-cinq mille personnes, j'ai constaté que ceux qui réussissent de manière éclatante ne trouvent souvent leur rythme qu'après quarante ou cinquante ans. Cela m'a paru tellement stupéfiant que je décidai d'étudier très attentivement ce phénomène.

Mon enquête a révélé que la raison principale pour laquelle tant de gens ne connaissent pas la réussite tôt dans leur vie est qu'ils ont tendance à dissiper leurs énergies dans des excès. La majorité des gens n'apprend jamais que l'énergie sexuelle offre des possibilités autres que l'expression physique. Et nombreux sont ceux qui ne font cette découverte qu'après avoir gaspillé des années à un moment où leur énergie sexuelle était à son maximum.

Chez la plupart, cette prise de conscience se fait par accident, et beaucoup ne se rendent même pas compte qu'ils mettent à profit ce pouvoir. Ils constatent peut-être que leurs capacités de réalisation ont augmenté mais ils n'ont aucune idée de la cause de ce changement. Ils ont simplement vaguement conscience que la nature commence à harmoniser les émotions liées au sexe et celles liées à l'amour, si bien qu'ils peuvent solliciter ces grandes forces et s'en servir comme stimulants de l'action.

L'IMPORTANCE DE L'AMOUR

L'amour, les sentiments et la sexualité sont des émotions capables de vous hisser à des sommets où vous réalisez des choses extraordinaires.

Lorsqu'elles se combinent, ces trois émotions vous élèvent au niveau du génie.

Tous ceux qui ont éprouvé un véritable amour savent qu'il laisse des traces durables dans le cœur humain. Son effet est durable parce qu'il est de nature spirituelle. Ceux que l'amour ne peut pas hisser vers des sommets de réalisation sont des cas désespérés – ils sont morts, même s'ils donnent l'impression d'être vivants.

Si vous vous estimez malheureux parce que vous avez aimé et que c'est fini, vous avez tort. Il reste toujours quelque chose à quelqu'un qui a vraiment aimé. L'amour est fantasque et capricieux. Il vient quand cela lui plaît et s'en va sans prévenir. Acceptez-le et profitez-en tant qu'il est là, mais ne perdez pas de temps à vous inquiéter de sa disparition ; cela ne le fera pas revenir.

N'allez pas penser que l'amour ne vient qu'une fois. Il peut survenir et s'en aller d'innombrables fois, mais il n'y a pas deux amours qui vous affectent exactement de la même manière. Il peut y avoir une expérience amoureuse qui laisse sur le cœur une empreinte plus profonde que toutes les autres, mais toutes les expériences amoureuses sont bénéfiques, sauf pour ceux qui éprouvent de la rancœur ou font preuve de cynisme lorsque l'amour tire sa révérence.

Même les souvenirs de l'amour peuvent vous élever et vous stimuler l'esprit. Faites de temps à autre retour sur votre passé et baignez votre esprit dans les beaux souvenirs des amours d'autrefois. Cela atténuera vos soucis et vous donnera un moyen d'échapper aux réalités désagréables de la vie. Et peut-être que durant cette retraite temporaire dans le monde de l'imagination, votre subconscient vous apportera des idées ou des plans qui pourront changer complètement l'état de vos finances et votre moral.

L'amour ne devrait jamais être source de déception, et il ne le serait pas si les gens comprenaient la différence entre amour et sexe. L'amour est une émotion aux multiples nuances et aux multiples couleurs, mais l'émotion la plus intense et la plus brûlante de toutes est celle que procurent l'amour et le sexe lorsqu'ils sont associés.

Les mariages ou les engagements qui n'ont pas la chance d'être placés sous le signe d'un juste équilibre entre amour et sexe ne peuvent pas être heureux – et ils durent rarement. L'amour seul n'apporte pas le bonheur, le sexe non plus. L'amour est d'essence spirituelle, le sexe est biologique. Si une émotion est portée par une force spirituelle, elle est absolument sans danger pour le cœur humain, sauf s'il y a interférence de l'ignorance et de la jalousie.

La présence d'émotions destructrices dans l'esprit humain est un poison qui peut détruire le sens de la justice et de l'équité. De même qu'un chimiste peut prendre certains éléments chimiques, dont aucun n'est nocif en soi et, en les mélangeant, créer un poison délétère, jalousie et sexe, lorsqu'ils sont associés, peuvent se révéler tout aussi mortels.

L'amour est une émotion qui sert de soupape de sûreté, et c'est un facteur d'équilibre et de raison qui invite à l'effort constructif. L'amour est, sans conteste, la plus grande expérience de la vie. Il a la capacité de vous faire entrer en communion avec l'intelligence infinie. Lorsqu'il guide vos émotions, il peut tout à fait vous entraîner vers l'effort de création.

Laisser s'épanouir l'amour, le sexe et les sentiments, en profiter tout en en demeurant maître, tels sont les chemins qui conduisent au génie. On peut brièvement formuler ainsi le processus :

Veillez à ce que les émotions positives imposent leur loi à votre esprit et écartez toutes les émotions destructrices. L'esprit est une créature d'habitudes. Il se développe au contact des pensées dominantes qui lui sont transmises. Par le truchement de votre volonté, vous avez la possibilité de décourager la présence d'une émotion et d'encourager la présence d'une autre. La maîtrise de votre esprit par la médiation de votre volonté n'est pas difficile. Elle s'acquiert par la persévérance et l'habitude. C'est la compréhension du processus de transmutation qui vous en livre le secret. Lorsque se présente à votre esprit une quelconque pensée négative, il vous suffit de changer le cours de vos pensées pour qu'elle se transmue en une émotion positive et constructive. Seul un effort de maîtrise de soi peut conduire au génie ; il n'y a pas d'autre voie.

Quand le sentiment s'ajoute à l'amour et au sexe, il n'y a plus aucun obstacle entre l'esprit fini et l'intelligence infinie. Alors un génie est né !

LA RÉUSSITE N'APPELLE AUCUNE EXPLICATION,

L'ÉCHEC NE PERMET AUCUN ALIBI

CHAPITRE

13

LE SUBCONSCIENT

LE MAILLON FORT

Onzième étape sur la voie de la richesse

Le subconscient est le champ de la conscience où sont classées et enregistrées toutes les impulsions de la pensée qui parviennent à la conscience par la médiation des cinq sens. Il reçoit et classe les sensations ou les pensées, quelle qu'en soit la nature.

Vous pouvez faire pénétrer dans votre subconscient tout plan, toute pensée ou tout objectif que vous souhaitez voir se concrétiser ou se transformer en son équivalent pécuniaire. Lorsque ces désirs sont imprégnés d'affectivité et associés à la confiance que vous avez en vos capacités, c'est là qu'ils ont le plus de force. C'est pourquoi ils sont les premiers auxquels réagit le subconscient.

Le subconscient fonctionne nuit et jour et, sans que l'on sache vraiment comment, il puise son pouvoir de transmuer vos désirs en leurs équivalents matériels dans les forces de l'intelligence infinie. Et cela, il l'effectue d'une manière directe et pratique.

Vous ne pouvez pas vous rendre totalement maître de votre subconscient, mais vous pouvez lui transmettre les plans, les désirs ou les objectifs que vous souhaitez voir se concrétiser. Reportez-vous au chapitre 5, qui traite de l'autosuggestion, et vous y trouverez les instructions relatives à sa fonction.

COMMENTAIRE

> *Dans le chapitre consacré à l'autosuggestion, les quatre méthodes fondamentales pour faire pénétrer les suggestions dans votre subconscient et pour les renforcer sont : (1) formuler votre désir et le mettre par écrit, (2) répéter des affirmations positives, (3) visualiser votre objectif selon la technique de visualisation créatrice (4) agir comme si votre but était déjà atteint.*

Mes recherches m'ont conduit à la conclusion que le subconscient est le lien qui unit l'esprit fini de l'homme à l'intelligence infinie. C'est par sa médiation que vous pouvez exploiter les forces de l'intelligence infinie. C'est dans le subconscient seul que se déroule le processus qui modifie les impulsions mentales (les pensées) et les transforme en leur équivalent spirituel (en énergie). Par lui seul, la prière (le désir) peut être transmise vers la source où se trouve la réponse à cette prière (l'intelligence infinie).

COMMENT CHARGER D'ÉNERGIE LE SUBCONSCIENT POUR LE PRÉPARER À L'EFFORT DE CRÉATION

Les possibilités qui s'offrent à vous quand vous établissez le contact entre l'effort de création et le subconscient sont prodigieuses. Elles m'inspirent de l'effroi.

Je n'aborde jamais une discussion sur le subconscient sans éprouver une impression de petitesse et d'infériorité en pensant au bagage de connaissances si pitoyablement limité que l'homme possède sur ce sujet.

En premier lieu, il vous faut admettre la réalité de l'existence du subconscient et de ce qu'il peut faire pour vous. Cela vous permettra de comprendre les possibilités qu'il offre comme médiateur de transmutation de vos désirs en leur équivalent matériel ou pécuniaire, et vous saisirez alors la pleine signification des instructions données au chapitre 3 (Le Désir). Vous comprendrez également l'importance qu'il y a à clarifier vos désirs et à les mettre par écrit, tout comme vous comprendrez la nécessité de faire preuve de persévérance dans l'exécution de ces instructions.

Les treize principes qui sont à la base de ce livre sont les stimuli qui vous permettent d'acquérir la capacité d'entrer en contact avec votre subconscient et de l'influencer. Ne vous laissez pas décourager si vous n'y parvenez pas du premier coup. Souvenez-vous que seule, la force de l'habitude peut l'orienter. Vous n'avez pas encore eu le temps de maîtriser la foi. Soyez patient ! Soyez persévérant !

COMMENTAIRE

Chez Hill, la théorie du subconscient se présente sous deux aspects. Il y a la notion de subconscient comme entrepôt où sont stockées toutes les informations et toutes les pensées qui vous sont parvenues. Selon l'autre notion, c'est la voie de l'intelligence infinie. Dans le présent chapitre, Hill se concentre essentiellement sur la fonction d'entrepôt.

Pour apporter un complément à notre commentaire sur ce qui est dit du subconscient au chapitre sur l'autosuggestion, ajoutons que la preuve que le subconscient est un stockage d'informations est confirmée par la pratique de la thérapie de l'hypnose en psychiatrie. Par l'hypnose, les psychiatres peuvent aider les patients à ouvrir la porte de leur subconscient pour faire remonter à la surface des faits liés à des traumatismes, qui, au niveau du conscient, ont été éliminés par filtrage ou refoulés. Une preuve supplémentaire nous est fournie par l'usage que les responsables du maintien de l'ordre font de l'hypnose pour retrouver des informations telles que des numéros de plaques minéralogiques et d'autres détails que le conscient d'un témoin a éliminés par filtrage. Bien que les résultats varient d'une personne à l'autre, il ne fait aucun doute que le subconscient a accès à des informations auxquelles n'a pas accès le conscient.

Le côté « entrepôt » du subconscient explique que certaines idées nous viennent par la voie de l'imagination créatrice. Dans certains cas, des bribes d'information ou d'idées que notre conscient a oubliées se rejoignent au niveau du subconscient et créent une idée nouvelle, laquelle se transmet à notre intelligence créatrice, qui nous la présente sous la forme d'une inspiration.

Vous ne pouvez pas être totalement maître de ce processus, mais vous pouvez vous mettre en condition pour trouver d'autres idées qui sont meilleures. C'est un fait qu'un traumatisme qui laisse en vous une idée solidement ancrée peut influer sur vos pensées et sur vos actes. Si cela est vrai, alors, en faisant délibérément tous vos efforts pour ancrer solidement une idée dans votre subconscient, vous devriez être capable de provoquer en vous ce qui s'apparente à un « bon » traumatisme, qui influencera positivement votre manière de penser et d'agir. C'est exactement ainsi que vous développez ce que Hill appelle l'obsession de l'argent.

Si vous faites tout ce qui est en votre pouvoir pour ancrer en vous, solidement et définitivement, avec une foi et une conviction sans faille, l'idée que vous allez réussir et réaliser votre désir, alors votre subconscient en prendra acte et emmagasinera cette idée. Si vous avez ancré cette idée si fortement qu'elle est devenue l'idée dominante de votre subconscient, elle influera sur les autres idées et sur les autres informations qui y sont emmagasinées. Quand vous aurez imprimé à votre subconscient cette nouvelle direction, il commencera à rassembler des informations et, par la médiation de votre intelligence créatrice, vous constaterez qu'il vous vient des idées et des plans plus nombreux et meilleurs pour atteindre votre but.

Mais, comme le précise Hill, ceci n'est possible que par la médiation de la foi et de l'habitude. Il faut que vous affirmiez par écrit votre objectif et que vous le répétiez à haute voix tous les jours en étant absolument convaincu que vous pouvez l'atteindre. Il faut que vous réussissiez à vous représenter, de façon très nette, en train de le réaliser, et il faut le faire tous les jours. Votre comportement doit être celui de quelqu'un qui se dit qu'il peut atteindre son objectif et qu'il mérite l'aide de ceux qui peuvent l'aider, et vous devez vous conduire ainsi tous les jours.

Si vous vous engagez sérieusement à faire tout cela, votre façon de penser et d'agir s'en trouvera changée, votre subconscient fera tout pour transmuer votre désir en réalité, et les autres feront tout ce qu'ils peuvent pour vous aider à réussir.

Un certain nombre d'observations qui figurent dans les chapitres sur la foi et l'autosuggestion sont reprises ici dans l'intérêt de votre subconscient. Souvenez-vous bien que votre subconscient fonctionne, que vous fassiez ou non des efforts pour l'influencer, ce qui signifie que les pensées de peur, de pauvreté, et toutes les idées négatives l'affecteront si vous ne maîtrisez pas ces impulsions et si vous ne lui fournissez pas une alimentation plus appétissante, dont il puisse se sustenter.

Le subconscient n'est jamais inactif. Si vous ne lui insufflez pas des désirs, il se nourrit de pensées qui sont le produit de votre négligence. Les pensées négatives, tout comme les pensées positives, parviennent continûment à votre subconscient. Ces pensées émanent de quatre sources : (1) le conscient des autres, (2) votre subconscient, (3) le subconscient des autres, et (4) l'intelligence infinie.

Tous les jours, toutes sortes de pensées parviennent brusquement à votre subconscient sans que vous vous en rendiez compte. Certaines sont négatives, d'autres positives. Vous devriez, en ce moment même, être en train d'essayer de stopper l'arrivée des pulsions négatives et tenter sérieusement d'insuffler à votre subconscient des impulsions de désir positives.

Quand vous y serez parvenu, vous aurez en votre possession la clef qui ouvre votre subconscient. Vous serez, en outre, si totalement maître de cette porte qu'aucune pensée indésirable ne pourra influencer votre subconscient.

Tout ce que vous créez commence par une impulsion de la pensée. Rien ne se crée qui ne soit d'abord conçu par la pensée. Par la médiation de l'imagination, les pensées se structurent en plans. Lorsque vous contrôlez votre imagination, vous pouvez l'exploiter pour élaborer des plans ou vous fixer des objectifs qui vous ouvriront les chemins de la réussite professionnelle.

Toutes les pensées que vous voulez voir se transformer en réussite, et qui ont été semées dans votre subconscient, doivent passer par la médiation de votre imagination et être associées à la foi (à votre foi dans vos capacités). Ce « mélange » de la foi avec un plan ou un objectif, destiné à être soumis au subconscient, ne peut s'effectuer que par le truchement de l'imagination.

Ces observations devraient faire clairement apparaître que, si vous voulez faire fonctionner votre subconscient, il vous faudra appliquer de façon coordonnée, dans leur intégralité, les treize principes de la réussite qui sont à la base de ce livre.

METTEZ À VOTRE SERVICE VOS ÉMOTIONS POSITIVES

Le subconscient est plus sensible à l'influence de la pensée imprégnée d'affectivité qu'il ne l'est aux pensées qui émanent du seul siège de la raison dans votre esprit. En fait, il ne manque pas de preuves qui étayent la thèse selon laquelle les pensées imprégnées d'affectivité ont une réelle influence sur le subconscient. Il est incontestable que les gens sont en majorité sous l'emprise de leurs émotions ou de leurs sentiments. S'il est avéré que le subconscient réagit mieux et plus vite aux pensées bien imprégnées d'affectivité, il est essentiel que vous vous familiarisiez avec les émotions les plus importantes.

Les principales émotions positives, tout comme les principales émotions négatives, sont au nombre de sept. Celles qui sont négatives pénètrent vos pensées naturellement et vont directement à votre subconscient sans aucune aide de votre part. Quant aux pensées positives, il faut que, par le truchement du principe d'autosuggestion, vous les fassiez pénétrer dans les impulsions de la pensée que vous voulez communiquer à votre subconscient.

Ces impulsions sont comparables à la levure que l'on met dans la pâte à pain. Elles sont l'élément actif qui fait passer les impulsions du stade passif au stade actif. C'est pourquoi, lorsqu'elles ont été bien imprégnées d'affectivité, elles sont suivies d'effet beaucoup plus facilement que celles qui n'émanent que de « la froide raison ».

COMMENTAIRE

W. Clement Stone, ami de Napoleon Hill, son mentor et associé en affaires, a pris des dispositions pour que soient publiés les derniers écrits de Hill. Ce qui suit est une adaptation de ce qui figure dans deux de ces ouvrages, Keys to Success (Les Clefs de la Réussite) *et* Believe and Achieve (Croire et Faire).

L'enthousiasme est une attitude mentale positive – une force intérieure *compulsive d'intense émotion, une puissance qui contraint à la création ou à l'expression.*

Celui qui est saisi d'enthousiasme éprouve un besoin compulsif d'extériorisation et d'expression dans l'action. Quand vous agissez dans l'enthousiasme, vous accentuez le pouvoir de suggestion et d'autosuggestion.

Le directeur commercial, l'orateur, le ministre, l'avocat, le professeur ou le cadre qui agit dans l'enthousiasme, en s'exprimant avec enthousiasme et sincérité, développe un enthousiasme authentique. Si vous agissez de cette façon, vos émotions suivront.

En remplissant votre conscient d'enthousiasme, vous faites, du même coup, bien comprendre à votre subconscient que la brûlante obsession qui vous hante et votre désir de la réaliser sont bien réels. Si, par la suite, votre enthousiasme conscient fléchit, votre subconscient sera là, plein d'images de votre réussite, pour vous aider, de nouveau, à nourrir les feux de votre enthousiasme.

Vous vous préparez à influencer « l'auditoire intérieur » de votre subconscient et à le placer sous votre contrôle afin de lui transmettre votre désir d'argent, que vous souhaitez voir transmuer en son équivalent pécuniaire. Il est donc essentiel que vous sachiez comment aborder cet « auditoire intérieur ». Il faut lui parler son langage, et le langage qu'il comprend le mieux est celui des phénomènes psychologiques que sont les émotions et les sentiments.

Ci-dessous sont répertoriés les sept principaux phénomènes psychologiques positifs et les sept négatifs. J'en dresse la liste ici pour que vous puissiez faire fond sur les positifs, et éviter les négatifs lorsque vous donnez des instructions à votre subconscient.

Les sept principaux phénomènes psychologiques positifs

- Le désir
- La foi
- L'amour
- Le sexe

- L'enthousiasme
- Le romanesque
- L'espoir

Il y a d'autres phénomènes positifs, mais ces sept-là sont les plus puissants et les plus communément sollicités dans l'effort de création. Maîtrisez-les (la seule façon d'y parvenir, c'est de vous en servir) et les autres phénomènes positifs seront à vos ordres quand vous en aurez besoin. N'oubliez pas que le livre que vous êtes en train d'étudier est conçu pour vous aider à développer « l'obsession de l'argent » en vous remplissant l'esprit d'émotions et de sentiments positifs.

Les sept principaux phénomènes psychologiques à éviter

- La peur
- La jalousie
- La haine
- La vengeance
- L'avidité
- La superstition
- La colère

Les phénomènes positifs et les phénomènes négatifs ne peuvent pas occuper l'esprit en même temps. L'un des deux doit être dominant. C'est votre responsabilité de veiller à ce que les phénomènes positifs soient l'influence dominante dans votre esprit. C'est là que la loi de l'habitude vous aidera. Prenez l'habitude de faire appel à vos émotions positives. Elles finiront par dominer si complètement votre esprit que les éléments négatifs ne pourront pas entrer.

Ce n'est qu'en suivant ces instructions à la lettre et continûment que vous serez en mesure de vous rendre maître de votre subconscient. La présence d'un seul élément négatif dans votre conscient suffit à ruiner toute chance d'aide constructive de la part de votre subconscient.

COMMENTAIRE

La sensibilité du subconscient aux pensées, aux émotions et aux commentaires négatifs, qui préoccupe Hill, est un phénomène bien connu des professionnels qui pratiquent ces techniques. En thérapie par hypnose, il y a un axiome qu'on appelle La Loi de l'Effet Contraire, qui veut que, chaque fois qu'il y a conflit entre imagination et volonté, c'est l'imagination qui l'emporte. Quand vous essayez de semer une idée, si le subconscient abrite déjà une idée négative et que vous tentez de faire entrer de force la nouvelle idée, cela a l'effet contraire parce que le subconscient se fixe sur la défense de l'idée négative en place. Et plus vous vous « essayez » de faire quelque chose, plus le subconscient résiste, et plus ça devient difficile.

Même l'emploi du mot « essayez » *est déconseillé parce qu'il suggère au subconscient un échec préconçu. Le concept « d'essai » recouvre une idée d'effort continu. Ce n'est pas essayer que vous voulez, c'est réussir. Si vous demandez au subconscient de vous « aider », c'est peut-être très exactement ce qu'il fera. Sans doute peut-il vous aider, mais il vous empêchera de réussir parce que si vous réussissiez, il ne pourrait plus vous aider à « essayer », qui est ce que vous lui avez demandé de faire.*

Cette mise en garde concernant l'emploi du mot « essayer » *n'est qu'un exemple parmi d'autres de l'attention qu'il faut porter à la formulation de ce que l'on veut et à l'usage de l'autosuggestion.*

Voici quelques-uns des principes de base sur lesquels s'accordent la plupart des experts.

1. *Les injonctions doivent toujours avoir un caractère positif. Stipulez ce que vous voulez, et non ce que vous ne voulez pas.*
2. *Votre injonction sera plus efficace si elle est brève et claire et ne porte que sur un seul désir. Prenez le temps de l'écrire, de la récrire, et de la peaufiner jusqu'à ce que vous réussissiez à exprimer ce désir avec brièveté et précision, et en termes bien choisis.*
3. *Vos injonctions doivent porter précisément sur l'objectif visé, mais non sur la façon de l'atteindre. Votre subconscient sait mieux que vous ce qu'il peut faire et comment le faire.*

4. *Ne fixez pas des délais déraisonnables. Votre subconscient n'est pas en mesure de faire survenir les choses « soudainement » ou « maintenant ».*
5. *Si vous vous contentez de prononcer les mots, cela n'aura guère d'effet. Quand vous stipulez votre désir, il faut le faire avec une foi et une conviction telles que votre subconscient sera convaincu de son importance pour vous. Quand vous vous précisez à vous-même la nature de votre désir, imaginez-le aussi grand qu'un panneau d'affichage. Il faut qu'il soit grand, puissant et qu'il s'inscrive bien dans votre mémoire.*
6. *Il est capital que vous répétiez votre injonction imprégnée d'affectivité. Vous aviez jusqu'alors l'habitude de penser d'une façon. En répétant votre injonction chaque jour, votre nouvelle façon de penser commencera à devenir une réaction automatique, qu'il vous faudra continuer à renforcer jusqu'à ce qu'elle devienne une seconde nature pour vous et que vous ayez pris l'habitude de la nouvelle façon de penser – la façon dont vous voulez penser.*

Les habitudes se forment en fonction du degré de renforcement. Les habitudes ne sont pas des jugements moraux ; elles peuvent être bonnes ou mauvaises. Les unes comme les autres se forment par la répétition. Si on essaie quelque chose et si le résultat nous plaît, on répète l'acte. Vous pouvez substituer des pensées positives à des pensées négatives, l'action à l'inaction, et vous pouvez acquérir les habitudes que vous voulez. Vos pensées sont la seule chose dont vous ayez la totale maîtrise, si vous le voulez. La maîtrise de vos pensées permet la maîtrise de vos habitudes.

LE SECRET DE LA PRIÈRE EFFICACE

La plupart des gens ont recours à la prière uniquement après avoir subi un échec. Ou bien alors leur prière est un rituel de paroles dépourvues de sens. Et comme la plupart des gens qui prient ne le font qu'après avoir tout essayé et échoué, ils se mettent à prier quand ils sont en proie à la crainte et au doute. Comme la peur et le doute sont les émotions qui sont mêlées à leur prière, ce sont elles que le subconscient transmet et ce sont elles que l'intelligence infinie reçoit et auxquelles elle se conforme.

Si vous cherchez à obtenir quelque chose par la prière, mais si, en priant, vous avez peur de ne pas être exaucé, ou si vous craignez que l'intelligence infinie n'en tienne pas compte, alors vous aurez prié pour rien.

Il arrive effectivement que la prière aboutisse et que se concrétise ce pour quoi vous avez prié. Si vous avez jamais fait cette expérience, sollicitez votre mémoire et rappelez-vous dans quel état d'esprit vous étiez réellement au moment de votre prière. Vous aurez alors la certitude que la théorie décrite ici est plus qu'une théorie.

La méthode qui vous permet de communiquer avec l'intelligence infinie est tout à fait semblable à la façon dont la vibration se propage par ondes radioélectriques. Le son ne peut pas se propager dans l'atmosphère tant qu'il ne s'est pas transformé en une vibration de forte amplitude. La station radio prend le son de la voix humaine et le modifie en accélérant la vibration des millions de fois. Ce n'est que de cette façon que l'énergie du son peut se propager sur de grandes distances. Une fois cette transformation opérée, l'énergie (qui, à l'origine, se présentait sous la forme de vibrations sonores) est diffusée et transmise sous forme de signal radio. Lorsqu'un poste de radio reçoit une transmission à grande vitesse, il lui redonne sa vitesse de vibration originale, qui est plus lente et, lorsqu'elle a retrouvé sa vitesse première, elle fait vibrer le diaphragme de la personne qui parle, ce qui reproduit le son original de la voix.

Le subconscient est l'intermédiaire qui traduit les prières ou les désirs en termes que l'intelligence infinie peut recevoir. La réponse vous est renvoyée sous la forme d'un plan ou d'une idée précis pour que vous puissiez obtenir ce que vous avez demandé dans votre prière.

Si vous avez compris ce principe, la simple lecture de mots pris dans un livre de prières ne suffit pas à établir la communication entre l'esprit humain et l'intelligence infinie.

N'APPELEZ PAS LES ENNUIS,

ILS NE VOUS DÉCEVRAIENT PAS.

CHAPITRE

14

LE CERVEAU

UNE STATION D'ÉMISSION ET DE RÉCEPTION POUR LA PENSÉE

Douzième étape sur le chemin de la richesse

C'est à l'époque où je travaillais avec le regretté Dr Alexander Graham Bell et le Dr Elmer R Gates, que j'ai, pour la première fois, suggéré que tout cerveau humain est à la fois une station d'émission et une station de réception pour la pensée.

Tout cerveau humain est capable de capter les vibrations de la pensée émises par d'autres cerveaux , ce qui n'est pas sans rappeler le principe de fonctionnement d'un récepteur radio.

Comme cela a été expliqué dans les chapitres précédents, c'est votre imagination créatrice qui est le « poste récepteur » de votre cerveau qui, lui, reçoit des pensées de votre subconscient et, dans certaines circonstances, des pensées émises par d'autres cerveaux. Votre imagination créatrice est l'interface entre votre esprit conscient, ou raisonnant, et les quatre sources d'où émanent les stimuli de la pensée : (1) le conscient des autres, (2) votre subconscient, (3) le subconscient des autres, (4) l'intelligence infinie.

Lorsqu'il est stimulé ou poussé à une amplitude de vibration élevée, l'esprit devient plus réceptif aux pensées qui lui parviennent de sources extérieures. Ce sont les émotions positives ou négatives qui sont les agents de ce processus d'accélération. Elles peuvent, par leur action, amplifier les vibrations.

Le cerveau qui a été ainsi stimulé fonctionne à un rythme beaucoup plus rapide qu'il ne le fait lorsque ces émotions sont au repos ou absentes. Le résultat est une telle montée en puissance de la pensée que l'imagination créatrice devient hautement réceptive aux pensées.

À cela s'ajoute que, lorsque le cerveau fonctionne à un rythme rapide, il colore en même temps d'affectivité vos propres pensées, ce qui est essentiel pour qu'elles soient captées et traitées par votre subconscient.

Le subconscient est le « poste émetteur » du cerveau, qui diffuse les vibrations de la pensée. C'est par le truchement de l'autosuggestion que vous pouvez mettre en marche votre « poste émetteur ». L'imagination créatrice est le « poste récepteur » par l'intermédiaire duquel sont captées les énergies de la pensée.

COMMENTAIRE

Ce qui suit relie le concept ci-dessus à des matériaux y afférents pris dans les chapitres précédents, l'objectif étant de présenter une récapitulation, point par point, de la conception que Hill se fait du processus.

1. *Le cerveau est simultanément organe d'émission et de réception.*
2. *Les émotions et les sentiments affectent votre capacité d'émission et de réception.*
   - *Quand vous êtes sous l'emprise d'une forte émotion, votre puissance d'émission des pensées s'en trouve renforcée.*
   - *Quand vous êtes sous l'emprise d'une forte émotion, votre réceptivité aux pensées s'en trouve renforcée.*
3. *Quand vous « émettez » des pensées, quelle est leur destination ? Vous les envoyez à votre subconscient par la voie de l'autosuggestion.*
4. *Quand vous recevez des pensées, d'où proviennent-elles ? Elles émanent de votre subconscient et vous les recevez par le canal de votre imagination créatrice.*

5. *Votre subconscient a une double caractéristique :*
   - *C'est un entrepôt qui stocke l'information (comme cela a été expliqué au chapitre précédent).*
   - *C'est votre interface avec l'intelligence infinie.*
6. *L'intelligence infinie est la voie par laquelle vous recevez des pensées qui émanent d'autres cerveaux. C'est le terme qu'utilise Hill pour décrire cette loi fondamentale de physique : parce que tout dans l'univers est temps, espace, énergie ou matière, et parce que la matière est simplement de l'énergie sous une autre forme, en réalité tout fait partie d'un même ensemble. Cela signifie que votre subconscient (votre énergie) a une base commune avec tous les autres subconscients.*
7. *Les pensées des autres cerveaux vous parviennent ainsi : quand vous êtes sous l'effet d'une forte émotion et que votre « récepteur » est particulièrement réceptif, sa « puissance d'attraction » est parfois si forte qu'il attire une pensée du subconscient d'un autre cerveau. Il peut le faire parce que l'intelligence infinie sert d'interface entre le subconscient et l'autre cerveau.*
8. *Quand on évoque ces pensées qui émanent d'autres cerveaux, on parle d'intuition, de prémonition, de déjà vu, et de précognition.*

Bien que la théorie de Hill repose sur l'action d'une force immatérielle qui ne peut être ni isolée ni disséquée en laboratoire, ni la médecine ni la psychologie ne peuvent mieux expliquer ces pensées qui reposent sur des connaissances ou des informations que nous ne possédons pas.

LES PLUS GRANDES FORCES SONT INTANGIBLES

Dans le passé, nous nous sommes beaucoup trop reposés sur les perceptions de nos sens et nous avons limité notre savoir aux choses concrètes, celles que nous pouvions voir, toucher, peser et mesurer.

Je crois que nous sommes entrés dans l'ère la plus merveilleuse de toutes, celle qui nous en apprendra plus sur les forces intangibles qui nous entourent. Peut-être apprendrons-nous qu'il y a un « autre moi » plus puissant que le moi en chair et en os que nous voyons quand nous nous regardons dans la glace.

Nombre de gens ne prennent pas au sérieux ces éléments immatériels – ces choses qu'ils ne peuvent pas percevoir par l'intermédiaire des cinq sens. Cependant, minimiser l'importance de forces immatérielles et inexplicables, c'est refuser de voir que nous y sommes soumis tous les jours.

L'humanité tout entière n'a pas le pouvoir de se mesurer avec la force contenue dans le déferlement des vagues de l'océan, ni celui de la maîtriser. On ne comprend toujours pas complètement l'action de la gravitation universelle, cette force intangible qui maintient notre petite terre en suspens dans l'espace et nous empêche d'en tomber, et nous avons encore beaucoup moins le pouvoir de la maîtriser. Nous sommes totalement soumis à la force immatérielle d'un orage et nous sommes tout aussi impuissants devant la force immatérielle de l'électricité. Nous ne comprenons pas la force immatérielle (et l'intelligence) contenue dans le sol – cette force qui nous fournit toute notre alimentation, tous les vêtements que nous portons, et tous les dollars que nous avons en poche.

Enfin, avec toute notre culture et toute notre éducation, nous ne comprenons toujours pas grand-chose – à supposer même que nous comprenions quelque chose – à la plus grande de toutes les forces immatérielles : la pensée. On commence toutefois à en savoir pas mal sur les mécanismes complexes du cerveau, et les résultats sont stupéfiants. Nous savons que le standard central du cerveau humain – le nombre de lignes qui relient entre elles les cellules cérébrales – s'écrit avec le chiffre un suivi de quinze millions de zéros.

Écoutons le Dr C. Judson Herrick de l'université de Chicago : « Le chiffre est si stupéfiant que les chiffres astronomiques, lorsqu'on parle d'années-lumière, deviennent insignifiants par comparaison.... Il a été établi qu'il y a entre 10 milliards et 14 milliards de cellules nerveuses dans le cortex cérébral, et nous savons qu'elles sont disposées selon des configurations bien définies, qui ne sont pas le fruit du hasard, mais qui sont ordonnées. »

Il me paraît inconcevable qu'un tel réseau de mécanismes complexes existe uniquement pour que s'exercent les fonctions liées à la croissance et à l'entretien du corps. N'y a-t-il pas beaucoup de chances que le même système qui donne aux cellules du cerveau les moyens de communiquer entre elles fournisse également aux forces immatérielles les moyens de communiquer entre elles ?

COMMENTAIRE

Depuis l'époque où Hill formulait ces observations, nous avons beaucoup appris sur le cerveau et sur son fonctionnement. On connaît bien sa chimie ; on peut mesurer les énergies qu'il libère ; nous savons quelles aires commandent les diverses fonctions du corps, lesquelles sont le siège de la mémoire, de l'affectivité, de la rationalité et de bien d'autres subtilités liées au processus de la pensée. Grâce à la scanographie, on peut même observer les changements qui se produisent dans le cerveau quand il est en activité. Grâce à la chirurgie, à la médication et à d'autres techniques, on sait comment empêcher le cerveau d'avoir un certain type de pensées, et on sait comment l'encourager à avoir un autre type de pensées quand nous le voulons. Par exemple, la stimulation d'une zone particulière peut produire des pensées agréables – mais on ne sait pas encore déterminer ce que seront ces pensées, ni quels éléments entrent dans leur formation.

On a beau avoir progressé dans la connaissance des mécanismes du cerveau, on est encore incapable de lui faire produire une pensée ou une idée particulière, notamment une pensée ou une idée originale. Et la science médicale n'est pas plus en mesure que Hill d'expliquer l'origine des intuitions ou des prémonitions qui nous viennent, alors que rien de ce que nous savons ne nous y avait préparé.

En bref, les propriétés physiques du cerveau confirment qu'il est le lieu où s'élaborent les pensées, mais, la façon dont s'effectue l'opération est une question qui demeure sans réponse, de même que la question de savoir comment les pensées peuvent circuler d'un cerveau à un autre.

Dans les commentaires précédents, nous avons attiré l'attention sur la parenté qu'il y a entre les lois de la physique et la théorie de Hill selon laquelle tout est lié dans l'univers. Bien que ce livre n'ait pas la prétention d'être un cours de science, cela peut vous rassurer de savoir que les travaux de savants de renom corroborent cette théorie. Selon la théorie des quanta, les particules subatomiques sont si minuscules qu'elles sont presque au niveau du « grain », qui est à la base de tout. Albert Einstein a mis au point ce qu'on appelle l'effet EPR (Einstein, Podolski et Rosen), et le physicien John Stuart Bell est l'auteur du Théorème de Bell, deux découvertes fondées sur le concept selon lequel lorsque deux particules subatomiques liées étant séparées l'une de l'autre, un changement est opéré sur la particule A, le même changement se produit instantanément sur la particule B, quel que soit leur éloignement.

Autre concept lié : le Cerveau Holographique ou Univers Holographique, ainsi appelé en raison d'une propriété étonnante. En effet, si vous divisez en deux un hologramme, vous n'obtenez pas deux moitiés de l'image, mais deux images séparées mais complètes. Si vous divisez en deux l'une de ces moitiés, vous obtenez deux autres images complètes. Divisez d'autres morceaux, et de nouveau vous obtenez des images entières. Chaque partie d'un hologramme contient la totalité des informations originales.

Dans les années 70, Karl Pribram, neurophysiologue de l'Université Stamford, publia le résultat de ses travaux, selon lesquels la mémoire n'est pas localisée dans une partie spécifique du cerveau, mais répandue dans sa totalité, comme l'image sur une plaque holographique. Presque en même temps, le célèbre physicien David Bohm avança l'idée que l'univers fonctionnait comme un hologramme, que tout y était lié, et que toutes les choses s'influençaient réciproquement, que chaque partie de l'univers enfermait la totalité de l'univers.

Ce sont là des théories scientifiques qui dépassent probablement la majorité des lecteurs. Ce qu'il faut retenir, c'est que Hill n'était pas le seul à conclure que, par la médiation de quelque force immatérielle, votre subconscient entre en intercommunication avec chaque partie de l'univers. Nous avons cité précédemment l'exemple des plis et des bosses d'une nappe, tous étant différents, mais tous étant toujours la nappe. Voici maintenant une autre façon d'envisager l'interconnexion entre toutes les choses : supposez que vous deviez percer cinq trous dans un mur et que vous demandiez à quelqu'un, à l'extérieur de la pièce, de passer ses doigts dans les trous et de les remuer. Vous faites ensuite venir dans la pièce où vous êtes quelqu'un qui ne croit qu'à ce qu'il voit, cette personne verra cinq objets séparés qui ont chacun leur mouvement propre. Vous pouvez dire à cette personne que, derrière le mur, ces objets sont reliés et font partie de la même main mais, comme elle ne voit pas ce qui les relie, et ne croit que ce qu'elle comprend, elle ne sera pas convaincue.

Ni la médecine moderne, ni la psychiatrie ni la technologie ne peuvent encore, de façon probante, nous montrer ce qu'il y a derrière le mur. Il n'en reste pas moins que nous avons tous eu, à propos de quelqu'un, une intuition qui s'est révélée vraie, la prémonition, le pressentiment qu'un absent n'allait pas bien, et cela a été avéré. Comment ces informations nous parviennent-elles ?

Comme cela a été précédemment indiqué, le psychologue Carl Jung appelle cette connexion immatérielle l'inconscient collectif (ou subconscient universel). D'autres parlent de Théorie Totalement Unifiée, de Grande Première Cause, d'Esprit Universel, de l'Esprit et, pour certains, c'est une autre façon de décrire Dieu. Napoleon Hill, lui, parle d'intelligence infinie, ce qui est une explication de bon sens qui vous permet d'exploiter le phénomène, même si vous ne le comprenez pas totalement. Après tout, c'est ce que voulait Hill : vous donner le moyen d'accéder aux forces immatérielles afin que vous puissiez réaliser votre désir.

Après que ce livre eut été écrit, et avant que le manuscrit ne fût envoyé à l'éditeur, le *New York Times* publia un éditorial qui montrait qu'au moins une grande université et un chercheur intelligent, spécialiste des phénomènes mentaux, conduisaient une recherche sérieuse, dont les conclusions offraient de nombreuses analogies avec ce qui est décrit dans ce chapitre et dans le suivant. Cet éditorial présentait une brève analyse des travaux du Dr J.B. Rhine et de ses associés à l'université Duke.

QU'EST-CE QUE LA TÉLÉPATHIE ?

Il y a un mois, nous avons fait état ici même des remarquables résultats auxquels étaient parvenus, à l'université Duke, le Professeur Rhine et ses associés après avoir effectué plus de cent mille tests pour démontrer l'existence des phénomènes de « télépathie » et de « voyance ». Ces résultats ont été résumés dans les deux premiers articles du *Harper's Magazine*. Dans le second, qui est maintenant paru, l'auteur, E.H. Wright, tente de résumer ce qui a été découvert, ou ce qui semble raisonnable d'inférer en ce qui concerne la nature exacte de ces modes de perception « extrasensorielle ».

À la suite des expérimentations de Rhine, certains savants estiment tout à fait probable l'existence de phénomènes de télépathie et de voyance. On a demandé à diverses personnes douées d'un grand pouvoir de perception d'identifier le plus de cartes possible dans un paquet spécial sans les regarder et sans avoir recours aux autres organes des sens. Il apparut qu'environ une vingtaine d'hommes et de femmes étaient capables de nommer, sans se tromper et en respectant la consigne, un nombre si important de cartes « qu'il n'y avait pas une chance sur plusieurs millions que cet exploit pût être attribué à la chance ou au hasard ».

Mais comment faisaient-ils ? Ces pouvoirs, à supposer qu'ils existent, ne semblent pas être sensoriels. On ne peut les rattacher à aucun organe. Les expérimentations étaient aussi concluantes, qu'elles aient été réalisées à des distances de plusieurs centaines de milles ou dans la même pièce. Ces faits, selon Wright, font également litière de la tentative d'expliquer la télépathie ou la voyance par une quelconque théorie physique de la radiation. Toutes les formes d'énergie émise par radiation perdent de leur intensité en raison inverse du carré de la distance traversée. Ce n'est le cas ni de la télépathie ni de la voyance. Mais elles varient pour une cause physique, tout comme nos autres facultés mentales. Contrairement à une opinion fort répandue, leur acuité n'augmente pas quand le sujet est endormi ou assoupi, mais, au contraire, quand il est complètement éveillé et aux aguets. Rhine a découvert qu'un narcotique abaisse immanquablement les performances du sujet, tandis qu'un stimulant les améliore toujours. Il semble bien que le sujet le plus fiable ne puisse réaliser ses meilleures performances que s'il fait le maximum pour réussir.

Wright n'hésite pas à en tirer la conclusion que la télépathie et la voyance relèvent d'un seul et même don. Selon lui, la faculté qui permet de « voir » une carte posée à l'envers sur une table semble être exactement la même que celle qui permet de « lire » une pensée qui ne se trouve que dans l'esprit de quelqu'un d'autre. Plusieurs raisons justifient cette hypothèse. Jusqu'à présent, on a constaté que, lorsqu'une personne avait un don, elle avait les deux. Si vous possédez ces capacités, elles semblent toutes deux de même force. Les écrans, les murs, les distances n'ont aucun effet sur aucune. Wright dit avoir « l'intuition » que d'autres expériences extrasensorielles, telles que les rêves prophétiques, les prémonitions de tragédies, et autres phénomènes du même ordre, peuvent également relever de la même faculté. Le lecteur n'est pas tenu de prendre pour argent comptant toutes ces conclusions, mais les preuves que Rhine accumule ne peuvent pas manquer d'impressionner.

COMMENTAIRE

En 1927, Le Dr J.B. Rhine et sa femme, le Dr Louisa, se joignirent au Professeur William McDougall, président du département de psychologie à l'université Duke pour créer un laboratoire qui appliquerait des procédures rigoureusement scientifiques à l'étude des phénomènes parapsychologiques. Ils mirent au point des méthodologies et des procédures scientifiques pour étudier, identifier et tester des sujets qui présentaient des capacités inhabituelles. C'est le Dr Rhine qui forgea le terme de perception extrasensorielle (PE)*, et, pour décrire leurs études, il choisit le mot* parapsychologie. *Il est juste de dire que les travaux conduits au laboratoire Rhine sont à la pointe de la recherche dans ce domaine.*

En 1962, ils créèrent the Foundation for Research into the Nature of Man (La Fondation pour la Recherche sur la Nature de l'Homme) afin de pouvoir continuer leurs recherches hors de l'université et de publier des ouvrages s'y rapportant. En 1995, cette Fondation prit le nom de Rhine Research Institute (Institut de Recherche Rhine).

COMMENT UNIR DES ESPRITS DANS UN TRAVAIL D'ÉQUIPE

À la suite des conclusions du Dr Rhine sur les conditions dans lesquelles l'esprit réagit à ce qu'il appelle les modes de perception extrasensorielle, j'aimerais livrer mes propres observations. Mes associés et moi avons découvert ce que nous croyons être les conditions idéales de stimulation de l'esprit pour que le « sixième sens » puisse fonctionner.

En premier lieu, je tiens à préciser que je forme avec mes deux collaborateurs une équipe de travail extrêmement soudée. Par l'expérimentation et par la pratique, nous avons découvert comment stimuler nos esprits de telle sorte que nous puissions, en fusionnant nos trois esprits en un seul, trouver la solution à toute une série de problèmes que nous soumettent nos clients.

La procédure est très simple. Nous prenons place à une table de conférence, exposons clairement la nature du problème que nous avons à résoudre, puis commençons à en discuter. Chacun de nous fait part de toutes les idées qui peuvent lui venir à l'esprit (en application du principe établi à propos des « conseillers invisibles » dont il sera question au chapitre suivant). Ce qu'il y a d'étrange dans cette méthode de stimulation de l'esprit, c'est qu'elle met chaque participant en communication avec des sources de connaissances inconnues incontestablement hors du champ de sa propre expérience.

Si vous comprenez le principe décrit dans le chapitre sur le Groupe de Cerveaux, vous en reconnaîtrez l'application dans la table ronde.

Cette méthode de stimulation de l'esprit par la discussion de divers sujets entre trois personnes est l'illustration la plus simple et la plus pratique de ce que l'on peut faire avec le Groupe de Cerveaux. Si vous en exploitez la puissance, vous vous rendrez compte que plus vous travaillerez ensemble, plus chacun d'entre vous apprendra à anticiper les idées des autres et à se mettre au diapason de l'intensité de leur enthousiasme et de leur inspiration. Vous ne pouvez pas vous rendre totalement maître du processus, mais plus vous l'emploierez, mieux il fonctionnera.

En adoptant et en appliquant un plan similaire, vous mettrez à profit la célèbre formule Carnegie décrite au chapitre 1. Si cela ne vous dit plus rien, marquez cette page et relisez-là quand vous aurez achevé le dernier chapitre.

LES GRANDES RÉUSSITES

SONT SOUVENT LE RÉSULTAT DE GRANDS

SACRIFICES,

JAMAIS DE L'ÉGOÏSME

CHAPITRE

15

LE SIXIÈME SENS

LA PORTE DU TEMPLE DE LA SAGESSE

Treizième étape sur les chemins de la richesse

Sixième sens, c'est ainsi qu'on appelle le principe selon lequel l'intelligence infinie peut communiquer, et le fait sans qu'il y ait eu effort ou demande de la part du sujet.

Ce principe est le point d'aboutissement de la philosophie de la réussite. Il ne peut être assimilé, compris et appliqué que si les douze autres principes ont été préalablement maîtrisés.

Le sixième sens est cette partie du subconscient que l'on a appelée l'imagination créatrice. On a également utilisé l'expression « poste récepteur », par le canal duquel jaillissent à l'esprit idées, plans et pensées. Ces jaillissements portent parfois le nom d'intuitions ou d'inspirations.

Le sixième sens échappe à toute description. Il est impossible de faire comprendre ce qu'il est à ceux qui n'ont pas maîtrisé les autres principes de cette philosophie parce qu'ils n'ont ni les connaissances ni l'expérience qui leur permettraient une comparaison.

Une fois que vous aurez maîtrisé les principes exposés dans ce livre, vous serez prêt à accepter comme vraie une affirmation qui, autrement, vous aurait paru incroyable. Par l'intermédiaire du sixième sens, vous serez averti de dangers imminents à temps pour les éviter, et informé d'occasions favorables à temps pour que vous puissiez les saisir.

Au fur et à mesure que vous développerez ce sixième sens, c'est un peu comme si un ange gardien venait vous aider ; un ange gardien qui, à tout moment, vous ouvrira la porte du temple de la sagesse.

LES MIRACLES DU SIXIÈME SENS

Je ne crois pas aux « miracles » et n'affirmerai donc pas qu'il en existe pour la bonne raison que j'ai assez d'expérience pour savoir que la Nature ne s'écarte jamais de ses lois établies. Je crois toutefois que certaines de ses lois sont si incompréhensibles qu'elles produisent ce qui *a l'air* de miracles. Le sixième sens, c'est ce qui, dans mon expérience, se rapproche le plus du miracle.

Ce dont je suis persuadé, c'est qu'il y a un pouvoir, ou une Cause Première, ou une intelligence qui imprègne chaque atome de matière et régit chaque unité d'énergie perceptible à l'homme. Je sais que c'est cette intelligence infinie qui transforme les glands en chênes, que c'est grâce à elle que l'eau suit la pente selon la loi de la gravité, que la nuit suit le jour et l'hiver l'été, et que c'est elle qui maintient à la place qui est la sienne et dans sa relation à l'autre chacun de ces deux phénomènes. En fonction des principes de la philosophie exposée dans ce livre, cette intelligence peut vous aider à concrétiser ou à matérialiser vos désirs. Je le sais parce que c'est le résultat de mes expérimentations et le fruit de mon expérience.

Étape par étape, les précédents chapitres vous ont amené jusqu'ici, jusqu'à ce dernier chapitre. Si vous avez maîtrisé chacun des principes précédents, vous êtes maintenant prêt à accepter, sans scepticisme, les affirmations extraordinaires qui vous sont maintenant présentées. Si vous n'avez pas maîtrisé les autres principes, il faut que vous le fassiez avant de pouvoir décider, avec certitude, si les affirmations de ce chapitre sont réalité ou fiction.

LAISSEZ LES GRANDS DE CE MONDE FAÇONNER VOTRE VIE

Je n'ai jamais pu me défaire complètement de mon habitude d'adorer les héros. Quand j'étais dans la phase du culte des héros, je me surprenais à essayer d'imiter ceux que j'admirais le plus. La vie m'a appris que ce qu'il y a de mieux, à défaut d'être vraiment grand, c'est de faire tout son possible pour agir comme ceux qui le sont, pour leur ressembler, pour éprouver les mêmes sentiments qu'eux. Je me suis aperçu que la foi avec laquelle j'essayais d'imiter mes idoles me donnait une grande force pour réussir à le faire.

Longtemps avant d'écrire la première ligne aux fins de publication ou de prononcer un discours en public, je pris l'habitude de remodeler mon caractère en essayant d'imiter les neuf hommes dont la vie et les œuvres m'avaient le plus impressionné. Ces neuf hommes étaient Emerson, Paine, Edison, Darwin, Lincoln, Burbank, Napoléon, Ford et Carnegie. Tous les soirs, pendant de longues années, je tins un conseil imaginaire avec ce groupe que j'appelais mes « conseillers invisibles ».

Voici comment je procédais. Juste avant de m'endormir, je fermais les yeux et voyais, en imagination, ce groupe d'hommes assis avec moi autour de ma table du conseil. Ainsi j'avais non seulement l'occasion de siéger parmi les hommes que je considérais comme très grands, mais, en tant que président de séance, je dirigeais la réunion.

Si je faisais appel à mon imagination de cette façon, c'est que j'avais un objectif bien précis. Je voulais remodeler mon caractère de telle sorte qu'il devienne une synthèse des caractères de mes conseillers imaginaires. M'étant rendu compte qu'il me fallait surmonter le handicap d'être né et d'avoir été élevé dans un milieu où régnaient l'ignorance et la superstition, je me fixai délibérément comme tâche de renaître comme je le voulais par la méthode que je viens de décrire.

Se forger le caractère par l'autosuggestion

Je savais, bien sûr, que ce sont nos pensées et nos désirs dominants qui font de nous ce que nous sommes. Je savais que tout désir profondément ancré contraint celui qui l'éprouve à trouver le moyen de le réaliser. Je savais que l'autosuggestion est un puissant facteur dans la construction du caractère. En fait, c'est le seul principe qui assure cette construction.

Avec cette connaissance des mécanismes de l'esprit, je disposais de l'appareil mental adéquat pour reconstruire mon caractère. Au cours des séances de mon conseil imaginaire, je demandais aux membres de mon cabinet de me fournir les connaissances que j'attendais de chacun. Je m'adressais même à eux à haute voix de cette manière :

Mr. Emerson, j'attends de vous que vous me communiquiez cette merveilleuse compréhension de la nature qui a si éminemment caractérisé votre vie. Je vous demande de graver dans mon subconscient les qualités qui vous ont permis de comprendre les lois de la nature et de vous y adapter.

Mr. Burbank, je vous demande de me communiquer le savoir qui vous a permis d'harmoniser à ce point les lois de la nature que vous avez fait perdre leurs épines aux cactus, qui sont devenus comestibles. Donnez-moi accès aux connaissances qui vous ont permis de faire pousser deux brins d'herbe là où il n'y en avait qu'un.

Napoléon, j'attends de vous que vous me communiquiez cette merveilleuse aptitude à inspirer les hommes et à les stimuler pour qu'ils veuillent se dépasser dans l'action. Je désire également acquérir cette foi qui ne vous a jamais quitté et qui vous a permis de transformer la défaite en victoire et de surmonter d'énormes obstacles.

Mr. Paine, j'attends de vous que vous me communiquiez cette liberté de pensée, ce courage et cette clarté d'esprit qui permettent d'exprimer vos convictions, et qui ont été votre marque.

Mr. Darwin, j'attends de vous que vous me communiquiez cette patience merveilleuse et cette extraordinaire aptitude à étudier les causes et les effets, en toute objectivité et sans préjugés, dont vous avez donné un si bel exemple dans le domaine des sciences de la nature.

Mr. Lincoln, je désire intégrer dans mon caractère ce sens aigu de la justice, cette infatigable patience, ce sens de l'humour, cette compréhension de l'humanité et cet esprit de tolérance qui ont été vos marques distinctives.

Mr. Carnegie, j'attends de vous que vous me communiquiez la pleine compréhension des principes de l'effort organisé que vous avez appliqués avec tant d'efficacité dans l'édification d'une grande entreprise industrielle.

Mr. Ford, j'attends de vous que vous me communiquiez l'esprit de persévérance, la détermination, l'assurance tranquille, la confiance en soi qui vous ont permis de vous arracher à la pauvreté, et d'organiser, d'unifier et de simplifier l'effort humain, afin que je puisse aider les autres à suivre vos pas.

Mr. Edison, j'attends de vous que vous me communiquiez cette foi merveilleuse grâce à laquelle vous avez pu découvrir nombre de secrets de la nature, et cet acharnement à la tâche qui vous a si souvent permis de transformer une défaite en victoire.

L'étonnant pouvoir de l'imagination

Ma façon de m'adresser aux membres de mon cabinet imaginaire variait en fonction des traits de caractère que je souhaitais le plus acquérir. J'étudiais très soigneusement leur parcours de vie. Au bout de quelques mois de cette procédure nocturne, j'étais surpris de constater que mes conseillers imaginaires devenaient chaque fois plus réels pour moi.

Chacun d'eux prenait des habitudes personnelles qui me surprenaient. Ainsi, Lincoln avait pris l'habitude d'arriver toujours en retard et de faire les cent pas, l'air solennel et important. Il avait toujours sur le visage une expression de grand sérieux. Je l'ai rarement vu sourire.

Ce n'était pas le cas des autres. Burbank et Paine se permettaient des bons mots qui donnaient parfois l'impression de choquer les autres membres du cabinet. Il est arrivé une fois que Burbank soit en retard. Lorsqu'il entra, il était tout excité et il nous expliqua qu'il faisait une expérience qui, espérait-il, lui permettrait de faire produire des pommes à n'importe quel arbre.

Paine le réprimanda en lui rappelant que c'était une pomme qui était à l'origine de tous ces problèmes entre les hommes et les femmes. Darwin eut un petit gloussement et lui dit de faire attention aux petits serpents quand il irait en forêt cueillir des pommes étant donné qu'ils avaient l'habitude de se transformer en gros serpents. Emerson fit cette observation : « Sans serpents, pas de pommes » et Napoléon : « Pas de pommes, pas d'État. »

Ces réunions prenaient une telle réalité que je commençai à craindre leurs conséquences, et je les arrêtai pendant quelque mois. Ces expériences étaient si étranges que j'avais peur, si je les poursuivais, de perdre de vue le fait que ces séances étaient le pur produit de mon imagination.

Ce livre me donne, pour la première fois, le courage de faire état de ces pratiques. Eu égard à ce que, moi-même, je pensais de ces choses, je savais que si je décrivais ces expériences inhabituelles, on ne me comprendrait pas.

Si j'ai maintenant le courage de mettre cela par écrit, c'est que je prête moins attention qu'autrefois à « ce qu'on dit ».

Les membres de mon cabinet étaient, certes, de la pure fiction, et les réunions n'existaient que dans mon imagination, mais cela m'a conduit sur les chemins merveilleux de l'aventure, a ravivé mon admiration devant la vraie grandeur, a encouragé ma créativité, et m'a incité à faire preuve d'honnêteté et de hardiesse dans l'expression de mes pensées.

COMMENTAIRE

L'histoire de Hill et de ses conseillers imaginaires n'est pas si exceptionnelle qu'on pourrait le supposer à première lecture. En fait, ce sont des phénomènes que connaissent constamment les romanciers. Lorsqu'un auteur est en train d'écrire un livre, il arrive un moment où les personnages du roman sont si nets dans son esprit que c'est leur personnalité qui se met à lui suggérer des évolutions de l'intrigue et des dialogues qu'il n'avait pas prévus. Il arrive souvent que ces pensées, qui viennent à l'esprit de l'auteur, quand il est « dans son personnage » sont totalement originales et qu'il ne les aurait jamais eues dans « la vie réelle ».

Les psychiatres, les thérapeutes et les spécialistes des questions de motivation connaissent également ce phénomène quand ils ont recours aux « jeux de rôles ». La technique habituelle est de demander à deux personnes d'interpréter un scénario comme s'ils étaient dans la peau l'une de l'autre. Si cela se déroule dans une situation où les participants ne se sentent ni gênés ni intimidés, et s'ils se laissent complètement prendre et essaient sérieusement de se mettre dans la peau de l'autre personne, alors les résultats peuvent être stupéfiants. Si vous entrez dans ce jeu avec une foi suffisamment forte, vous n'aurez pas seulement une impression générale de ce que vit l'autre personne, mais vous aurez des éclairs d'intuition, vous « ressentirez » vraiment ce que ressent l'autre personne, et vous aurez acquis une véritable compréhension des réactions et des motivations des autres.

Pourquoi est-ce que cela marche ? C'est de l'ordre du mystère, tout comme les prémonitions. C'est peut-être simplement que, lorsque votre imagination crée un personnage, elle le libère de toute inhibition, si bien que, lorsque, en pensée, vous « percez à jour » le personnage, vous avez l'esprit beaucoup plus libre. Cela étant, il n'en demeure pas moins qu'en faisant appel à votre imagination pour vous projeter dans d'autres personnages, vous pouvez vous ouvrir à des idées auxquelles vous n'avez pas accès en temps normal. Et vous pouvez vous servir de ce phénomène mental comme d'un outil pour réaliser votre désir.

PUISER AUX SOURCES DE L'INSPIRATION

Il y a, dans la structure cellulaire du cerveau, quelque chose qui reçoit les vibrations de la pensée qu'on appelle ordinairement prémonitions. Jusqu'à présent la science n'a pas découvert où se situe ce sixième sens, mais cela est sans importance. Il n'en demeure pas moins que les êtres humains ont effectivement accès à des connaissances exactes autrement que par les organes des sens. En général, ces informations parviennent quand l'esprit est sous l'influence d'une stimulation extraordinaire. Toute situation critique, qui provoque des émotions et fait battre le coeur plus rapidement, peut faire entrer en action le sixième sens. Tous ceux qui ont failli avoir un accident au volant savent que le sixième sens vient souvent à la rescousse et que, dans une fraction de seconde, il permet d'éviter l'accident.

Si j'ai mentionné cela, c'est pour préparer ce que je vais maintenant exposer : à bien des reprises, lorsque je me suis trouvé dans des situations critiques, ce sont mes « conseillers invisibles » qui m'ont aidé à échapper aux difficultés.

Mon objectif de départ, lorsque j'ai conçu ces réunions avec des êtres imaginaires, était simplement de graver dans mon subconscient certaines caractéristiques que je voulais acquérir. Plus récemment, mon expérimentation a pris une orientation totalement différente. Je me tourne maintenant vers mes conseillers imaginaires dès que mes clients ou moi-même sommes confrontés à une difficulté. Pendant ces réunions, je constate que mon esprit est plus réceptif aux idées, aux pensées et aux informations qui me parviennent par le canal du sixième sens. Bien que je ne me repose pas entièrement sur cette forme de conseils, les résultats sont souvent étonnants.

Vous ne pouvez pas vous connecter au sixième sens, ou vous en déconnecter, à votre guise. L'aptitude à utiliser ce grand pouvoir vient lentement, à force d'appliquer les autres principes exposés dans ce livre.

Qui que vous soyez et quelle que soit la raison pour laquelle vous avez entrepris la lecture de ce livre, vous pouvez en tirer profit, même si vous ne saisissez pas complètement comment ni pourquoi fonctionne le principe décrit dans le présent chapitre, notamment si votre objectif principal est d'amasser de l'argent ou d'autres biens matériels.

Ce chapitre sur le sixième sens a été écrit parce que ce livre a été conçu pour présenter un système complet permettant aux individus d'obtenir ce qu'ils attendent de la vie. Le point de départ de toute réussite est le désir. Le point d'aboutissement est la connaissance de ce qui conduit à la compréhension — compréhension de vous-même, compréhension des autres, compréhension des lois de la nature, et reconnaissance et compréhension du bonheur.

Pour pleinement saisir cet ensemble, il faut s'être bien familiarisé avec le principe du sixième sens et l'avoir beaucoup pratiqué.

En lisant ce chapitre, vous avez peut-être eu l'impression que vous vous étiez élevé à un haut niveau de stimulation mentale. Magnifique ! Revenez-y dans un mois, relisez-le et constatez que votre esprit a atteint un degré de stimulation encore plus élevé. Répétez l'expérience de temps à autre sans vous soucier de savoir si vous apprenez beaucoup ou peu chaque fois. Vous disposerez finalement d'un pouvoir qui vous permettra de secouer le découragement, de maîtriser la peur, de ne plus céder à la tentation de tout remettre au lendemain, et de solliciter abondamment votre imagination. Vous aurez été alors au contact de ce « quelque chose » d'inconnu qui est l'âme de tous les véritables grands hommes, que ce soient les penseurs, les leaders, les artistes, les musiciens, les écrivains ou les hommes d'État. Vous serez alors en mesure de transmuer vos désirs en leurs équivalents matériels ou pécuniaires aussi facilement que vous pouvez vous coucher et renoncer dès que surgit le premier obstacle.

CELUI QUI SAIT TRÈS PRÉCISÉMENT

CE QU'IL VEUT DANS LA VIE

EST DÉJÀ BIEN PRÈS DU BUT

CHAPITRE

16

LES SIX FANTÔMES DE LA PEUR

COMBIEN Y EN A-T-IL SUR VOTRE ROUTE ?

Avant que vous ne soyez en mesure de réussir à mettre en pratique un élément de cette philosophie, quel qu'il soit, il faut que votre esprit soit prêt à le recevoir. Cette préparation n'est pas difficile. Elle débute par l'étude, l'analyse et la compréhension de trois ennemis dont il vous faudra absolument vous débarrasser : l'indécision, le doute et la peur.

Le sixième sens ne fonctionnera jamais tant que ces facteurs négatifs, ou l'un d'entre eux, seront présents dans votre esprit. Les membres de ce trio infernal ont partie liée : là où l'un se trouve, les deux autres ne sont pas loin.

L'indécision est de la graine de peur. Souvenez-vous de ceci en lisant ce chapitre. L'indécision se cristallise en doute ; les deux se mélangent pour donner naissance à la peur. Le processus qui aboutit au « mélange » est souvent lent. C'est l'une des raisons pour lesquelles ces trois ennemis sont si dangereux. Ils germent et poussent sans que leur présence soit décelée.

Le reste de ce chapitre décrit l'état d'esprit auquel vous devez parvenir avant que cette philosophie ne puisse être mise en pratique. Ce chapitre analyse également les conditions qui ont réduit un nombre considérable de gens à la pauvreté et il énonce une vérité qui doit être comprise de tous ceux qui amassent des richesses, que ce soit financièrement ou, ce qui est bien plus important, mentalement.

L'objectif de ce chapitre est de mettre pleins feux sur la cause de ces six peurs fondamentales et sur les moyens de les guérir. Pour pouvoir maîtriser un ennemi, il faut connaître son nom, ses habitudes, et savoir sur quel terrain l'attaquer. Au fur et à mesure de cette lecture, analysez-vous soigneusement et déterminez laquelle, s'il y en a une, de ces six peurs fondamentales s'est attachée à vous. Et n'oubliez pas qu'elles se cachent parfois dans le subconscient, où elles sont difficiles à localiser, et encore plus difficiles à éliminer.

LES SIX PEURS FONDAMENTALES

Il y a six peurs fondamentales. À un moment ou à un autre, chacun est en proie à un cocktail de ces peurs. Il faut s'estimer heureux si toutes les six ne sont pas associées. Ces peurs sont dans l'ordre où elles se manifestent le plus fréquemment :

- La peur de la pauvreté
- La peur de la critique
- La peur de la mauvaise santé
- La peur de la perte de l'amour de quelqu'un
- La peur du vieillissement
- La peur de la mort

Toutes les autres peurs sont de moindre importance et sont, en fait, des variantes de ces six peurs-là.

Les peurs ne sont que des états d'esprit. Vous avez le pouvoir de les contrôler et de les orienter.

Rien ne peut se créer qui n'ait d'abord pris la forme d'une impulsion de la pensée. Ce qui suit est encore plus important : qu'elles soient volontaires ou involontaires, les impulsions de la pensée commencent immédiatement à se traduire en leur équivalent matériel. Même celles qui sont le fruit du hasard (elles émanent d'autres esprits) peuvent avoir un effet déterminant sur vos affaires, sur votre destinée financière, professionnelle ou sociale, aussi sûrement que les pensées que vous créez dans un but précis.

Ceci explique également pourquoi certains semblent avoir de la chance tandis que d'autres, dont les aptitudes, la formation, l'expérience et la stature intellectuelle sont égales ou supérieures, semblent destinés au malheur. L'explication est qu'il est en votre pouvoir de maîtriser complètement votre cerveau. Cette maîtrise peut vous rendre réceptif aux pensées qui proviennent du cerveau des autres ou elle peut leur fermer hermétiquement la porte et n'admettre que celles qui sont de vous.

La nature a donné aux êtres humains la possibilité de maîtriser totalement une seule chose : la pensée. Cela, associé au fait que tout ce que nous créons a d'abord la forme d'une pensée, nous rapproche fortement du mécanisme qui permet de maîtriser la peur.

S'il est avéré que toute pensée a tendance à se vêtir de son équivalent matériel (et il n'y a somme toute aucune raison d'en douter), il est également avéré que la pensée de la peur de la pauvreté ne peut pas se traduire en termes de courage ou de finance.

PREMIÈRE PEUR FONDAMENTALE : LA PEUR DE LA PAUVRETÉ

Il ne saurait y avoir de compromis entre la pauvreté et la richesse. Les chemins qui conduisent à la pauvreté et à la richesse vont dans des directions opposées. Si c'est la richesse que vous voulez, vous devez refuser toute situation qui conduit à la pauvreté. (Le mot *richesse* est pris dans son acception la plus large : richesse financière, mentale ou matérielle.) Le point de départ du chemin qui conduit à la richesse est le désir. Le chapitre 3 vous a donné toutes les instructions nécessaires pour que vous fassiez bon usage du désir. Le présent chapitre, consacré à la peur, vous donne des instructions complètes pour que vous prépariez votre esprit à en faire un usage pratique.

Mais, si ce sont des richesses que vous désirez, déterminez quelle forme et quelle quantité répondront à votre attente. Vous connaissez le chemin qui conduit à la richesse. Vous avez eu une feuille de route. Si vous la suivez, elle vous maintiendra sur le bon chemin. Si vous négligez l'étape de départ, ou si vous abandonnez avant d'arriver, ce sera votre faute, à vous seul. C'est votre responsabilité. Vous n'aurez aucune excuse si vous n'exigez pas de la vie qu'elle vous apporte la richesse, ou si vous refusez de le faire. Vous n'avez besoin que d'une chose — et, soit dit en passant, c'est la seule chose dont vous ayez la maîtrise — c'est d'un état d'esprit. Un état d'esprit, c'est quelque chose qui dépend de vous. Cela ne s'achète pas, cela se crée.

La peur la plus destructrice

La peur de la pauvreté est un état d'esprit, rien d'autre. Mais cela suffit à détruire vos chances de réussite, quoi que vous entrepreniez.

Cette peur paralyse votre faculté de raisonnement, détruit l'imagination, tue la confiance en soi, sape l'enthousiasme, décourage l'initiative, ouvre la voie à l'irrésolution, encourage l'attentisme, anéantit l'enthousiasme et rend impossible la maîtrise de soi. Elle prive votre personnalité de tout charme, interdit toute rigueur de pensée et déconcentre. Elle met en déroute la persévérance, réduit à néant la volonté, détruit l'ambition, obscurcit la mémoire et cherche l'échec sous toutes les formes possibles. Elle tue l'amour, assassine les plus belles émotions du cœur, décourage l'amitié, mène tout droit à la catastrophe sous toutes ses formes, provoque l'insomnie, apporte la misère et le malheur — et tout cela bien que vous viviez dans un monde qui regorge de tout ce que votre cœur pourrait désirer et qu'il n'y ait aucun obstacle entre vous et vos désirs, si ce n'est l'absence de but précis dans la vie.

La peur de la pauvreté est, sans aucun doute, la plus destructrice des peurs fondamentales. Elle a été placée en tête de liste parce qu'elle est la plus difficile à maîtriser. Elle a son origine dans notre tendance héritée à voir dans nos semblables des proies économiques. Presque tous les animaux, nos inférieurs, sont mus par l'instinct, mais leur capacité de « pensée » est limitée, et c'est pourquoi ils se détruisent physiquement les uns les autres. Nous autres, avec la supériorité de notre intuition et notre faculté de pensée et de raisonnement, nous ne nous entre-dévorons pas. Les êtres humains trouvent plus satisfaisant de « dévorer » les autres financièrement. Les humains sont si avares que tout un arsenal de lois a été voté pour les protéger les uns des autres.

Rien ne cause plus de souffrances, rien n'est plus humiliant que la pauvreté ! Seuls ceux qui ont connu la pauvreté peuvent comprendre la pleine signification de ces mots.

Il n'est pas étonnant que l'on craigne la pauvreté. Nous savons, parce que nous avons hérité de l'expérience de nos prédécesseurs que, lorsqu'il est question d'argent ou de biens matériels, il y a des gens à qui on ne peut pas faire confiance.

Nous sommes si avides que nous sommes prêts à acquérir la richesse par tous les moyens dont nous disposons – légalement si possible ; autrement si nécessaire, ou si c'est commode.

L'autoanalyse peut vous révéler des faiblesses qu'il ne vous plaît pas de reconnaître. Mais cet examen est essentiel si vous demandez à la vie autre chose que la médiocrité et la pauvreté. Souvenez-vous, lorsque vous procéderez à cette évaluation point par point, que vous êtes à la fois juge et partie, le procureur et l'avocat de la défense, le plaignant et le défendeur. Vous passez en jugement. Exposez les faits honnêtement. Posez-vous des questions précises et exigez des réponses directes. Quand l'interrogatoire sera terminé, vous en saurez plus sur vous. Si vous estimez que vous ne pouvez pas être un juge impartial, faites appel à quelqu'un qui vous connaît assez bien pour vous servir de juge quand vous procéderez à votre propre contre-interrogatoire. C'est la vérité que vous cherchez. Trouvez-là, quel qu'en soit le prix, même si cela peut vous gêner un temps.

Si vous demandiez aux gens ce qu'ils craignent le plus, la majorité vous répondrait « Je ne crains rien. » Ce serait une réponse inexacte parce que rares sont ceux qui se rendent compte qu'ils sont bridés et handicapés par une forme ou une autre de peur, dont ils subissent les coups de boutoir, au physique comme au moral. La sensation de peur est quelque chose de si subtil et de si profondément ancré que, de toute votre vie, vous pouvez ne jamais en déceler la présence. Seule une analyse courageuse vous révèlera la présence de cet ennemi universel. Quand vous entamerez cette analyse, fouillez profondément dans votre caractère. Voici une liste des symptômes qu'il vous faut rechercher.

Symptômes de la peur de la pauvreté

- *L'indifférence.* Se manifeste généralement par le manque d'ambition, la tendance à tolérer la pauvreté, l'acceptation résignée de ce que la vie peut vous offrir. La paresse psychologique et physique, le manque d'initiative, d'imagination, d'enthousiasme de maîtrise de soi en sont également la marque.
- *L'indécision.* L'habitude de laisser les autres penser à votre place. Refuser de prendre parti.
- *Le doute.* Se manifeste généralement sous forme d'alibis et d'excuses inventés pour dissimuler, justifier ou excuser vos échecs. S'exprime parfois sous la forme de l'envie ou de critiques à l'égard de ceux qui réussissent.
- *L'inquiétude.* Se manifeste habituellement par la critique des autres, la tendance à vivre au-dessus de ses moyens, le peu de soin porté à l'apparence personnelle, un air maussade et renfrogné, par de la nervosité, un manque d'assurance, de la timidité et, souvent, par le recours à l'alcool et à la drogue.
- *Une prudence excessive.* L'habitude de chercher le côté négatif en toute circonstance. Penser à l'éventualité de l'échec et en parler au lieu de s'appliquer à réussir. Connaître tous les chemins de la catastrophe, mais ne jamais chercher les plans pour éviter l'échec. Attendre « le bon moment » pour commencer jusqu'à ce que l'attente devienne une habitude. Se souvenir de ceux qui

ont échoué, oublier ceux qui ont réussi. Voir le trou dans le beignet et ne pas voir le beignet autour du trou.

- *Tendance à tout remettre à demain*. Habitude de remettre à demain ce qui aurait dû être fait l'an dernier. Passer plus de temps à concocter des excuses qu'il n'en faudrait pour faire le travail. Ce symptôme présente beaucoup de points communs avec l'excès de prudence, le doute et l'inquiétude. Refus d'assumer des responsabilités. Tendance à accepter le compromis plutôt qu'à livrer bataille. Composer avec les difficultés au lieu de se colleter avec elles et de s'en servir comme tremplin pour progresser. Mégoter au lieu d'exiger de la vie prospérité, opulence, richesse, satisfaction et bonheur. Concevoir des plans pour un échec éventuel au lieu de faire sauter tous les ponts et de rendre la retraite impossible. Insuffisance, quand ce n'est pas absence totale, de confiance en soi, de détermination, de maîtrise de soi, de sens de l'initiative, d'enthousiasme, d'ambition, d'esprit d'économie et d'aptitude à raisonner sainement. S'attendre à la pauvreté au lieu d'exiger la richesse. Fréquenter ceux qui acceptent la pauvreté au lieu de rechercher la compagnie de ceux qui exigent et obtiennent la richesse.

L'argent est parlant

Il y en a qui poseront cette question : « Pourquoi est-ce que vous avez écrit un livre sur l'argent ? Pourquoi évaluer la richesse seulement en dollars ? » Il y en a qui penseront à juste raison qu'il y a d'autres formes de richesse plus désirables que l'argent.

Il y a, certes, une richesse qui ne peut pas se mesurer en dollars, mais il y a également des millions de gens qui disent : « Donnez-moi tout l'argent dont j'ai besoin, et je trouverai tout le reste. »

La raison principale pour laquelle j'ai écrit ce livre sur les moyens de se procurer de l'argent, c'est qu'il y a des millions d'hommes et de femmes qui sont paralysés par la peur de la pauvreté. Westbrook Pegler a bien décrit les effets de cette forme de peur.

COMMENTAIRE

James Westbrook Pegler était un journaliste controversé du Chicago Daily News *et du* Washington Post. *Bien que sa carrière se soit prolongée jusque dans les années 60, c'est entre 1930 et 1940 qu'il fut le plus lu et le plus cité. Au cours de cette période, il parcourut tout l'échiquier politique, passant de l'appui affiché à la politique du New Deal de Roosevelt au soutien à la ligne des conservateurs. Il était également l'auteur de trois ouvrages basés sur ses articles et, en 1940, le prix Pulitzer lui fut décerné pour ses révélations sur le racket dans le monde syndical.*

L'argent, ce n'est que des coquilles de palourdes, des disques de métal ou des bouts de papier, et il y a, dans le cœur et dans l'âme, des trésors que l'argent ne peut pas acheter mais, lorsqu'ils sont fauchés, la plupart des gens sont incapables de penser à cela pour s'entretenir le moral. Lorsqu'un homme est dans la dèche et à la rue, incapable de trouver le moindre travail, il se passe quelque chose en lui qui se voit à ses épaules tombantes, à sa façon de porter le chapeau, à sa démarche et à son regard. Il ne peut pas échapper à un sentiment d'infériorité à l'endroit des gens qui ont un emploi régulier, même s'il sait qu'ils ne le valent pas au plan du caractère, de l'intelligence et des capacités.

Ces gens – même ses amis – éprouvent, de leur côté, un sentiment de supériorité et le considèrent, inconsciemment peut-être, comme un accidenté. Il peut emprunter un certain temps, mais il ne peut pas continuer à vivre comme avant, et il ne peut pas continuer non plus à emprunter pendant très longtemps. Lorsqu'un homme emprunte simplement pour vivre, c'est, en soi, une expérience déprimante. L'argent n'a pas alors le pouvoir de remonter le moral, comme c'est le cas lorsque c'est de l'argent gagné. Rien de tout cela ne s'applique, bien sûr, ni aux clochards ni aux habituels bons à rien, mais seulement aux hommes et aux femmes qui ont, comme tout le monde, de l'ambition et de l'amour-propre.

Les femmes qui se trouvent dans la même situation difficile doivent être différentes. Curieusement, lorsqu'il est question de clochards, on ne pense pas aux femmes. Elles sont peu nombreuses à aller à la soupe populaire, mendient rarement dans les rues, et, quand elles sont dans une foule, elles ne présentent pas ces signes évidents auxquels on reconnaît les hommes brisés. Je ne parle pas, bien sûr, des traîne-savates qu'on voit dans les rues des villes et qui sont la copie conforme des clochards invétérés. Je pense à ces femmes dont on peut raisonnablement dire qu'elles sont jeunes, respectables et intelligentes. Il doit y en avoir beaucoup, mais leur désespoir ne se voit pas.

Quand un homme est dans la dèche, il a du temps pour broyer du noir. Il lui arrive de faire des kilomètres pour aller voir quelqu'un au sujet d'un travail et de découvrir que l'emploi est pris ou que c'est l'un de ces emplois sans salaire de base mais uniquement à la commission sur la vente de babioles que personne n'achèterait, sauf par pitié. Refusant cela, il se retrouve dans la rue, ne sachant où aller, allant n'importe où. Alors il marche et marche. Il regarde les articles de luxe, qui ne sont pas pour lui, dans les vitrines des magasins, se sent inférieur, cède la place aux gens qui s'arrêtent très intéressés. Il erre jusqu'à la gare ou se pose à la bibliothèque pour se défatiguer les jambes et absorber un peu de chaleur, mais ce n'est pas ainsi que l'on cherche du travail, alors il repart. Il ne le sait peut-être pas, mais, à déambuler ainsi sans but, il se trahit, même si son visage ne révèle rien. Il a beau être bien habillé dans les vêtements qui lui restent de l'époque où il avait un travail fixe, ces vêtements ne peuvent pas déguiser l'affaissement.

Il voit à leur travail des milliers de gens, des comptables, des employés de bureau, des pharmaciens, des charretiers, et il les envie du profond de son être. Ils sont indépendants, ils ont leur amour-propre, ils sont pleinement des hommes, et il ne peut absolument pas se convaincre qu'il est, lui aussi, un homme bien, même si, à force d'en débattre, il arrive, au fil des heures, à un verdict favorable.

C'est l'argent, et rien d'autre, qui fait la différence. Avec un peu d'argent, il serait de nouveau lui-même.

DEUXIÈME PEUR FONDAMENTALE : LA PEUR DE LA CRITIQUE

Personne ne saurait dire avec précision quelle est l'origine de cette peur, mais il y a une certitude, elle est fortement imprimée en nous.

J'ai tendance à attribuer cette peur fondamentale de la critique à cette partie de notre héritage naturel qui nous pousse non seulement à nous emparer de ce que possèdent les autres, mais également à justifier nos actes en critiquant les autres. Il est bien connu qu'un voleur critiquera l'homme qu'il dévalise, que les politiciens font campagne non pas en soulignant leurs qualités et leur compétence, mais en dénigrant leurs adversaires.

Les créateurs de mode et les fabricants de vêtements n'ont pas tardé à exploiter cette peur fondamentale de la critique. La mode change à chaque saison. Qui la détermine ? Certainement pas l'acheteur. Ce sont les créateurs et les fabricants. Pourquoi changent-ils aussi fréquemment ? La réponse est évidente. Ils le font pour vendre davantage de vêtements.

La peur de la critique prive les gens d'initiative, détruit leur capacité d'imagination, bride leur personnalité, les dépouille de leur autonomie et leur porte préjudice de mille et une façons. Les parents font souvent un tort irréparable à leurs enfants en les critiquant. La mère de l'un de mes amis le punissait à coups de badine presque tous les jours et ne manquait jamais de terminer la séance par ces mots : « Tu finiras en maison de correction avant d'avoir vingt ans ». Il s'est retrouvé en maison de redressement à l'âge de dix-sept ans.

COMMENTAIRE

La psychothérapie moderne connaît bien la situation que décrit Hill dans le paragraphe précédent. Dans les chapitres sur l'autosuggestion et l'hypnose, il est fait état des traumatismes de l'enfance qui ont comme conséquences des phobies, des conduites compulsives, des fixations ou des complexes. Il y a toutefois des cas où le phénomène est beaucoup plus subtil. Les spécialistes de la thérapie par

> *hypnose ont constaté que des phrases banales telles que « Ne t'avise jamais de me redire non », ou « J'ai bien peur qu'elle ne s'en remette jamais », ou encore « Tu es bien comme ton père » peuvent entraver les capacités de quelqu'un plus tard dans la vie si elles sont répétées assez souvent, ou à un moment où l'enfant est particulièrement vulnérable.*

La critique est la seule forme de service dont chacun se passerait bien. Nous avons tous une réserve de services qui nous ont été offerts gratuitement, que nous les ayons sollicités ou non. Les proches sont parfois les plus grands coupables. Lorsque, par des critiques injustifiées, un père ou une mère donne à un enfant un complexe d'infériorité, cela devrait être considéré comme un crime (en réalité, c'en est un de la pire espèce). Les employeurs qui comprennent la nature humaine savent que ce sont les suggestions constructives, et non la critique, qui amènent leurs employés à donner le meilleur d'eux-mêmes. Les parents peuvent obtenir les mêmes résultats avec leurs enfants. La critique instille la peur et le ressentiment dans le cœur humain, mais elle ne fait éclore ni l'amour ni l'affection.

Les symptômes de la peur de la critique

Cette peur est presque aussi universelle que la peur de la pauvreté et ses effets sont aussi désastreux pour la réussite personnelle, essentiellement parce qu'elle détruit l'esprit d'initiative et décourage l'appel à l'imagination. Ses principaux symptômes sont :

- *La timidité*. Se manifeste généralement par de la nervosité, par un air craintif dans la conversation et dans les rencontres avec des inconnus, par la gaucherie des gestes et le regard fuyant.
- *Le manque de calme et d'assurance*. Voix mal contrôlée, nervosité en présence des autres, piètre allure, mauvaise mémoire.
- *Les défauts de la personnalité*. Manque d'esprit de décision, manque de charme personnel et incapacité à prendre nettement position. Habitude d'éluder les problèmes au lieu de les affronter

franchement. Donner son accord sans avoir soigneusement examiné la position de l'interlocuteur.

- *Le complexe d'infériorité.* Tendance à souligner la justesse de ses propres arguments comme moyen de dissimuler un sentiment d'infériorité. Emploi de « grands mots » pour impressionner les autres (souvent sans connaître le véritable sens de ces mots). Imiter la tenue, le discours et les manières des autres. Se vanter d'exploits imaginaires et prendre des airs supérieurs pour camoufler le fait que l'on se sent inférieur.
- *La prodigalité.* Tendance à essayer de rivaliser de standing avec ses voisins. Et de dépenser au-dessus de ses moyens.
- *Le manque d'esprit d'initiative.* Incapacité à saisir les occasions de promotion personnelle, crainte d'exprimer ses opinions, manque de confiance en ses idées personnelles, réponses évasives aux questions posées par un supérieur, hésitation dans le comportement et dans le discours, tromperie dans les paroles et dans les actes.
- *Le manque d'ambition.* Paresse mentale et physique, manque d'assurance, tergiversation, tendance à être trop facilement influençable, à accepter la défaite sans réagir ou à renoncer devant l'opposition des autres. Également tendance à critiquer les autres dans leur dos et à les flatter en face, méfiance à l'égard des autres sans raison, manque de tact dans les manières et dans les propos, refus d'assumer la responsabilité de ses erreurs.

TROISIÈME PEUR FONDAMENTALE : LA PEUR DE LA MAUVAISE SANTÉ

On peut rattacher cette peur à l'hérédité à la fois physique et sociale. Elle est étroitement liée aux causes de la peur de la vieillesse et de la peur de la mort. Nous craignons la mauvaise santé à cause des images horribles de ce qui se passerait si la mort nous surprenait, images qui ont été imprimées dans notre esprit. Nous la craignons également en raison des problèmes financiers qu'elle peut occasionner.

Un médecin honorablement connu estimait que 75 pour cent des gens qui viennent consulter souffrent d'hypocondrie (maladie imaginaire). Il a été démontré que la peur de la maladie, même lorsqu'elle est totalement infondée, provoque souvent les symptômes de la maladie redoutée. Toute-puissance de l'esprit humain, qui peut construire ou détruire !

Par toute une série d'expérimentations, mon équipe a prouvé à quel point les gens sont sensibles au pouvoir de la suggestion. Nous avons demandé à trois personnes de notre connaissance de rendre séparément visite à la « victime ». Elles avaient comme instruction de poser cette question : « Qu'est-ce qui ne va pas ? Vous n'avez pas l'air bien du tout. » Le premier visiteur eut droit à un grand sourire et à cette réponse désinvolte : « Oh ! c'est rien, ça va bien ! » Au second, il fut répondu : « Je ne sais pas ce que j'ai, mais je ne me sens pas bien du tout. » La troisième fois, la « victime » reconnut qu'elle était vraiment malade.

COMMENTAIRE

Cette expérimentation est de celles qu'on n'a pas envie de pousser trop loin. Elle n'est pas tellement loin de cette pratique qui a cours dans certaines sectes religieuses, dont les membres se vengent de leurs ennemis en leur jetant des sorts. Cela marche parce que la victime croit qu'on peut lui jeter un sort. Quand elle apprend que quelqu'un lui a jeté un sort, elle croit que c'est possible, et son esprit fait le reste.

C'est le même principe qui était à l'œuvre quand le collaborateur de Hill s'entendit dire par trois fois qu'il avait l'air malade. Il a cru que c'était possible : trois fois, ça suffit à convaincre, et son esprit est entré en action et l'a persuadé que c'était vrai.

Il a été établi de façon irréfutable que la maladie commence souvent sous la forme d'une pensée négative qui s'impose brusquement à votre esprit. Elle peut vous avoir été suggérée et vous avez pu la créer vous-même.

Les médecins envoient leurs patients se soigner sous d'autres cieux parce qu'un changement d'air leur fera du bien au moral.

La peur de la mauvaise santé est en germe dans tout esprit humain. L'inquiétude, la peur, le découragement ou la déception peuvent faire que ce germe se développe.

Les symptômes de la peur de la mauvaise santé

Symptômes de cette peur quasi universelle :

- *L'autosuggestion*. Par usage négatif de l'autosuggestion, tendance à chercher, et à s'attendre à constater, les symptômes de toutes sortes de maladies. Votre maladie imaginaire vous fait « plaisir » et vous en parlez comme si elle était réelle. Tendance à essayer des petits « trucs » et des remèdes en tout genre recommandés par les autres pour leur efficacité. Parler aux autres d'opérations, d'accidents et d'autres formes de maladies. Essayer des régimes, faire de l'exercice, des cures d'amaigrissement sans les conseils de professionnels. Essayer les remèdes de bonne femme, les médicaments délivrés sans ordonnance et les potions miraculeuses.
- *L'hypocondrie* (terme médical qui signifie maladie imaginaire). Tendance à parler abondamment de la maladie, et, en vous focalisant sur ce sujet, vous commencez à vous attendre à voir la maladie se déclarer. Aucune potion ne peut vous guérir. C'est la pensée négative qui provoque cet état, et il n'y a que la pensée positive qui peut vous en guérir. On dit que l'hypocondrie peut, à l'occasion, faire autant de dégâts que la vraie maladie.
- *L'exercice physique*. La peur de la mauvaise santé peut avoir des effets sur la pratique normale de l'exercice physique et provoquer une prise de poids.
- *La vulnérabilité*. La peur de la mauvaise santé brise vos résistances naturelles, ce qui vous rend vulnérable aux vraies maladies. Cette peur est souvent liée à la peur de la pauvreté, en

particulier chez ces hypocondriaques qui s'inquiètent constamment d'avoir peut-être à payer les visites du médecin, les notes d'hôpital, etc. Ces personnes passent beaucoup de temps à se préparer à la maladie, à parler de la mort, à économiser de l'argent pour une place au cimetière, pour les frais d'enterrement, et autres choses du même ordre.

- *La tendance à se dorloter.* On cherche à éveiller la compassion, on feint la maladie pour dissimuler la paresse ou comme alibi au manque d'ambition. (Les gens ont souvent recours à ce stratagème pour se soustraire au travail.)
- *L'intempérance.* Recours à l'alcool ou à la drogue pour supprimer la douleur au lieu d'en éradiquer la cause.
- *L'habitude de consulter des ouvrages sur la maladie* et de s'inquiéter de la possibilité d'en être atteint.

QUATRIÈME PEUR FONDAMENTALE : LA PEUR DE LA PERTE DE L'AMOUR

À l'origine de la jalousie et d'autres formes similaires de névrose, il y a la peur de perdre l'amour de quelqu'un. Cette peur est la plus douloureuse des six peurs fondamentales. Elle provoque probablement plus de dégâts dans le corps et dans l'esprit qu'aucune des autres.

COMMENTAIRE

En guise d'introduction à son analyse de chacune des six peurs fondamentales, Napoleon Hill formule des hypothèses sur la façon dont ces peurs ont pris naissance dans l'esprit humain. Dans l'édition originale de ce livre, il suggère que la peur de la perte de l'amour remonte aux temps préhistoriques où l'homme avait l'habitude de s'emparer de la femme de son voisin et de prendre des libertés avec elle chaque fois qu'il le pouvait. Cette théorie est peut-être amusante, mais elle ne tient pas compte du fait que les femmes craignent aussi profondément que les hommes la perte de l'amour. Et ce n'est pas seulement la perte de l'autre que craignent les femmes aussi bien que les hommes, mais également la perte de membres de leur famille ou de proches.

L'origine de cette émotion qu'est l'amour demeure peut-être un mystère, mais ce que nous ressentons quand nous le perdons est tout sauf un mystère.

Symptômes de la peur de la perte de l'amour

Cette peur se caractérise par :

- *La jalousie.* Tendance à se méfier des amis et de ceux qui vous sont chers. Tendance à accuser sans raison d'infidélité le conjoint ou la conjointe. Soupçons à l'encontre de tout le monde et confiance en personne.
- *La critique des autres.* Tendance à critiquer les amis, les parents, les associés et les êtres chers pour un oui, pour un non ou sans aucune raison.
- *Les jeux d'argent.* Tendance à jouer, à voler, à tricher et à prendre d'autres risques pour se procurer de l'argent pour ceux qui vous sont chers, avec le sentiment que l'amour peut s'acheter. Tendance à dépenser au-dessus de vos moyens, ou de vous endetter pour offrir des cadeaux à ceux qui vous sont chers afin de faire bonne impression. Également insomnie, nervosité, manque de persévérance, de volonté, de maîtrise de soi, d'autonomie et mauvais caractère.

CINQUIÈME PEUR FONDAMENTALE : LA PEUR DE LA VIEILLESSE

En gros, cette peur a une double origine. En premier lieu, la pensée qu'avec la vieillesse, vient la pauvreté. En second lieu, nombreux sont ceux qui se demandent avec inquiétude ce qui les attend dans l'autre monde.

La cause la plus fréquente de cette peur est la crainte de la pauvreté, qui peut accompagner la vieillesse. « Hospice pour les indigents » n'est pas un mot bien séduisant. Cela fait froid dans le dos à tous ceux qui risquent, dans leurs dernières années, de se trouver contraints de vivre d'une forme ou d'une autre de charité.

L'éventualité de la maladie, cas de figure fréquent à mesure que l'on vieillit, est également une cause de cette peur, de même que l'inquiétude provoquée par la baisse de la sexualité.

Une autre cause est l'éventualité de la perte de la liberté et de l'indépendance, la vieillesse s'accompagnant en effet parfois de cette double perte, et notamment de l'indépendance matérielle.

Symptômes de la peur de la vieillesse

Les plus fréquents :

- *Le manque d'enthousiasme.* Tendance à vivre au ralenti et à développer un complexe d'infériorité parce que vous croyez, à tort, que vous n'êtes plus ce que vous étiez. Tendance à tuer l'esprit d'initiative, l'imagination, à renoncer à votre autonomie parce que vous vous croyez, à tort, trop vieux pour exercer ces facultés.

- *La timidité du discours.* Tendance à vous excuser « d'être vieux » quand vous parlez de vous-même, et cela parce que vous avez maintenant quarante ou cinquante ans, alors que vous devriez avoir le point de vue opposé et vous estimer heureux d'avoir atteint l'âge de la sagesse et de la compréhension.

- *La façon peu appropriée de vous habiller et d'agir.* Chercher à faire beaucoup plus jeune que votre âge en en rajoutant dans votre souci de suivre la mode et les tics des jeunes.

SIXIÈME PEUR FONDAMENTALE : LA PEUR DE LA MORT

Pour certains, c'est la plus cruelle de toutes les peurs fondamentales. La raison est évidente. Les affres de cette peur liée à la pensée de la mort sont sans doute à mettre au compte du fanatisme religieux. Ceux qu'on appelle les païens ont moins peur de la mort que les gens « civilisés ». Cela fait des centaines de millions d'années que nous nous posons les mêmes questions demeurées sans réponses. D'où est-ce que je viens ? Où est-ce que je vais ?

À l'époque de l'obscurantisme, les esprits malins ne tardèrent pas à apporter des réponses à ces questions, moyennant un prix.

« Venez sous ma tente, embrassez ma foi, acceptez mes dogmes, et je vous donnerai un billet qui vous fera admettre directement au paradis quand vous mourrez », dit le chef religieux. « Demeurez hors de ma tente, dit le même, et le démon se saisira de vous et vous brûlera pour l'éternité. »

La pensée du châtiment éternel anéantit l'intérêt que présente la vie et rend le bonheur impossible.

Bien que le chef religieux ne soit pas en mesure de vous procurer un sauf-conduit pour le paradis, ou de vous précipiter en enfer, cette dernière possibilité semble effroyable et cette seule pensée impose à votre imagination des images si réalistes qu'elle vous paralyse la raison et déclenche la peur de la mort.

Cette peur est moins répandue aujourd'hui qu'elle ne l'était à l'époque où il n'y avait pas de grandes universités. Les savants ont braqué le projecteur de la vérité sur le monde, et cette vérité eut vite fait de libérer les hommes et les femmes de cette horrible peur de la mort. Les jeunes gens qui vont à l'université ne se laissent pas facilement impressionner par le feu ou le soufre. Le savoir a dissipé les peurs qui, au temps de l'obscurantisme, paralysaient les esprits.

Il n'y a que quatre éléments constitutifs dans l'univers : le temps, l'espace, l'énergie, la matière. En physique élémentaire, nous apprenons que la matière et l'énergie (les deux seules réalités connues de l'homme) ne peuvent être ni créées ni détruites. Elles peuvent être transformées, mais elles ne peuvent, ni l'une ni l'autre, être détruites.

La vie est énergie. Si ni l'énergie ni la matière ne peuvent être détruites, alors naturellement, la vie ne peut pas être détruite. La vie, comme toutes les autres formes d'énergie, peut être soumise à divers processus de transition ou de changement, mais elle ne peut pas être détruite. La mort n'est qu'une transition. Et si la mort n'est pas simple changement, ou transition, alors il n'y a rien après la mort sauf un long sommeil paisible et éternel, et le sommeil n'est pas quelque chose de redoutable. Si vous pouvez souscrire à cette logique, vous pouvez à jamais vous débarrasser de la peur de la mort.

Les symptômes de la peur de la mort

Ce sont :

- *L'habitude de penser à la mort* au lieu de profiter au maximum de la vie. Cela tient généralement à l'absence de but ou de métier qui vous convienne. Cette peur est plus répandue parmi les gens âgés, mais il arrive que les jeunes en soient victimes. Le plus puissant de tous les remèdes est un désir brûlant de réussite, soutenu par le souci de se rendre utile aux autres. Un homme occupé a rarement le temps de penser à la mort. Il trouve la vie trop passionnante pour se préoccuper de la mort.
- *La peur de la mort est parfois étroitement liée à la peur de la pauvreté*, lorsque la mort peut plonger les êtres chers dans la pauvreté.
- *Dans d'autres cas, la peur de la mort est provoquée par la maladie*, et la détérioration de la résistance physique.
- *Les causes les plus fréquentes de la peur de la mort* sont la mauvaise santé, la pauvreté, l'absence de métier bien choisi, la déception amoureuse, la folie et le fanatisme religieux.

L'INQUIÉTUDE ET LA PENSÉE DESTRUCTRICE MÈNENT À LA CATASTROPHE

À la base de cet état d'esprit qu'est l'inquiétude, il y a la peur. Elle fait son œuvre lentement, mais sans relâche. Elle est insidieuse et subtile. Petit à petit, elle s'insinue jusqu'à ce qu'elle paralyse la faculté de raisonnement et détruise la confiance en soi et l'esprit d'initiative. L'inquiétude est une sorte de peur prolongée, dont la cause est l'incapacité à décider. Donc, si c'est un état d'esprit, on peut s'en rendre maître.

Un esprit instable est totalement désarmé. La plupart des gens n'ont pas la volonté de prendre promptement leurs décisions et de s'y tenir.

Une fois que l'on a arrêté une ligne d'action bien précise, on ne s'inquiète pas de la suite. J'ai une fois interviewé un homme qui devait passer sur la chaise électrique deux heures plus tard. Le condamné était le plus calme des huit hommes qui se trouvaient dans la cellule de la mort avec lui. Son calme m'incita à lui demander quelle impression cela faisait de savoir qu'il allait entrer dans l'éternité dans un instant. Il me répondit avec un sourire de confiance : « C'est formidable. Te rends-tu compte, mon frère, que mes ennuis vont bientôt être terminés ? Toute ma vie, je n'ai eu que des ennuis. Trouver de quoi manger et de quoi me vêtir était une véritable épreuve. Je n'aurai bientôt plus besoin de tout ça. Je me sens bien depuis que j'ai appris avec certitude que je devais mourir. J'ai alors pris la décision d'accepter mon sort avec le moral. »

Tout en parlant, il dévorait un dîner pour trois personnes, absorbant toutes les bouchées qu'on lui présentait et, apparemment, avec autant de plaisir que si la fin n'avait pas été inéluctable. La décision prise donnait à cet homme la force de se résigner à son destin. L'esprit de décision peut également vous empêcher d'accepter une situation non désirée.

Sous l'influence de l'indécision, les six peurs fondamentales créent un état d'inquiétude. Libérez-vous à jamais de la peur de la mort en prenant la décision d'accepter la mort comme un événement inéluctable. Éliminez la peur de la vieillesse en prenant la décision de l'accepter, non pas comme un handicap, mais comme une grande chance qui apporte avec elle sagesse, maîtrise de soi et compréhension d'autrui. Maîtrisez la peur de la perte d'amour en prenant la décision de vous passer d'amour, si nécessaire. Chassez la peur des critiques en prenant la décision de ne pas vous préoccuper de ce que pensent, font ou disent les autres. Surmontez la peur de la mauvaise santé en décidant d'en oublier les symptômes. Et débarrassez-vous de la peur de la pauvreté en prenant la décision de vous débrouiller avec la richesse que vous pouvez amasser sans vous laisser prendre par l'inquiétude.

Faites un sort à cette tendance à l'inquiétude, sous toutes ses formes, en décidant, une bonne fois pour toutes, que rien dans ce que la vie a à vous offrir, ne vaut le prix de l'inquiétude. Cette décision signifiera équilibre, paix de l'esprit, sérénité de la pensée, ce qui vous apportera le bonheur.

Si vous avez l'esprit en proie à la peur, non seulement vous détruisez vos possibilités d'actions intelligentes, mais vous transmettez ces vibrations destructrices à l'esprit de tous ceux qui entrent en contact avec vous et vous détruisez leurs possibilités, à eux aussi.

Même un chien ou un cheval sait quand son maître manque de courage. Il intercepte les vibrations émises par son maître et son comportement en subit les conséquences.

Les vibrations de la peur se transmettent d'un esprit à l'autre aussi rapidement et aussi sûrement que le son de la voix humaine se transmet du poste émetteur au poste récepteur.

Ceux qui n'ont à la bouche que des pensées négatives ou destructrices sont pratiquement certains de recueillir le résultat de ces paroles sous la forme de réactions négatives. Mais, même sans les mots pour les exprimer, des pensées négatives vous viendront. Une pensée destructrice qui vous vient brusquement à l'esprit produit également des réactions sous plus d'une forme. En premier lieu, et c'est peut-être ce qui est le plus important, celui qui laisse affleurer des pensées de nature destructrice est condamné à en subir les conséquences désastreuses, à savoir la détérioration de son imagination créatrice. En second lieu, la présence dans l'esprit d'un sentiment ou d'une émotion négatifs donne naissance à une personnalité négative qui repousse les gens quand elle ne les transforme pas en adversaires. Le troisième élément catastrophique est que les pensées négatives non seulement ont un effet sur les autres, mais qu'elles s'incrustent dans le subconscient de celui qui les a produites et font dorénavant partie de son caractère.

L'affaire de votre vie, c'est la réussite. Pour réussir, il vous faut trouver la paix de l'esprit, avoir de quoi satisfaire vos besoins, et surtout atteindre au bonheur. Toutes ces conditions de la réussite prennent d'abord la forme de pensées.

Vous avez la maîtrise de votre esprit ; vous avez le pouvoir de lui inculquer toutes les pensées que vous voulez. Mais ce pouvoir vous impose la responsabilité de faire un usage constructif de votre esprit. Vous êtes le maître de votre destinée aussi sûrement que vous avez le pouvoir de contrôler vos pensées. Vous avez la possibilité de peser sur le milieu dans lequel vous vivez, de l'orienter et, au bout du compte, de le contrôler, et donc de faire de votre vie ce que vous voulez qu'elle soit. Vous pouvez également négliger de le faire, et vous irez à la dérive sur les flots des « circonstances », ballotté comme un copeau sur les vagues de l'océan.

L'atelier du diable

En plus de ces six peurs fondamentales, il y a un autre fléau qui peut s'abattre sur vous. C'est un riche sol sur lequel les germes de l'échec se développent en abondance. Il est si subtil que sa présence passe souvent inaperçue. Il est plus profondément enraciné, et souvent plus mortel, que les six peurs réunies. Faute d'un meilleur terme, appelons ce fléau *la sensibilité aux influences négatives*.

Ceux qui amassent de grandes richesses se protègent toujours contre les influences négatives. Ceux qui se débattent dans la misère ne le font jamais. Ceux qui réussissent dans leur métier, quel qu'il soit, doivent préparer leur esprit à résister à de telles influences. Si vous avez entrepris la lecture de ce livre pour devenir riche, je vous conseille de vous analyser très soigneusement pour voir si vous êtes sensible aux influences négatives. Si vous négligez cette autoanalyse, vous perdrez le droit de réaliser l'objet de vos désirs.

C'est à une analyse rigoureuse qu'il faut procéder. Quand vous prendrez connaissance des questions ci-dessous, ne vous faites pas de cadeau. Attelez-vous à la tâche aussi soigneusement que vous le feriez si vous étiez à la recherche d'un ennemi, dont vous savez qu'il vous attend en embuscade. Ayez à l'égard de vos propres faiblesses et de vos propres défauts la même attitude que vous auriez s'il s'agissait d'un ennemi réel et à prendre au sérieux.

Vous pouvez facilement vous protéger des ennemis en chair et en os parce qu'il y a des lois, parce qu'il y a la police et les tribunaux pour cela. Mais ce « septième fléau fondamental » est plus difficile à maîtriser parce qu'il fait son œuvre au moment où vous ne vous apercevez pas de sa présence, que vous dormiez ou soyez éveillé. À cela s'ajoute que son arme est invisible parce qu'il s'agit simplement d'un état d'esprit. Les influences négatives sont également dangereuses parce qu'elles se manifestent de tant de façons différentes. Il arrive qu'elles vous pénètrent l'esprit sous la forme de paroles bien intentionnées de vos amis ou des membres de votre famille. À d'autres moments, c'est de l'intérieur de vous-même qu'elles viennent, de votre propre mental. Mais c'est toujours un poison mortel, même s'il ne tue pas aussi vite.

Comment se protéger contre les influences négatives

Pour vous protéger des influences négatives, qu'elles viennent de vous ou de la personnalité négative de membres de votre entourage, prenez conscience que c'est votre volonté qui est votre défense. Il faut la solliciter constamment jusqu'à ce qu'elle ait érigé un mur de protection contre les influences négatives de votre esprit.

Prenez conscience du fait que vous-même, et tous les humains, êtes, par nature, paresseux, indifférents et sensibles aux suggestions qui renforcent vos faiblesses.

Prenez conscience que, par nature, vous êtes sensible à chacune des peurs fondamentales et qu'il vous faut mettre en place toute une batterie d'habitudes qui vous permettront de les combattre.

Prenez conscience que les influences négatives agissent sur vous souvent par le canal de votre subconscient et qu'elles sont, par conséquent, difficiles à détecter. Soyez sourd à tout ce que peuvent dire les gens qui, d'une manière ou d'une autre, vous dépriment et vous découragent.

Faites le nettoyage dans votre armoire à pharmacie et cessez de flatter vos rhumes, vos maux, vos douleurs et vos maladies imaginaires.

Recherchez délibérément la compagnie de gens qui vous poussent à penser et à agir en toute autonomie.

Ne cherchez pas les ennuis, car ils ne décevront pas votre attente.

La faiblesse la plus fréquente chez tous les humains est, sans aucun doute, l'habitude qu'ils ont de laisser leur esprit ouvert aux influences négatives des autres. Cette faiblesse est d'autant plus préjudiciable que la plupart des gens ne sont pas conscients de cette influence.

Vous trouverez ci-dessous la liste des questions conçues pour vous aider à vous voir tel que vous êtes vraiment. Prenez connaissance de cette liste maintenant, puis réservez-vous une journée où vous aurez tout le temps de la rependre, et répondez minutieusement à chacune des questions. Quand vous le ferez, je vous conseille de lire la question et de formuler vos réponses à voix haute afin d'entendre votre propre voix. Ainsi, il vous sera plus facile d'être franc avec vous-même.

QUESTIONNAIRE D'AUTOANALYSE

Est-ce que vous vous plaignez souvent de « ne pas vous sentir bien » et, si oui, pour quelle raison ?

Est-ce que vous critiquez les autres à la moindre provocation ?

Est-ce que vous faites fréquemment des erreurs dans votre travail et, si c'est le cas, pourquoi ?

Est-ce que vous êtes caustique et agressif dans la conversation ?

Est-ce que vous fuyez délibérément la compagnie des autres et, si oui, pourquoi ?

Avez-vous fréquemment des problèmes digestifs ? Et, si oui, quelles en sont les causes ?

Est-ce que la vie vous paraît vide et l'avenir sans espoir ?

Aimez-vous bien votre métier ? Si ce n'est pas le cas, pourquoi ?

Est-ce que vous vous apitoyez souvent sur votre sort et, si oui, pourquoi ?

Éprouvez-vous de l'envie envers ceux qui vous surpassent ?

À quoi passez-vous le plus de temps, à penser à la réussite ou à l'échec ?

Votre confiance en vous s'accroît-elle ou diminue t-elle avec l'âge ?

Est-ce que vous tirez des leçons de toutes vos erreurs ?

Permettez-vous à un membre de votre famille ou à quelqu'un de votre connaissance de vous tracasser ? Si oui, pourquoi ?

La vie vous remplit-elle parfois d'enthousiasme et, à d'autres moments, vous plonge-t-elle dans l'abattement le plus profond ?

Qui a sur vous l'influence la plus stimulante, et pour quelles raisons ?

Tolérez-vous des influences négatives et décourageantes que vous pourriez éviter ?

Vous désintéressez-vous de votre apparence ? Si oui, quand et pourquoi ?

Avez-vous appris à ne pas tenir compte de vos ennuis en étant trop occupé pour vous laisser agacer par ces contrariétés ?

Diriez-vous que vous êtes « une mauviette sans colonne vertébrale » si vous permettiez aux autres de penser à votre place ?

Y a-t-il beaucoup de dérangements évitables qui vous agacent, et pourquoi les tolérez-vous ?

Avez-vous recours à l'alcool, à la drogue, au tabac, ou autres compulsions pour vous « calmer les nerfs » ? Si c'est le cas, pourquoi est-ce que vous ne faites pas plutôt appel à votre volonté ?

Est-ce que quelqu'un est toujours après vous, et, si c'est le cas, pourquoi ?

Avez-vous un but principal bien précis dans la vie et, si oui, quel est-il et quel est votre plan pour l'atteindre ?

Êtes-vous sujet à l'une ou l'autre des six peurs fondamentales ? Si oui, lesquelles ?

Avez-vous mis au point une méthode pour vous protéger contre l'influence négative des autres ?

Avez-vous recours à l'autosuggestion pour positiver ?

Qu'est-ce qui a le plus de valeur à vos yeux, vos biens matériels ou le privilège de maîtriser vos propres pensées ?

Vous laissez-vous facilement influencer par les autres malgré ce que vous avez décidé ?

Est-ce que la journée d'aujourd'hui a tant soit peu enrichi votre bagage de connaissances et vous a apporté quelque chose au plan psychologique ?

Est-ce que vous faites franchement face quand une situation vous rend malheureux ou est-ce que vous éludez vos responsabilités ?

Procédez-vous à une analyse de toutes vos erreurs et échecs et en tirez-vous profit, ou bien estimez-vous que ce n'est pas à vous de le faire ?

Pouvez-vous citer trois de vos faiblesses les plus préjudiciables ? Que faites-vous pour les corriger ?

Encouragez-vous les autres à rechercher votre compassion quand ils ont des ennuis ?

Trouvez-vous qu'il y a, dans votre vie quotidienne, des leçons ou des influences qui vous aident à progresser ?

Est-ce que votre présence a, en général, une influence négative sur les autres ?

Quelles sont les habitudes des autres qui vous gênent le plus ?

Est-ce que vous vous forgez vos propres opinions, ou est-ce que vous vous laissez influencer par les autres ?

Avez-vous appris à vous forger un mental qui puisse vous protéger contre les influences décourageantes ?

Est-ce que vous puisez inspiration et espoir dans l'exercice de votre métier ?

Avez-vous le sentiment que vous possédez des forces spirituelles suffisamment puissantes pour mettre votre esprit à l'abri de toutes les formes de peur ?

Votre religion vous aide-t-elle à positiver ?

Vous sentez-vous obligé de partager les ennuis des autres ? Si oui, pourquoi ?

Si vous croyez que « qui se ressemble s'assemble », qu'avez-vous appris sur vous-même en observant les amis qui recherchent votre compagnie ?

Quel lien établissez-vous éventuellement entre les gens que vous fréquentez le plus assidûment et un quelconque chagrin que vous pouvez éprouver ?

Est-il envisageable que quelqu'un que vous considérez comme un ami soit en réalité votre pire ennemi en raison de l'influence négative qu'il a sur votre esprit ?

Selon quels critères jugez-vous que quelqu'un vous est utile ou préjudiciable ?

Est-ce que vos intimes vous sont supérieurs ou inférieurs au plan intellectuel ?

Sur une journée de vingt-quatre heures, combien de temps consacrez-vous :

- à votre métier ?
- au sommeil ?
- à vous divertir et à vous détendre ?
- à améliorer vos connaissances ?
- à perdre complètement votre temps ?

Qui, dans le cercle, de vos relations,

- vous encourage le plus ?
- vous met le plus en garde ?
- vous décourage le plus ?

Quel est votre plus grave sujet d'inquiétude ? Pourquoi le tolérez-vous ?

Lorsque les autres vous offrent gratuitement des conseils que vous n'avez pas sollicités, les acceptez-vous sans vous poser de questions, ou analysez-vous leur motivation ?

Qu'est-ce que vous désirez par-dessus tout ? Avez-vous l'intention de l'obtenir ? Êtes-vous disposé à subordonner tous vos désirs à celui-là ? Combien de temps consacrez-vous chaque jour à sa réalisation ?

Est-ce que vous changez souvent d'avis ? Si oui, pourquoi ?

Est-ce que vous avez l'habitude de finir tout ce que vous commencez ?

Vous laissez-vous facilement impressionner par les titres, les diplômes, la richesse dans le domaine professionnel ou dans les affaires ?

Vous laissez-vous aisément influencer par ce que les autres pensent ou disent de vous ?

Vous soumettez-vous aux exigences des gens en raison de leur statut social ou de leur situation financière ?

Qui est, selon vous, la personne vivante la plus marquante ? En quoi vous est-elle supérieure ?

Combien de temps avez-vous consacré à étudier ces questions et à y répondre ? (Il faut au moins une journée pour analyser la liste complète et y répondre.)

Si vous avez répondu à ces questions sincèrement, vous en savez plus sur vous que la majorité des gens. Étudiez attentivement les questions, revoyez-les une fois par semaine pendant plusieurs mois, et vous serez étonné de constater quelle somme de connaissances nouvelles vous avez acquise sur vous-même par cette méthode qui consiste à répondre sincèrement aux questions. Si vous êtes embarrassé pour répondre à certaines des questions, demandez conseil à ceux qui vous connaissent bien, en particulier à ceux qui n'ont aucun intérêt à vous flatter, et voyez-vous à travers le regard des autres. C'est une expérience très étonnante.

LA SEULE CHOSE DONT VOUS AYEZ LA MAÎTRISE TOTALE

Vous n'avez la maîtrise absolue que d'une seule chose, et c'est de vos pensées. C'est le phénomène le plus riche de signification et le plus stimulant de tous les phénomènes humains.

C'est le reflet de notre nature divine. Le pouvoir de commander à nos pensées est le seul moyen que nous ayons d'être le maître de notre destinée. Si vous ne maîtrisez pas votre esprit, vous pouvez être sûr que vous ne maîtriserez rien d'autre. Votre esprit, c'est votre patrimoine spirituel. Protégez-le et prodiguez-lui toute l'attention à laquelle lui donne droit son statut royal d'essence divine. C'est pour cela que vous êtes doué de volonté.

Il n'y a malheureusement aucune protection légale contre ceux qui, intentionnellement ou par ignorance, empoisonnent l'esprit des autres par leurs suggestions négatives.

Ce sont des esprits négatifs qui essayèrent de persuader Thomas E. Edison qu'il ne pourrait enregistrer, puis reproduire, la voix humaine « parce que, disaient-ils, personne n'a jamais produit une telle machine. » Edison ne les crut pas. Il savait que l'esprit pouvait produire tout ce que l'esprit pouvait concevoir et tout ce à quoi il croyait. C'est ce savoir qui permit au grand Edison de s'élever au-dessus du troupeau.

Des hommes à l'esprit négatif dirent à F.W. Woolworth qu'il se ruinerait à essayer de vendre des articles à cinq et dix cents. Il ne les crut pas. Il savait qu'il était capable de réaliser n'importe quoi, dans les limites du raisonnable, si la foi soutenait ses plans. Exerçant son droit de chasser de son esprit les suggestions négatives des autres, il accumula une fortune de plus de cent millions de dollars.

Henry Ford eut droit aux moqueries méprisantes des sceptiques quand il essaya dans les rues de Détroit sa première automobile de construction sommaire. Certains disaient qu'elle ne serait jamais utilisable, d'autres que personne ne mettrait jamais un sou dans un machin pareil. Ford répondit : « Je ferai le tour de la terre avec des autos fiables », et il le fit. À l'attention de ceux qui veulent réaliser de grosses fortunes, qu'il soit rappelé qu'il n'y a pratiquement qu'une seule différence entre Henry Ford et une majorité des ouvriers : Ford avait un esprit et il en était maître. Les autres ont un esprit qu'ils n'essaient pas de maîtriser.

La maîtrise de l'esprit est le résultat de la discipline qu'on s'impose et de l'habitude. Ou vous dirigez votre esprit, ou c'est lui qui vous dirige. Il n'y a pas de demi-mesure, il n'y a pas de compromis. La méthode la plus pratique pour être le maître de votre esprit est de le maintenir constamment en activité en ayant un objectif bien défini appuyé sur un plan précis. Étudiez le parcours de vie de ceux qui ont connu des réussites remarquables et vous verrez qu'ils étaient maîtres de leur esprit et qu'ils exerçaient ce pouvoir pour l'orienter vers la réalisation d'objectifs bien définis. Sans cette maîtrise, il n'y a pas de réussite possible.

CINQUANTE-SIX ALIBIS CÉLÈBRES DE CE VIEUX « SI »

Les gens qui ne réussissent pas ont une caractéristique en commun. Ils connaissent toutes les raisons des échecs et ont des alibis en béton pour justifier leur manque de réussite.

Certains de ces alibis sont astucieux mais peu sont légitimés par les faits. Mais les alibis, ce n'est pas de l'argent. Le monde ne veut savoir qu'une chose : avez-vous réussi ?

Un spécialiste de caractérologie a établi la liste des alibis les plus fréquents. Quand vous en prendrez connaissance, analysez-vous soigneusement et demandez-vous à combien de ces alibis vous avez recours. N'oubliez pas ceci : selon la philosophie de ce livre, aucun de ces alibis n'est valable.

Si je n'avais pas une femme et une famille...

Si j'avais assez d'influence...

Si j'avais de l'argent...

Si j'avais fait de bonnes études...

Si je pouvais avoir un travail...

Si j'avais une bonne santé...

Si seulement j'avais le temps...

Si l'époque n'était pas aussi dure...

Si les autres me comprenaient...

Si seulement les choses étaient différentes autour de moi...

Si je pouvais recommencer ma vie...

Si je ne craignais pas ce que « les gens » vont dire...

Si on m'avait donné une chance...

Si j'avais maintenant ma chance...

Si seulement les gens « ne m'en voulaient pas »...

Si rien ne m'arrête...

Si seulement j'étais plus jeune...

Si je pouvais seulement faire ce que je veux...

Si j'étais né riche...

Si je pouvais rencontrer « les gens qu'il faut »...

Si j'avais le talent de certains...

Si j'osais m'affirmer...

Si seulement j'avais saisi les occasions qui se sont présentées dans le passé...

Si les gens ne me portaient pas sur les nerfs ...

Si je ne devais pas faire vivre la maisonnée et m'occuper des enfants...

Si je pouvais économiser...

Si le patron avait su m'apprécier...

Si j'avais seulement quelqu'un pour m'aider...

Si ma famille me comprenait...

Si j'habitais une grande ville...

Si je pouvais juste me lancer...

Si seulement j'étais libre...

Si j'avais la personnalité de certains...

Si ce n'était pas aussi loin...

Si on reconnaissait mes vrais talents...

Si je pouvais respirer un peu...

Si je pouvais seulement me sortir de mes dettes...

Si je n'avais pas échoué...

Si tout le monde n'était pas contre moi...

Si je n'avais pas autant de soucis...

Si je pouvais épouser la personne qu'il me faut.....

Si les gens n'étaient pas aussi bêtes...

Si ma famille n'était pas aussi dépensière...

Si j'étais sûr de moi...

Si la chance n'était pas contre moi...

Si je n'étais pas né sous une mauvais étoile...

Si ce n'était pas vrai que « que tout est écrit »...

Si je ne devais pas travailler aussi dur...

Si je n'avais pas perdu mon argent...

Si j'habitais dans un quartier différent...

Si je n'avais pas « un passé »...

Si seulement j'avais une affaire à moi...

Si les gens voulaient seulement m'écouter...

Si – et c'est le plus important de tous – j'avais le courage de me voir tel que je suis vraiment, je découvrirais ce qui ne va pas en moi et le corrigerais. Et je sais que j'ai dû mal m'y prendre, ou alors j'aurais déjà réalisé mon désir. Je reconnais qu'il y a quelque chose qui doit clocher en moi, sinon j'aurais passé davantage de temps à analyser mes points faibles et moins à fabriquer des alibis pour les couvrir.

Se fabriquer des alibis pour justifier ses échecs est un sport national. C'est une habitude vieille comme le monde, et elle est mortelle pour la réussite. Pourquoi est-ce que les gens s'accrochent à leurs alibis favoris ? La réponse est évidente ? Ils défendent leurs alibis parce que ce sont eux qui les ont créés. Votre alibi est l'enfant de votre imagination. C'est naturel de vouloir défendre sa grande idée.

Se fabriquer des alibis est une habitude profondément ancrée. Il n'est pas facile de casser les habitudes, surtout quand elles fournissent des justifications à ce que l'on fait. C'est ce à quoi pensait Platon quand il déclarait : « La première et la plus belle des victoires est celle que l'on remporte sur soi. Se laisser battre par soi-même est ce qu'il y a de plus honteux et de plus méprisable au monde. »

Un autre philosophe était du même avis lorsqu'il déclarait : « Ce fut pour moi une énorme surprise de découvrir que la laideur que je voyais chez les autres n'était que le reflet de ma propre nature. »

Elbert Hubbard, philosophe, écrivain, éditeur du magazine *Fra* et fondateur de la communauté des Roycrofters, disait : « Je me suis toujours demandé pourquoi les gens passaient tant de temps à se faire délibérément des illusions en se créant des alibis pour couvrir leurs faiblesses. Mis à profit autrement, ce temps leur suffirait à corriger leurs faiblesses, et alors ils n'auraient plus besoin d'alibis. »

Au moment de nous séparer, je voudrais vous dire que « La vie est un échiquier et que le joueur qui vous fait face est le temps. Si vous hésitez à jouer, ou ne le faites pas assez vite, le temps va vous rafler tous vos pions. Vous jouez contre un adversaire qui ne supporte pas l'indécision ».

Jusqu'à présent, vous avez pu avoir une excuse logique pour ne pas forcer la vie à vous apporter tout ce que vous avez demandé. Cet alibi ne tient plus parce que vous êtes maintenant en possession du passe-partout qui ouvre la porte des richesses de la vie.

Ce passe-partout est quelque chose d'intangible, mais il est puissant. C'est le privilège qui vous est donné de créer, dans votre propre esprit, le désir brûlant d'amasser une certaine forme de richesse. Il n'y a pas d'amende si vous utilisez ce passe-partout, mais il y a un prix à payer si vous ne le faites pas. Ce prix, c'est l'échec. Il y a une récompense d'une ampleur stupéfiante si vous vous servez de ce passe-partout. C'est la satisfaction de remporter une victoire sur vous-même et de forcer la vie à payer ce qui est demandé.

La récompense vaut l'effort. Allez-vous vous y mettre et vous laisser convaincre ?

« Si nous sommes parents, disait l'immortel Emerson, nous nous rencontrerons. » Pour terminer, permettez-moi de lui emprunter sa pensée, et de vous dire : « Si nous sommes parents, nous nous sommes rencontrés au fil de ces pages. »

SOUVENEZ-VOUS QUE VOTRE VRAIE RICHESSE

NE SE MESURE PAS À CE QUE VOUS AVEZ

MAIS À CE QUE VOUS ÊTES.

Composé par Economica, 49, rue Héricart, 75015 PARIS
Imprimé en France. - JOUVE, 11, bd de Sébastopol, 75001 PARIS
N° 446869A. - Dépôt légal : décembre 2007